近代日本メディア議員列伝 2

# 降旗元太郎の理想

## 名望家政治から大衆政治へ

井上義和

創元社

# 降旗元太郎の理想——名望家政治から大衆政治へ　目次

## 凡例

・引用参照文献リストにある文献では、（○○：＊）は○○が著者、＊がページ数を示す。同一著者の文献は（○○ yyyy：＊）で刊行年、同一著者で同一刊行年の文献は（○○ yyyy.mm）で刊行年月を加えた。すなわち（天野 2005）は天野郁夫『学歴の社会史―教育と日本の近代』平凡社・二〇〇五年、（千原 1961.11）は千原勝美「上条信次・吉江槻堂伝考―木下尚江研究および松本平における民権運動の系譜への一面」『木下尚江研究』三号・一九六一年一一月である。

・『長野県教育史』『早稲田大学百年史』など、文献によっては著者名ではなく書名を記載した場合もある。

・降旗徳弥による伝記を引用する場合は、『井戸塀二代―降旗徳弥回想録』（「井戸塀二代」刊行会・一九九一年一二月）は（正編：＊）、『井戸塀二代　抄』（私家版・一九九一年九月）は（抄編：＊）と区別する。

・巻末の病床手記（再構成版）を引用する場合は、（手記：＊）と表記する。＊はマイクロフィルム版の何枚目かを示す。翻刻と再構成の作業手順については、序章3節を参照のこと。

・引用文中の省略についてのみ（略）と表記し、「前略」および「後略」は省いた。引用文の強調は特記しない限り引用者による。引用文中の補足、解説は〔　〕内に表記した。

# 降旗元太郎の理想——名望家政治から大衆政治へ

序章

# 遅れてきた世代

松本城（筆者撮影）

「たまたま、『井戸塀二代』の出版に寄せて、鳥養進先生ご夫妻の取り計らいで慶應義塾大学教授中村勝範博士と降旗徳弥先生との懇談の機会が設けられた。その折、中村勝範博士から松本が普選運動の発祥の地であることを天下に明らかにすべきだと強調されたのである。このことがきっかけとなって紆《う》余《よ》曲折を経ながら今日を迎えた」（本郷文男「まえがき」『松本は普選実現運動発祥の地なり』「普選実現運動発祥の地」記念像建立委員会・一九九五年）

## 1　「普選実現運動発祥の地」記念像

### 四本の石柱の意味

長野県の松本市中央図書館の正面玄関脇に、四本の石柱からなるモニュメントがある。「普選実現運動発祥の地」記念像である（制作・伊藤博敏）。手前の小ぶりの白柱を、三本の黒柱が背後から包み込むように配置されている。

「普選実現運動発祥の地」記念像（筆者撮影）

この三対一の構図には、記念像の説明によれば三つの意味が込められている。

第一に、手前の白柱は普通選挙という若木を、背後の三本の黒柱はそれを守っていこうとする人びとの思いを表現している。第二に、三本の黒柱は「納税資格全廃」「被選挙人を三〇歳以上の男子」「選挙人を二〇歳以上の男子」という三大目標を、白柱はそれらが「婦人参政権」につながることをそれぞれ表現している。

第三に、三本の黒柱は、普選実現運動を始めた三人の松本出身者を、白柱はその他の同志を表現している。この三人とは、中村太八郎《たはちろう》と木下尚江《なおえ》、そして本書の主人公・降旗元太郎《ふるはたもとたろう》である。

この構図から、国会議事堂の中央広間に置かれた、三体の銅像と一つの空の台座を想い起こす人もいるだろう。一九三八（昭和一三）年に大日本帝国憲法発布五〇年を記念してつくられた。三体の銅像とは、議会政治の基礎をつくるのに功労のあった板垣退助、大隈重信、伊藤博文である。そして空の台座は、来るべき四人目のために空けてあるとも、「政治に完成はない、未完の象徴」ともいわれている。国会開会式の日には松の盆栽が飾られるのが慣例になっているが、そこにも「台座に立つ政治家をマツ」という意味が込められているのだとか。

三対一の構図は、制作者の意図を超えて、人びとの関心を「残りの一つ」の謎解きに誘《いざな》う仕掛けになっているのである。

「普選実現運動発祥の地」に置かれた四本の石柱についても、私たちはつい「残りの一本」の謎解きをしてしまう。運動が目指した政治参加の拡大は、婦人参政権や選挙権年齢の引き下げなど、制度の拡充をもって完成するわけではない。現実に人びとが政治参加することで更新され続ける未完のプロジェクトとしてあるのだ、と。

けれども、本当に注目すべきはこの「三本」の必然性のほうである。

## 「運動発祥」一〇〇年と「普選実現」七〇年のあいだ

私がこの記念像を自分の目で確認できたのは、二〇二二年夏だった。調査がある程度進み、元太郎に関する基本的な知識は頭に入っていた。

記念像の碑文をここに全文引用する。

「記念像建立の趣意

近代日本における普通選挙運動は、わが国の政治史上に特筆すべき一大改革をもたらしたのであるが、全国に先駆けて松本ではじまったのである。

この普選運動発祥の端緒となったのは明治二十三年、明治政府が国会開設にあたり、国民四千万余人中、衆議院議員の選挙権のあるものわずかに四十五万人という制限選挙を採用し、これに固執して国民の選挙法改正の要望を無視した点にあった。

明治三十年七月、「普通選挙期成同盟会」の看板が、松本の緑町に掲げられ、「普通選挙を請願するの趣意」が日本最初の普選実現運動の宣言として発表された。普選実現運動は財産等による制限選挙を廃し、国民に平等に選挙権を与え、藩閥政府にかわる立憲政治の実現をめざすものであった。主唱した中村太八郎・木下尚江及び降旗元太郎らは、自由民権運動で全国に知られた松本奨匡社《しょうきょうしゃ》の影響下に育った世代である。かれら松本平の有志一千人は、明治三十三年一月、普選請願書を初めて衆議院に提出した。また、明治三十五年二月、衆議院に初めて普通選挙法案を上程したのは、降旗元太郎ら四人の議員であった。

普選運動は、挫折や弾圧にもめげず、松本から全国へ広がり、大きな民衆運動に発展していった。大正十三年、世論と政党を無視した藩閥特権内閣が成立するや、降旗元太郎らはこれを打倒して護憲三派による内閣を実現し、同十四年三月、男子のみではあるが、普通選挙法がわが国において初めて成立した。男女平等な選挙権の実現は、昭和二十年をまつこととなるが、普選運動は、苦難の途をへて、わが国政治史上に不朽の栄誉をとどめたのである。

先人同志の普通選挙運動発祥の功績を永く後世に残すため、記念像の建立とともに、松本市中央図書館に「普選文庫」を設け関連資料を保存することにした。

平成七年　一月二十日

普選実現運動発祥の地

記念像建立委員会」

記念像がこの地に建立されたのは一九九五（平成七）年一月である。普選実現運動発祥の一八九七（明治三〇）年から、九八年後である。「運動発祥」を記念するのであれば、本来一〇〇周年となる一九九七年がふさわしい。

なぜ二年待てなかったのだろうか。

私は記念像を前にしてしばし考えていたが、あとで記念像建立委員会の顧問の筆頭が降旗徳弥《とくや》だったと知り、合点がいった（「普選実現運動発祥の地」記念像建立委員会編：64）。

徳弥は、降旗元太郎の長男として一八九八（明治三一）年に生まれ、戦後に衆議院議員四期と松本市長三期一二年を務めた人物である。その徳弥は一九九五年九月、九六歳で死去した。記念像建立事業は、徳弥が存命のうちに完成した、ということである。

もちろん、それだけではない。

記念像の碑文は、当時松本市史編さん室長だった小松芳郎《よしろう》がつくった原稿を、徳弥が何度も推敲《すいこう》してできあがったという（小松 2019）。

あとでまた述べるが、中村太八郎と木下尚江の二人に比べると、元太郎の認知度は高いとはいえない。徳弥は、晩年になって、父の功績を後世に伝える責任をより強く感じるようになっていた。父と二代にわたる政治家人生を振り返る『井戸塀二代―降旗徳弥回想録』の刊行も一九九一年、徳弥が九三歳のときだった。

「普選実現運動発祥の地」記念像の意義は、降旗元太郎が果たした役割を再評価しようとしたことにある、と私は考えている。中村太八郎と木下尚江が主唱して始まった普選運動を、陰に陽に支え続け、実現のそのときまで政治過程のど真ん中で力を尽くした人物こそ、元太郎だった。だからこそ、碑文にはその名が三度刻まれねばならず、その建立は「運動発祥」一〇〇年（一九九七年）ではなく、「普通実現」七〇年の節目（一九九五年）でなければならなかったのだ。

この仮説の妥当性は、記念像建立委員会の設立と活動の経緯を詳しく調べることによって検証されうる。建立から三〇年足らず、まだ存命の関係者もいるはずである。

# 2　降旗元太郎の再評価

### 中村太八郎と木下尚江

さて、記念像の三柱のうち、二つの柱については「郷土の偉人」を越えた全国区の社会運動家・社会思想家として早くから認知され、普選運動の研究史においても出発点にその名が刻まれてきた。

中村太八郎については、一九三五（昭和一〇）年に死去してから間をおかずに平野義太郎編『普選・土地国有論の父　中村太八郎伝』（私家版・一九三八年）がつくられた。編者の平野は講座派マルクス主義の第一人者であるが、尾崎行雄と三宅雪嶺《みやけせつれい》が序文を書き故人と交流のあった各界の著名人が思い出を寄せている。日中戦争のさなか、一人の社会運動家についてこれだけ充実した伝記が編まれたことに驚かされる。これが「普選の父」としての中村の評価を決定づけた。戦後の普選運動の研究をふまえた学術的な評伝としては瀬戸口勝義『「我が職業は普通選挙なり」―中村太八郎とその周辺』（二〇〇一年）がある。

木下尚江についても、理想社会を追求した多面的な言論活動から文学や思想、運動の方面の研究関心を惹き、柳田泉『日本革命の予言者木下尚江』（一九六一年）、山極圭司『評伝木下尚江』（一九七七年）、中野孝次『若き木下尚江』（一九七九年）、山田貞光『木下尚江と自由民権運動』（一九八七年）、上條宏之『〝クロムウェルの木下尚江〟の誕生―祖先・家族・開智学校・松本中学校』（二〇二二年）などさまざまな角度からのアプローチが試みられてきた。半生を振り返る自伝（『懺悔』）もあれば、青年時代の尚江が生き生きと描かれる臼井吉見の長編群像小説『安曇野《あずみの》』（一九六五～七四）もある。

そして、普通選挙運動研究の集大成ともいうべき松尾尊兊《たかよし》『普通選挙制度成立史の研究』（一九八九年）は「普選運動の出発点」について、とくに中村と木下二人の名前と結びつけて述べている。

「先述のごとく自由民権期に、普選論はすでに唱えられ、また一八九二年結成の東洋自由党（大井憲太郎ら）は党内に「普通選挙期成同盟会」を設けている。しかし私は、一八九七年信州松本で中村太八郎・木下尚江らが組織した同名の「普通選挙期成同盟会」をもって、普選運動の出発点と考えている。なぜならば、この組織結成後普選運動がはじめて継続的な社会運動となり、第一次大戦直後まで、この組織が普選運動の中心となっているからである」（松尾：vii）

松尾による重厚な歴史叙述においても、降旗元太郎は運動に関わった多くの登場人物のひとり、という位置づけである。史料がなければ歴史的な存在感は限りなく希薄になってしまうのだ。徳弥による伝記『井戸塀二代―降旗徳弥回想録』が刊行されたのは、『普通選挙制度成立史の研究』から二年後の一九九一年である。

降旗元太郎の再評価はここから始まるはずだった。

## 「研究はあまりないようである」

『近現代日本人物史料情報辞典２』（二〇〇五年）の降旗元太郎・徳弥親子の項には、降旗家に残された史料の存在が記されている。一九九五年に徳弥が死去した後、徳弥の長男（元太郎の孫）の顕一によって降旗家が所蔵する史料の整理がおこなわれた。東京大学法学部附属近代日本法政史料センター原資料部がそれをマイクロフィルムに撮影して『降旗元太郎・徳弥関係文書目録』（近代立法過程研究会収集文書No.89、一九九七年）を作成した。このなかの元太郎の人物研究にとって重要な史料については次節で紹介する。

さて、『近現代日本人物史料情報辞典2』の当該項目を執筆した季武嘉也《すえたけよしや》は「残念ながら彼らに関する研究はあまりないようである」と記している（季武 2005：199）。これが先述の伝記刊行から一五年、降旗家所蔵史料のマイクロフィルム化から八年後の状況である。

降旗元太郎に関する研究が「あまりない」のはなぜか。まずはその略歴を、『降旗元太郎・徳弥関係文書目録』「まえがき」から抜粋してみる。

「降旗元太郎（ふるはた・もとたろう）は、一八六四年（元治元年）五月七日、長野県に生まれる。一八八五年（明治一八年）東京専門学校（現早稲田大学）を卒業。家業の養蚕業を営む一方、新聞事業にも携わる。一八九〇年（明治二三年）県会議員に当選、一八九八年（明治三一年）には第五回総選挙において長野四区から無所属で衆議院議員に当選し、以後一一回選出された。その間、憲政党、憲政本党、立憲同志会、憲政会、立憲民政党に所属した。憲政会・民政党の総務をつとめたほか、加藤高明内閣で陸軍政務次官、のち鉄道政務次官となり、第一次若槻内閣で鉄道政務次官に留任、ついで海軍政務次官に就任した。普選運動に尽力したことでも知られる。一九三一年（昭和六年）

九月一五日、六八歳で死去した」

元太郎は一九〇二（明治三五）年に普通選挙法案を最初に帝国議会に提出した一人であり、当選一回は戦前の長野県選出議員としては最多である。にもかかわらず、これまで政治史的な研究関心の対象にはなりにくかった。党首や大臣などの派手な表舞台ではなく、党役職や政務次官など裏方や補佐役が多かった「地味さ」も関係しているかもしれない。

それゆえ、降旗元太郎を研究しようという人が現れるとすれば、近代日本の政治史よりは、信州松本の地域史への興味関心が入口になる可能性のほうが高いといえる。実際、元太郎の人物研究を手掛ける可能性のあった有力な候補が二人いた、と私は見ている。

その一人が、先に述べた記念像の碑文の草稿を書いた小松芳郎である。

小松が室長として陣頭指揮を執《と》った松本市の市史編纂事業は一九九八年に完了し、そこで収集された史料群の整理保存のために、松本市文書館が開設された。小松はその初代館長を務め（小松 2000）、信濃史学会会長として地域史研究を支えた。

小松はこうした仕事のなかで、郷土の政治家・降旗元太郎に関心を寄せるようになった。文書史料だけではわからない元太郎の人柄や挿話を、記念像の碑文の草稿に取り組む際に、徳弥から直接聞かされてもいたことだろう。本格的な研究にも意欲を示していたという。

私はこの話を徳弥の孫（元太郎の曾孫）にあたる降旗克弥氏から聞いた。克弥氏もまた曾祖父に縁のある史料を探し求めて文書館に通っていたのだ。

ところが、二〇二二年二月、小松は膵臓がんにより七二歳で死去した。もう一人は信州の近代史研究の第一人者、上條宏之である。

本書のとくに前半を執筆するために松本安曇野の自由民権運動やその担い手に関する多くの研究を参照したが、一九六〇年代から八〇年代にかけてこの領域で豊かな蓄積をつくってきた研究者集団のアンカー的存在が上條だった。中村太八郎や木下尚江の研究もある（上條 1973, 2022）。長野県近代史研究会の会長として後進の育成指導にも力を入れており、上條自身が手掛けずとも元太郎の人物研究に対して最も有効な助言ができる立場にいた。

ところが、二〇二三年二月、上條は多臓器障害のため八七歳で死去した。

もちろん力のある研究者は上條宏之や小松芳郎だけではない。けれども、地域の膨大な史料群と分厚い研究蓄積を体現するような歴史家を立て続けに失ったのは、まことに大きな痛手であった。「次の世代」に託されたということである。

普選運動や護憲三派など、各論的なテーマを扱った論文や学術書で、降旗元太郎が登場することはある。今回の評伝執筆のために収集したさまざまな資料のなかにも、元太郎は姿を見せている。ただ、その瞬間的な断片をどれだけ寄せ集めても、元太郎の人物像は捉《とら》えることができないのである。

降旗元太郎に関するまとまった著作としては、前出の徳弥による『井戸塀二代―降旗徳弥回想録』が唯一のものである。果たして、これを超える――せめて新たな角度から光を当てるような――評伝が書けるのだろうか。

本書がチャレンジするのはここである。

ただし、本書が目指すのは降旗元太郎の人物研究の「完全版」「決定版」ではない。元太郎の人物・人生を通して見えてくるものや、浮かび上がる「謎」や「問い」を明らかにして、今後の研究に引き継ぎたい。

ちなみに、二〇二二年から、安曇野市が音頭をとって小説『安曇野』を原作としてNHK大河ドラマ化に向けた誘致の取り組みを始めたという。仮に実現したとしても、そこに元太郎が登場するかどうかはわからないが（原作で若干の言及がある程度）、信州の地域史と日本近現代史が交錯する場所に元太郎がいたことは間違いない。

降旗元太郎の人物研究を再出発させる手掛かりは二つある。ひとつは晩年に人生を振り返った一次史料「病床手記」の存在である。もうひとつは異なる世界、異なる世代を媒介する者として位置づける文脈である。政治史的には決して目立つ存在ではなかった元太郎が、これらの手掛かりによって、政治史を捉え直すためのキーパーソンになる可能性がある。

# 3 『井戸塀二代』と病床手記

## 『井戸塀二代』の二つのテキスト

降旗徳弥『井戸塀二代―降旗徳弥回想録』（一九九一年）は前半が父元太郎の伝記、後半が徳弥の自伝になっている。したがって、降旗元太郎の人物研究をおこなう際には、この『井戸塀二代』が最初の足掛かりとなる。

先ほど元太郎に関するまとまった著作としては「唯一のもの」と書いた『井戸塀二代』であるが、じつは、これには同じ年に前後して刊行された二つのテキストが存在する。一般に流通しているのは、降旗徳弥『井戸塀二代―降旗徳弥回想録』（「井戸塀二代」刊行会）で一九九一年一二月一日発行である。先の季武嘉也が挙げているのもこちらで、国会図書館や複数の大学図書館に所蔵されている。もうひとつは降旗徳弥『井戸塀二代　抄』（私家版）で一九九一年九月一三日の発行である。私はこれを古書市場で入手したが、図書館での所蔵は確認できなかった。

この三か月違いで刊行された二つの『井戸塀二代』をここでは正編と抄編と呼ぶことにする。両者はどのような関係にあるのだろうか。「抄」とは抜き書きや短くまとめたものを意味するから、題名だけを見れば後者は『井戸塀二代』に対する抜粋要約版のようであるが、抄編のあとがきに徳弥自身が記した経緯をふまえると、実際には正編の草稿のような関係にあることがわかる。

事の次第はこうだ（抄編：230）。

降旗家には元太郎が死の半年前に綴った「病床手記」が残されていた。降旗家と遠縁の関係にあるシンガポール在住の胡暁子《おうあきこ》にその話をしたところ、「ぜひ本にまとめましょうよ。『井戸塀二代』というタイトルがいいわね」という話になり、徳弥の九三歳の誕生日（九月一八日）に出版記念会ができるように、出版準備に取りかかった。けれども刊行が間に合いそうにないので、取り急ぎ『井戸塀二代　抄』として仕上げて刊行したという。

この裏話を読むと、なぜ正編が刊行されるまで三か月待てなかったのか——とつい思ってしまうが、ここにも必然性はあった。元太郎が死去したのが一九三一年九月一五日だったから、没後六〇年の節目となる祥月命日に、父に伝記の刊行を報告できたのだ。

こちらのほうが自身の誕生日の出版記念会よりも遥《はる》かに重たいはずである。けれども、この事実を徳弥は抄編のあとがきに書いていない。記念像建立においても「運動発祥」一〇〇年よりも「普選実現」七〇年の節目を選んでいるにもかかわらず、それをどこにも書いていない。徳弥は、後世に元太郎が再評価されるよう努めながら、それをお膳立てした自身の痕跡を消そうとしたのだろうか。

抄編と正編に関わった第三者の名前も記しておく。この情報は今後の研究の手掛かりになりうる。抄編では、地元の長田広夫と永井亨、そして途中から——おそらく期日に間に合わせるために——毎日新聞社の森桂と作家の樋口修吉が、それぞれ協力した。

正編でも、引き続き長田・永井が支えたというが（抄編：230）、あとがきに「井戸塀二代」編集委員会として名前が挙げられているのは、長田広夫・佐藤浩市・新海浪男・能勢豊・古川寿一《じゅいち》・本郷文男の六名である（正編：451）。抄編に途中から関わった森桂は、『旋風二十年―解禁昭和裏面史』（鱒書房・上巻一九四五年・下巻一九四六年）で有名な毎日新聞のジャーナリスト森正蔵の息子である。徳弥は森正蔵を通じて森桂とも親交があったものと思われる。

## 病床手記の翻刻と再構成

伝記のもとになった病床手記は、昭和六年版の日記帳に八一頁にわたって綴られている。東京大学法学部附属近代日本法政史料センター原資料部に所蔵されているマイクロフィルム「降旗元太郎・徳弥関係文書」に収録されているので、必要な手続きをとれば閲覧は可能である。

ただし、筆跡の癖が強く、これを単体で判読するのは困難を極める。幸いなことに、先に述べた事情もあって、抄編には病床手記からの抜粋翻刻が豊富に含まれている。翻刻を担当したのは長男の徳弥をはじめ元太郎の筆跡に馴染《なじ》んだ関係者であろうから、基本的に信頼してよいだろう。原本のテキスト単体での判読は困難でも、抜粋翻刻テキストとの照合は比較的容易である。

今回の評伝執筆に病床手記を利用するにあたって、次の作業をおこなった。

（1）抄編と正編に引用された、病床手記の抜粋翻刻テキストを抜き出す。
（2）原本と照合して、抜粋翻刻テキストの該当箇所を特定する。
（3）抜粋翻刻テキストを、原本通りの順番に配列し直す。

この作業の結果、わかったこともある。

病床手記のテキストは細切れに分割され、伝記の文脈にあわせて引用されている。分割と引用、翻刻の仕方は、抄編と正編で差異がある。けれども、抜粋翻刻テキストを原本の順番に並べていくと、原本のテキストを完全に近い形で再現することができる（つまり病床手記で割愛された部分はほぼない）。

病床手記が今後研究で利用される可能性を鑑《かんが》みて、この再構成版のテキストを本書の巻末に掲載する。本書で病床手記を引用する際には、（手記：＊）と表記する。＊はマイクロフィルム「病床手記」の何枚目かを示す。翻刻テキストは抄編と正編の引用文を参照し、両編で翻刻に差異が認められる場合は、正編のほうを採用する。ただし原本も参照して、筆者の判断で変更を加えた部分もある。

内容をテーマ別に区切るならば以下のようになる。（［　］に何枚目かを示す）

【1】家族のこと　［2-6］
【2】護憲三派成立の裏面史　［6-17］
【3】大隈信常《のぶつね》侯のこと　［17-25］
【4】小泉三申《さんしん》と田中内閣倒閣運動　［26-29］
【5】貴族院議員勅選のこと　［29-30］
【6】大隈家と早稲田大学のこと　［30-32］
【7】普選運動と新聞事業のこと　［32-36］
【8】蚕種製造業のこと　［36-42］

今回の再構成は、あくまでも評伝執筆の便宜のために試作した暫定版なので、いずれ厳密な校訂を施した完全版がつくられることが望ましい。

校訂作業を通して元太郎の筆跡が判読可能になれば、マイクロフィルム「降旗元太郎・徳弥関係文書」に収録された残り二冊の日記（一九二五年一月〜一二月の一四九枚、一九二九年一月〜三月の二八枚）も有効に活用できるようになるだろう。研究という点では、こちらは未《いま》だ手付かずのままだ。

**病床手記の背景と特徴**

この手記は一九三一（昭和六）年一月二五日に書き起こされたことが冒頭に明記されているが、執筆時期の詳細はわからない。同年九月に死去するまで八か月たらずである。

四二枚目の「此事《このこと》と」を最後に未完成のまま絶筆となっているように、清書する時間的余裕がないことを予期しつつ、書き残すべき優先順位を吟味しながら書き進めている。記述内容が時系列順になっていないのはそのためであろう。手記の終盤に挿入された次のつぶやきからは、焦燥感に駆られた元太郎の本心をうかがい知ることができる。

「ああ書きたいことは山のようにあるが、筆がおつつかぬ。あの大震火災であれだけの折角集めた書類を焼かなかつたらなあ。一たび内閣に列したら、それを最後に政界を引退する積りだつたから、引退後の余の社会事業計画と共に口述速記のことも毎夜一時間づゝで十分だつたろうになあ。計画に就いては人を選んで研究せしめたら、遺漏《いろう》なきを得たろうになあ」（手記：36f）

元太郎は政界を引退したら社会事業を起こして回顧録を執筆する予定だったのだ。その頃には時間の余裕もできるだろうから、毎夜一時間ずつ口述筆記を重ねていき、じっくり取り組めばよい――と。

しかし、思うようにはいかないものだ。

「懸命に蒐集《しゅうしゅう》したる余の履歴に関する柳行李《やなぎごおり》三個の書類」（手記：3）は一九二三（大正一二）年九月の関東大震災ですべて焼失してしまった。そして現役の代議士として忙しく立ち働くなかで病に倒れたため、半《なか》ば強制的に、人生を振り返る時間ができた。にもかかわらず、それを書き留める時間は圧倒的に足りない。

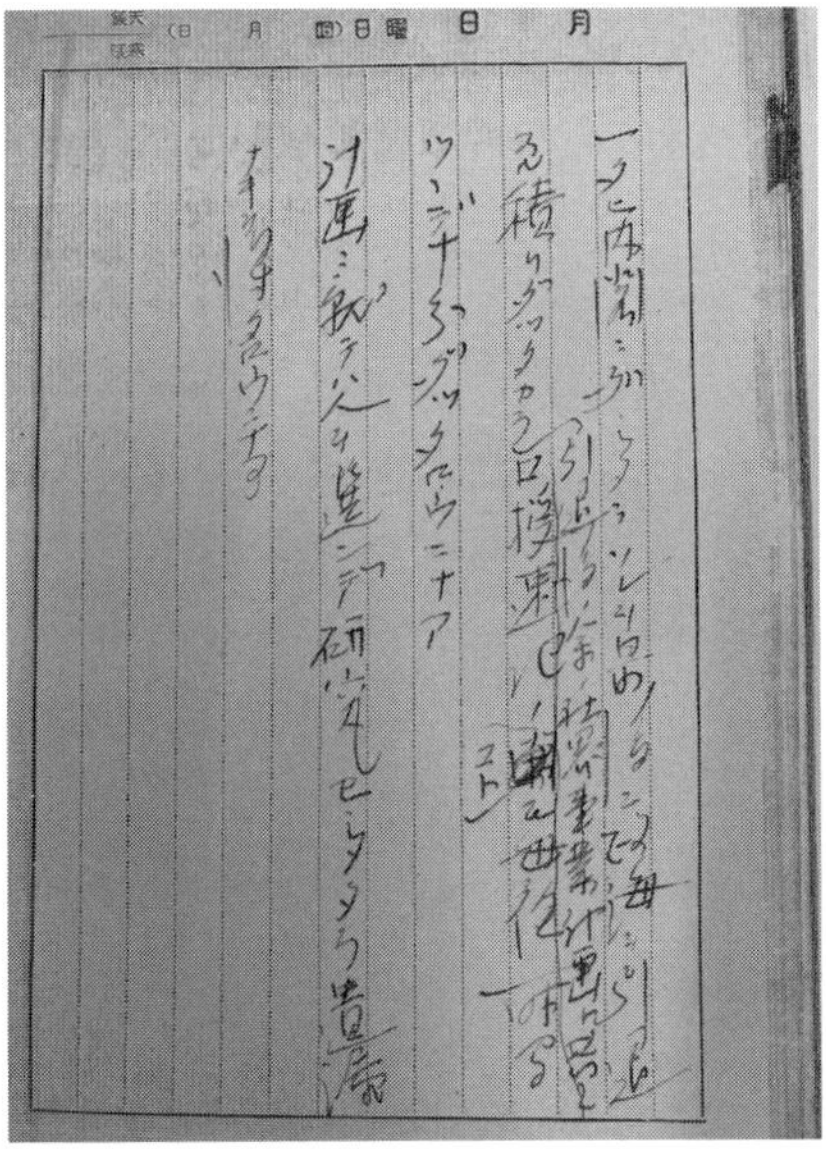

病床手記37枚目「一タビ内閣ニ列シタラソレヲ最後ニ政界ヲ引退スル積リダツタカラ…」（筆者撮影）

病床手記には、そうした切迫した時間感覚ゆえの緊張感がみなぎっている。時間的精神的な余裕があるなかで推敲を重ねた回顧録ではなく、むしろ「これだけはどうしても書き残しておかねばならぬ」と後事を託す遺書として読まれるべきである。

病床手記は元太郎の死後、降旗家で大切に保管された。

こうした直筆の手記は、その筆跡を判読でき、かつ行間に込められた想いを補いながら解読できる者がいなければ、結局は死蔵されたままになる。その意味では、父の死後、その新聞経営事業の後始末と政治的な地盤を引き受けた長男の徳弥は、病床手記の、まことに正統な継承者だったといわねばなるまい。

徳弥にとって、病床手記は、たんに「亡き父の思い出の遺品」ではなかったはずだ。けれども、手記に通底する切迫感と後事を託す想いを、本当の意味で受け取ることができたのは、おそらく自分自身に残された時間を強く意識したときではなかったか。だとすれば『井戸塀二代』が父の伝記と徳弥の自伝から成り立っているのには、必然性がある。徳弥の自伝は、父の伝記と同時に書かれねばならなかったのだ。

さて、六〇年という時間はかかったものの、ともかく元太郎の病床手記は日の目を見るに至った。病床手記は、元太郎の人物像を把握するうえで貴重なテキストとなる。

例えば【2】から【4】は大正末期から昭和初期における政治過程について、当事者ならではの臨場感あふれる記述になっている。そこに書かれた内容は一般に伝えられる歴史に対する裏面史として興味を惹くものであるが、病床手記に通底する切迫した時間感覚をふまえて改めて読んでみると、元太郎が登場人物と交わす研ぎ澄まされた言葉の力がよりいっそう際立って感じられる。ほかの登場人物による回顧録での記述と重ね合わせることで、人間同士がぶつかり合う群像劇として再構成できるだろう。【5】と【6】は元太郎の政治家としての筋の通し方、その芯の在り処を示す挿話であり、右の政界裏面史とあわせて読めば、元太郎という人物の輪郭がより一層明瞭になるだろう。

【7】と【8】は実際の時系列では明治三〇年前後まで遡《さかのぼ》り、普選運動発祥の舞台裏や地元の蚕種製造業との関わりを具体的に書き記したもので、評伝執筆に際しては貴重な証言となる。本章冒頭の「普選実現運動発祥の地」記念像が、木下尚江、中村太八郎と並ぶ立役者として降旗元太郎の名前を挙げるに至った、ひとつの根拠となったと思われる。

## 4　二つの世界、二つの世代を媒介する者

### 名望家政治と大衆政治、あるいは自由民権と普通選挙

降旗元太郎の人物研究を再出発させるもうひとつの手掛かりは、異なる世界、異なる世代を媒介する存在としての位置づけである。

元太郎は、名望家政治から大衆政治への移行期において両者を媒介しながら生きた人なのである。あるいは自由民権運動から普通選挙運動へと言い換えてもよい。彼の足跡を辿《たど》ることで、二つの世界がつながるダイナミズムが見えてくるはずである。

「普選実現運動発祥の地」記念像の碑文には次の一節がある。

「主唱した中村太八郎・木下尚江及び降旗元太郎らは、自由民権運動で全国に知られた松本奨匡社の影響下に育った世代である」

第二章で詳しく述べるように、信州松本は普通選挙運動の以前から、もともと自由民権運動の一大拠点だった。

元太郎はこの自由民権運動の中心に近い場所で人格的・思想的に成長していく。近代学校教育制度が確立していく過渡期に、漢学者・武居《たけい》用拙《ようせつ》のもとで民権論の洗礼を受けた。この武居塾の九歳年上の同窓生には若き民権家として傑出した松沢求策《きゅうさく》（一八五五年生）がいた。元太郎は、先輩・松沢が『松本新聞』主筆として健筆を揮《ふる》い、信州の民権家を糾合して奨匡社をつくり（一八八〇年）、全国の国会開設請願運動を牽引する姿を間近で見ていたのである。

その一方で、第四章以下で詳しく述べるように、元太郎は、松本の自由民権運動とは異なる東京のネットワークのなかで頭角を現していく。元太郎の略歴から政治家以前の経歴を抜粋する。

「一八八五年（明治一八年）東京専門学校（現早稲田大学）を卒業。家業の養蚕業を営む一方、新聞事業にも携わる」

武居塾を卒業後、大隈重信によって設立されたばかりの東京専門学校に入学した（一八八二年・第一期生）。在学中に、東京大学や私立専門学校などに通う在京学生が集まり松本親睦会が設立された（一八八四年）。これは東京と地元の前途有為な青壮年を結ぶネットワークとなり、明治二〇年代以降は鉄道敷設運動や分県移庁運動などを推進していく母体となった。帰郷したばかりの元太郎がいきなり『松本新聞』の後継紙『信陽《しんよう》日報』（後の『信濃日報』）の経営に参画することになったのは、このネットワークの中心にいた青木貞三《ていぞう》（一八五八年生）の周旋による。

『信濃日報』はただの地元新聞ではなく、明治初期の啓蒙と民権のメディアの正統な継承者である。その歴史は、明治維新後にできた筑摩県の御用機関紙『信飛《しんぴ》新聞』（一八七二年創刊）にまで遡る。第二次府県統合（一八七六年）により筑摩県が廃止、長野県に統合されたことで『信飛新聞』は御用機関紙の座を『長野新聞』（後の『信濃毎日新聞』）に奪われ、『松本新聞』に改題、自由民権運動に掉《さお》さす政論新聞として再出発した。

それゆえ、元太郎は、地元の自由民権運動の正統な遺産相続者といえるのであるが、その教育歴やネットワーク形成において明らかに「新しい世代」である。とはいえ観念的な理想主義者だったわけではない。元太郎の生家は旅館業と蚕種製造業（「養蚕業」とは異なる）を家業とする名望家であり、彼の地元での新聞事業や政治活動はあくまでもそこに根差したものだった。

元太郎の政治的な力が何に由来するのかを考えるうえでは、木下尚江が格好の比較対象になるだろう。逆に、尚江はなぜ政治家になれなかったのかも、元太郎と比較することで見えてくるはずだ。尚江も東京専門学校から新聞記者を経由して政治家を志すところまでは元太郎とよく似ているが、その後、両者の方法論の違いは拡大していく。

### 遅れてきた世代

次に注目するのは世代である。

世代とは同時出生集団（同じ時期に出生した人びとの集団）を指し、人口学ではコーホート（cohort）という。戦争や革命のような大きな社会変動が起こった時期には、どの年齢でそれを経験したのかが、生き方や考え方における世代差をもたらす。幕末維新期は内戦と体制転換が同時に起こった激動の時代であるから、生まれ年が一〇年違うだけでも世代差は相当大きいと見るべきである。

そこで本書では、主要な登場人物には適宜、生年情報を、降旗元太郎（64）のように一九世紀の西暦下二桁で略記する。

元太郎は一八六四（元治元）年の生まれである。

この世代は、二つの意味で「遅れてきた世代」といえる。

第一に、第一回総選挙に間に合わなかったこと。国会開設のために第一回衆議院議員選挙がおこなわれたのが、一八九〇（明治二三）年である。このとき被選挙人の資格は三〇歳以上で直接国税一五円以上を納める者とされた。つまり最初の総選挙で出馬するには一八六〇年までに生まれている必要があった。一八六一年以降に生まれた世代も、三〇歳になるのを待って選挙に出ればよいのだが、選挙は知名度と活動実績のある現職がどうしても有利になるから、中央政界に進出するまでに時間がかかった。

犬養毅（55）と尾崎行雄（58）が「憲政の神様」「議会政治の父」と呼ばれるのは、第一回総選挙から連続当選してきたからである。彼らは幕末維新期に少年時代を過ごし、上京して欧米列強の制度や思想を学んだ。尾崎は一六歳で、犬養は二一歳で、それぞれ福沢諭吉の慶應義塾の門をたたき、地方が自由民権運動で盛り上がっていた頃には、すでに中央の新聞雑誌で言論活動を展開したり、立憲改進党の結成に参画したりと、政治的な人脈と実績を着実に積み上げていた。第一回総選挙のときには三〇歳代半《なか》ばになっており、満を持して政界に進出したのである。

第二に、一八五五年前後に生まれた黄金世代の後塵《こうじん》を拝し続けたこと。大正期において政党政治の確立に尽力した指導者には、犬養・尾崎と同世代の一八五五年前後の生まれが多い。例えば、普通選挙法を成立させた護憲三派内閣のときの政党指導者は、政友会の高橋是清（54）と憲政会の加藤高明（60）、それに革新倶楽部の犬養毅（55）である。暗殺されていなければ政友会の代表は原敬（56）だった。大正政治の黄金世代（golden generation）といってよい。大正末期には六〇歳代後半から七〇歳にさしかかり、現役として活躍しうる年齢的なピークを迎えていたが、それまで元太郎の世代の上に君臨し続けた。

ちなみに、若い頃の元太郎にとって、身近に目標となる偉大な先輩は二人いた。先に言及した、自由民権運動の若き指導者・松沢求策（55）と東京と地元をつなぐネットワークの世話役・青木貞三（58）である。彼らもまた犬養・尾崎と同じ世代である。不幸にして、松沢も青木も第一回総選挙の前、三〇歳を過ぎたばかりの若さで死去した。もしも健在だったら黄金世代の名に恥じない活躍をしていたはずである（そのときは元太郎の人生もまた違ったものになっていただろう）。

この一八五五年前後生まれの世代的な特徴については、本論において詳しく検討するが、明治国家の建設の過渡期のなかで青年となった彼らは、学歴や資格ではなく、人物と実力によって――裏を返せば縁故と情実によって――世に出てきた。出来たばかりの明治政府が各藩に命じて全国津々浦々から俊秀をかき集めた貢進生《こうしんせい》制度（一八七〇年）がターゲットにしたのもこの世代だった。小村寿太郎《じゅたろう》（55）や穂積陳重《のぶしげ》（56）、杉浦重剛《じゅうごう》（55）、鳩山和夫（56）らは貢進生の最年少グループである。

人材登用の仕組みが徳川時代の身分制にもとづく「属性本位」から次の「業績本位」に転換されるまでの、制度的な空白こそが、彼らを生み出したといってもよいだろう。

そして、大きく括《くく》るならば、元太郎の世代もその末尾に連なる。だからこそ余計に「遅れてきた」世代なのだ。

## 二つの世代の狭間で自分の役割を確立する

元太郎の世代はまた、東京の私立専門学校で高等教育を受けた第一世代でもある。

一〇歳代半ばに自由民権の思想を学び運動に触れたことで、己の立身出世を国家社会の理想の実現と重ね合わせ、志を立てて上京遊学してきた。私立専門学校の設立ラッシュと重なり、東京には、全国から意識の高い青年たちがこぞって集まり、ますます意識を研ぎ澄ませていた。普選運動を始めた中村太八郎（68）と木下尚江（69）は彼らのなかから出てきた。

彼らの世代意識に大きな影響を与えた言論人に徳富蘇峰《そほう》（63）がいる。彼の評論家としての出世作は、老人対青年の世代間対立を煽《あお》る評論であった。

日本の官僚制度が、教育機関と試験任用を連動させて「業績本位」を明確にしていくのは、帝国大学（一八八六年）とセットで文官試験試補及見習規則（一八八七年）がつくられて以後である（当初帝大卒は試験免除の試補採用）。いわゆる学士官僚の登場である（清水2013）。若槻礼次郎（66）や床次《とこなみ》竹二郎（66）がそれに該当する。そして濱口雄幸《おさち》（70）や幣原《しではら》喜重郎（72）以降の学士官僚は、特権なしの文官高等試験による選抜採用である。

大正期になると、この学士官僚集団から高い専門性と豊富な行政経験を備えたニュータイプの政治家を輩出するようになる。後の昭和政治の黄金世代であるが、彼らは一八五五年前後生まれほどの政治的指導力を発揮できず、政党政治は不安定化した。

元太郎の世代は、遅れてきた世代であるだけでなく、若い頃には、すぐ下の思想や運動を先鋭化させる活動家や言論人たちが迫り、また政治家のキャリアにおいても、すぐ下の優秀な学士官僚出身者が迫ってくる、狭間の世代でもあるのだ。元太郎の病床手記に見られる、晩年の切迫した時間感覚は、こうした世代的特徴と重ねて理解することもできる。

しかし、そんな二つの世代のあいだで、元太郎は自分なりの役割を確立していく。

これはとくに後半生の見どころになっている。病床手記ではとくに「心血を注ぎたる苦衷の知られざるもの」として挙げられている五つの点を読み解いていくなかで、元太郎が通した筋を見いだすことができる。

「余の心血を注ぎたる苦衷の知られざるもの甚《はなは》だ多し。其著《そのいちじる》しきものに、第一は、大隈信常侯に関連せること是也。」（手記：17）

「第二は、余と小泉三申との関係是也。」（手記：26）

「第三、田中内閣に対する倒閣運動。」（手記：27）

「第四（略）、余の貴族院議員勅選問題也。」（手記：29）

「第五、早大の維持員としての余の天職。」（手記：30）

いずれも、大正末期から昭和初期にかけて、強力な政治的指導力が不在のなかで、「策士」と呼ばれる党人派の政治家たちが暗躍した出来事に関わっている。このことは学士官僚出身者のような専門性や行政経験とは別の政治的資源をもつ媒介者としての役回りが求められる構造があったと考えるべきである。

ただし、策略をめぐらして暗躍するような策士たちのあいだにあって、策士から頼られることはあっても、元太郎自身は決して策士ではなかった。彼が、媒介する者として通した筋とは何だったのか。元太郎の生き方を通して考えてみたい。

私が見ようとしている降旗元太郎の理想は、そこにある。

第一章

# 蚕種製造と自由民権

保福寺峠から日本アルプスを臨む（画像提供：毎日新聞社）

「明治年代、中央線の開通以前、信濃松本平の郷土を出て東京に学ぶ者は、みなこの峠を上り下り、そうして上田泊りの翌早暁、いずれもこのような父と子の別れをして、御者の一鞭に朝霧の中を駆け去ったのである」（相馬黒光『穂高高原』一九四四年＝『相馬愛蔵・黒光著作集一』郷土出版社・一九九六年）

# 1　信州の二つの文化圏

## 「四つの平」からなる難治の国

県歌『信濃の国』（作詞：浅井洌《きよし》・作曲：北村季晴《すえはる》）は、一番と二番で信州の地形の特徴をわかりやすく歌い上げている。

「一、信濃の国は十州に　境連ぬる国にして
聳《そび》ゆる山はいや高く　流るる川はいや遠し
松本伊那佐久善光寺　四つの平《たいら》は肥《ひ》沃《よく》の地
海こそなけれ物さわに　万《よろ》ず足らわぬ事ぞなき
二、四方《よも》に聳ゆる山々は　御嶽乗鞍《おんたけのりくら》駒ケ岳
浅間は殊《こと》に活火山　いずれも国の鎮《しず》めなり
流れ淀まずゆく水は　北に犀川《さいがわ》　千曲川《ちくまがわ》
南に木曾川　天竜川　これまた国の固めなり」

『信濃の国』はこれに続けて産業（三番）や名所旧跡（四番）などさまざまな角度から信州人の誇りを盛り上げていくのだが、じつは最後の六番まで、この地を統治した「殿様」や「お城」は登場しない。人物編（五番）で取り上げられるのは木曾義仲・仁科盛信《にしなもりのぶ》・太宰春台《だざいしゅんだい》・佐久間象山《しょうざん》で、前二者は平安末

（『長野県教育史』より）

図 1-1：信州の 4 つの地域と 16 郡

期から戦国時代の武将、後二者は江戸時代の学者である。

統治者が不在なのも無理はない。

信州は、中世以来「難治の国」として知られてきたからである。

信濃国の時代から一〇の国に囲まれ、それら周辺国とは川と街道による相互交通が活発でありながら、信濃国内はいくつもの盆地が独自の地域文化をつくってきた。また、江戸時代も最大一一の小藩が分立し、幕府・旗本領が複雑に入り組み、広域を支配する強大な領主が存在しなかった。

この群雄割拠の状態は、廃藩置県により、中央集権体制が確立されてからも、なかなか解消されなかった。市町村合併などを繰り返しながら行政区画は変化を遂げてきたが、現在でも北信（長野盆地）・東信（佐久盆地）・中信（松本盆地）・南信（伊那盆地）という四つの地域のまとまりは維持されている（図1-1）。選挙区はもちろん県立高校の通学区などにおいても、この四地域が区割りの基準になってきた。

このなかで、降旗元太郎の地元は、松本盆地を中心とする中信地域である。初当選した第五回総選挙（一八九八年）は中信全体がひとつの選挙区（長野四区＝二人区）だった。この地域が彼の政治活動の出発点であり、選挙の重要な地盤であった。地盤というだけでない。国政に乗り出す前の県議会議員時代の活動や、その前の地域に根差した新聞や家業の経営、さらに元太郎の人格形成に影響を与えた自由民権運動など、元太郎が政治家となっていくうえでの秘密が、ここ中信地域には詰まっている。

そこで、人物に焦点を当てる前に、信州における中信地域の位置づけをおさえておこう。

## 筑摩山地が隔てる二つの文化圏

まず、四つの地域を、二つの文化圏として捉え直しておこう。すなわち、長野盆地（飯山・長野）から佐久盆地（上田・佐久）にまたがる東北信と、松本盆地（松本・安曇野）から諏訪盆地（諏訪湖）、伊那盆地（伊那・飯田）にまたがる中南信である。歴史的には前者を北信、後者を南信と呼ぶこともあったが（例えば丸山福松『長野県政党史』一九二八年）、四地域の呼称と区別するためにここでは東北信と中南信と呼ぶことにする。

両者のあいだには、先に述べた「難治の国」としての歴史的な背景とは別に、相互交通を物理的に難しくしている地形的な条件がある。

信州を外から俯瞰《ふかん》してみれば、飛騨山脈（北アルプス）や赤石山脈（南アルプス）といった三〇〇〇メートル級の山脈の存在感が際立っているが、二つの文化圏を隔てる物理的な障壁としては、中央部の筑摩山地（一〇〇〇〜二〇〇〇メートル級）が重要である。

例えば、松本（中信）から上田（東信）までの直線距離は三〇キロ程度であるが、両者のあいだには筑摩山地がある。二〇〇〇メートル近い山々と高原が密集する山岳地帯である。これを克服する努力は古代からおこなわれてきた。

まず、東山道《とうさんどう》という律令時代からの古道があるが、松本と上田を行き来するには、標高一三四五メートルの保福寺峠《ほうふくじ》を越えなければならない（松本との標高差は約七五〇メートル）。また、少し南下して下諏訪経由で佐久に行く中山道《なかせんどう》が江戸時代に整備されたが、こちらも標高一五三一メートルの和田峠を越えなければならない（松本との標高差は約九五〇メートル）。ちなみに、松本藩主の参勤交代では、保福寺峠を越えて上田まで出て、北国《ほっこく》街道から追分宿《おいわけじゅく》（軽井沢）で中山道に入り、江戸に向かった。

こうした幹線街道のほかにも、峠越えのルートは複数あった。ただ、そのなかでも保福寺峠は、松本と上田、というよりも、とくに明治前半期においては中信地域と東京＝中央を隔てる象徴的な境界として重要である。これについては、あとでまた触れよう。

東山道や中山道が高い峠を越えてまで整備されたのは、信州のローカルな事情ではなく、畿内から東国、もしくは江戸から京都に通じる政治的な道路だからである。

明治政府もまた、中信と東信をつなぐ計画を立てた。もちろん首都と関西を結ぶ鉄道路線の要《かなめ》と考えたからだ。実際、東海道ルートと並んで中山道ルートについても計画・着工、東京・上野から群馬県の高崎・横川を経て東信地域までは開通できた。

ところが、やはり筑摩山地が工事のネックとなり松本まではつながらず、「中山道幹線」は幻に終わった（一八八六年）。

それに比べると、北信地域から新潟県の直江津に至る信越本線のほうが工事は早かった。もともと東信（上田・佐久）にとっては、千曲川沿いに北信（長野）から越後国（新潟県）の直江津へ、また東の軽井沢から碓氷峠《うすい》（標高九五六メートル）を越えて上野国《こうずけのくに》（群馬県）の高崎に行くほうがはるかに容易だったのである。他方、中信（松本・安曇野）は南信（諏訪・伊那）と近く、下諏訪から甲州街道を通って東京に出ることができる。

現在の交通網でいえば、東北信は北陸新幹線と上信越自動車道が並走するエリア、中南信は中央本線と中央自動車道が並走するエリアとそれぞれ重なる。信州を貫くこれら二つの大動脈は、筑摩山地をそれぞれ迂回《うかい》して交わることがない。

「中山道幹線」が幻に終わった後も、筑摩山地を克服する努力は続けられてきた。

県内の蚕糸業の発展（後述）のためには、中信と東信のあいだに荷車や馬車が通れる道が必要と考えた県当局は、七道開鑿《しちどうかいさく》事業に着手、松本と上田を結ぶ第二路線を一八九〇（明治二三）年には開通させた。東山道よりも緩勾配で最短のルートを通るバイパス道路であった。現在の国道一四三号である。標高一〇〇〇メートルを越える地蔵峠と青木峠にはそれぞれ全長一〇〇メートル前後のトンネルを通した。この二つはいまや現役最古の国道トンネルとして知られる。総延長五六キロは車で一時間三〇分の距離だが、徒歩なら一二時間はかかる。

その後、一九七六年に全長八・五キロの三才山《みさやま》トンネル有料道路（国道二五四号）が開通したことで、松本上田間はようやく車で一時間の距離になった（二〇二〇年無料開放）。

鉄道によって中信と東信を結ぶことは断念したものの、北信の篠ノ井（信越本線）と塩尻（中央本線）を結ぶ中央連絡線がつくられることになる（篠ノ井線）。元太郎は、衆議院議員に初当選して臨んだ第一三議会（一八九八年一二月〜九九年三月）で、早速同志議員らとともに「鉄道敷設工事を予定期限内に竣功《しゅんこう》すべき建議案」を提出、篠ノ井線の工事の遅れを例に挙げながら演説をおこなっている。

現在でも、松本から上田まで電車で行こうとすれば、やはり北信の篠ノ井か長野を経由する迂回ルートしかなく、北陸新幹線を利用しても一時間二〇分程度はかかる。

## 保福寺峠という境界

現在、保福寺峠には「ウォルター・ウェストン　日本アルプス絶賛の地」の碑が立っている。一八九一（明治二四）年、英国人宣教師で登山家のウェストンが上田から人力車でのぼってきて、この峠から目の前に広がる大連峰のパノラマを絶賛した。

「その連峰の中部と南部全体は、足下のひろびろとした松本平原とその彼方の淋しい飛騨の国の間に、一大障壁のように、西方の前面に聳えていた。高さ一万呎《フィート》乃至《ないし》それ以上もある雪縞の山稜や崇高な峰々が、落日に映えたオパール色の空を背景に、紫の輪郭も鮮かに聳えている。」（長尾編：33f）

午後一時に上田を出発したウェストンが保福寺峠に着いたのは午後六時（日没直前）、暗闇の山道をくだり、松本に着いたのは午後一〇時だった。「三十哩《マイル》の距離を九時間かかった」と述べている（同：34）。この英国人は純粋にその景色を絶賛したのだが、日本人にはまた別の感慨がある。保福寺峠を近代文学史で有名にしたのは、おそらく相馬黒光《こっこう》（76）である。

相馬黒光は臼井吉見の大河小説『安曇野』の主要登場人物である。それだけでなく、黒光の自伝三部作『黙移』『広瀬川の畔』『穂高高原』はひとりの聡明な女性の視点からの同時代の観察記録として、『安曇野』の成立に大いに寄与している。

黒光（星良《ほしりょう》）は仙台藩士の星家に生まれ、宮城女学校・フェリス英和女学校・明治女学校と転校しながら、文学の世界に目覚めていく。高い知性と強い志、行動力を兼ね備えた黒光は「アンビシャス・ガール」と呼ばれた（「黒光」というペンネームも才気が溢《あふ》れすぎるから黒で隠すよう恩師からつけられたものである）。女性解放運動の第一世代である平塚らいてう（86）や神近市子（88）らよりも一〇歳年長である。一八九七（明治三〇）年三月、明治女学校を卒業すると同時に、信州安曇野の相馬愛蔵（70）と結婚する。愛蔵は木下尚江とは松本中学の後輩であり、元太郎や尚江とは東京専門学校の同窓生である。黒光も愛蔵も在学中にキリスト教の洗礼を受けており、その縁での見合い結婚だった。二人は安曇野で四年間暮らしたのち上京、そこで開業したパン屋が、新宿中村屋となり、女主人・黒光のまわりに芸術家や文化人が集《つど》うサロンへと発展していくのである。

さて、保福寺峠のシーンは、黒光の自伝のなかで結婚前の『広瀬川の畔』の最後と、結婚後の『穂高高原』の冒頭に置かれている。住み慣れた東京から初めての信州へ嫁いでいく道行の描写が、次第に異世界に入っていくようでドラマチックである。

東京から松本・安曇野へどのように行くのかがよくわかる。

「思ひ出の多い東京を離れて、信州に立つ日、島貫さんと私達二人は上野駅で落合ひ、上田まで島貫さんに送られることになりました。（略）中央線のない時でしたから、松本へ出るには上田駅で下車するのでした。何とかいふ宿屋に一泊いたしました。（略）翌朝は、名残り惜しくも、島貫さんにお別れし、島貫さんは上田駅から再び汽車で東京に帰る、私達は身支度もそこそこにして、人力車一台を雇ひ、行李がありますから私一人それに乗りました。上田から松本に出るには、どの道を取るにしても、峠を越さなければなりません。空峠《そらとうげ》、刈谷原峠、和田峠、保福寺峠、とあつて、私達は保福寺峠を選びました。はじめての女の足にはこの方が幾分楽だといふのでしたが、どうせ峠はさう容易なものではありません。保福寺峠の麓《ふもと》青木で俥《くるま》をすて、今度は馬に乗りました。愛蔵は草鞋穿《わらじば》きでやはり徒歩をつゞけるのです。」（相馬黒光 1939：310f）

東京上野から信州上田までは汽車で一日。上田で一泊して、その先は人力車と馬を乗り継いで（荷物があるので愛蔵は徒歩で）峠を越えて一二里（約四八キロ）先の松本を目指す。幾つかのルートから選べるが、最も楽なのが保福寺峠ルートだったという。黒光は振り落とされないように馬の背にしがみつきながら、夫と馬方の会話を聞いている。

「たとえば、今に中央線が完成して東京との連絡がついた暁には、峠越しの旅客を相手の馬方も職を失う、まあ今から考えておくことだとか、本年の養蚕の予想、上田と松本の人気の比較など……」（相馬黒光 1944＝1996：14）

峠の茶屋で昼休憩をとり、行く手はるか遠くに雪の冠を頂いた山々を仰ぎ見た。愛蔵と黒光は、夕方に浅間《あさま》温泉にたどり着き、一泊して翌朝松本の町に入った。

東京・上野から上田まで鉄道で行けるようになったのが四年前の一八九三（明治二六）年である。群馬県と長野県の県境、碓氷峠を越える難所・横川〜軽井沢間が開通したのだ。それ以前は、東京から信州に向かうには、群馬県の横川から先は馬車に乗り換えて県境を越えなければならなかった。

ちなみに、県歌『信濃の国』の最後の六番はこうだ。

「六、吾妻《あずま》はやとし日本武《やまとたけ》　嘆き給いし碓氷山
穿《うが》つ隧道《トンネル》二十六　夢にもこゆる汽車の道
みち一筋に学びなば　昔の人にや劣るべき
古来山河の秀でたる　国は偉人のある習い」

作詞されたのは一八九九（明治三二）年。二六か所の隧道《すいどう》（トンネル）と一八か所の橋梁を建設して碓井峠を鉄道で克服した難事業（清水昇：78f）と重ね合わせるように、一生懸命に学問に励むならば昔の偉人たちにも劣ることはないと歌っている。

ただ、何度もいうように、筑摩山地だけは鉄道で克服することがかなわなかった。愛蔵と馬方の会話で出てきた「中央線」（中央東線）が完成して松本と東京が鉄道でつながるのは一九〇六（明治三九）年まで待たねばならない。これは筑摩山地を迂回するルートである。

横川～軽井沢間が開通する以前の様子はどうだったか。

木下尚江が、東京専門学校在学中の一八八七（明治二〇）年に父病気の知らせを受けて、大急ぎで帰省したときの様子が『懺悔』に描写されている。夜明け前に上野駅を出発、終点の横川駅で下車して、馬車に乗り換える。碓氷峠を越えて小諸《こもろ》駅に着いたときはすでに暗くなっていたが、さらに四里（一六キロ）先まで馬車を走らせ、夜中の一一時になってようやく上田に到着した。そこで一泊して翌朝も夜明け前に出発、一二里の峠道を力の限り急ぎ、正午過ぎには松本城近くの実家に到着した。

「我子帰れりとの報《しらせ》に、父は目を開きて、重き頭を擡《もた》げようとし給ふので、『父上其のまゝに』と言いながら予は直に膝を父の枕辺にすり寄せた、父は乃《すなわ》ち枕のまゝに予の顔を見上げながら『大層早やかつたでは無いか、昨夜は何処泊りだ』と問ひ給ふ、『上田』と予は答へた、『なに、上田泊り、上田から最早来られたのか』と父は予の足の早かつたのを讃《ほ》め給ふ、其の面《おもて》に浮ぶ微笑の光に、予は嬉しさと悲しさとを感じた」（木下：284f）

時速六キロで八時間歩き続けられるなら不可能ではないが、かなりの強行軍である。ともかく、明治二〇年代当時、東京〜松本間の移動には、丸二日はかかった。尚江が一年前の三月に初めて上京するときは、父が一二里の雪の山路を上田まで見送ってくれた。

「明治年代、中央線の開通以前、信濃松本平の郷士を出でて東京に学ぶ者は、みなこの峠を上り下り、そうして上田泊りの翌早暁、いずれもこのような父と子の別れをして、御者《ぎょしゃ》の一鞭《ひとむち》に朝霧の中を駆け去ったのである。」（相馬黒光 1944 = 1996：16）

初めて保福寺峠を越えるときの感慨を、のちに尚江はこう振り返っている（『病中吟』）。

「保福寺峠に立ちて故《ふる》さとの山の偉大をはじめて見たり」

尚江にとって、保福寺峠は新しい世界に足を踏み入れる境界だった。松本で毎日親しんできた山々はしばらく見納めとなるから、改めて目に焼きつけたことだろう。

なお、元太郎が初めて上京する一八八二（明治一五）年は、東京・上野から群馬県の高崎を鉄道でつなぐ工事が始まった年である（完成はその二年後）。鉄道整備事業は、元太郎が代議士として最初に取り組んだ重要な仕事のひとつであった。

## 東北信と中南信のせめぎあい

筑摩山地で隔てられた二つの文化圏は、それぞれに独立性が高く、そのため現在の「長野県」ができるまでには、紆余曲折があった。維新後に政治的につくられた緊張関係が、両者のあいだの分断を深めたといってよい。

明治維新のあと、廃藩置県後の第一次府県統合（一八七一年）によって、信濃国は東北信からなる旧長野県と、中南信と飛驒国（岐阜県飛驒地方）からなる筑摩県に分割再編された。旧長野県と筑摩県の県庁はそれぞれ長野と松本に置かれた。

けれども第二次府県統合（一八七六年）により筑摩県は廃止され、飛驒地方は岐阜県に、中南信は長野県に統合された。このとき、長野県庁は長野に置かれたまま、松本からは筑摩県庁が取り上げられた。結果として、中南信が東北信に従属する形となった。

これが禍根《かこん》を残した。

信州に二つの県が併存していた時期に、それぞれの県庁の指導のもと御用機関紙が発刊した。長野の『長野新報』（一八七三年創刊）と松本の『信飛新聞』（一八七二年創刊）である。同じ御用新聞として出発した二紙であるが、筑摩県廃止と長野県への統合再編によって、その後の歩みは対照的なものになった。東京専門学校を卒業した後、地元に戻った元太郎が関わることになるのは、信飛新聞の系譜を継ぐ地方新聞である。

また、長野県はその誕生の経緯から、一つの県としての正統性が繰り返し問い直されることになった。県議会では、分県（中南信の分離独立）や移庁（県庁を松本に移す）の問題が何度も蒸し返された。県会議員時代の元太郎や、新聞記者時代の木下尚江もこの問題に熱心に取り組んでいる（第六章で詳述）。

いまでも長野と松本は「南北対立」「南北戦争」と呼ばれるほどライバル意識が強い。

さらに、県全体を指す言葉として「長野」よりも「信州」「信濃」が好まれ、松本盆地が「西信」ではなく「中信」と呼ばれる背景には、こうした歴史的な経緯がある。『信濃の国』は信濃を歌ったから信州人の愛唱歌となった。

二つの文化圏の問題は、県内の旧制中学校の設立経緯にも影を落とした。

明治初期に県内で設立された中学校は郡立の四校があった。北信（長野）の上水内《かみみのち》中学校、東信（上田）の小県《ちいさがた》中学校、中信（松本）の東筑摩中学校、南信（飯田）の下伊那中学校である。一八八四（明治一七）年、文部省の中学校通則により、これら郡立四校は県立の「長野県中学校」へと統合再編されることになった。このとき、本校は長野に、松本・上田・飯田には支校が置かれた。北信に他の三地域が従属する形である。とはいえ、長野に本校が置かれたのは、前年に長野県師範学校本校が松本に置かれていたからだった。

二年後の一八八六（明治一九）年、中学校令により「長野県尋常中学校」となり、修業年限が四年から五年に増えた。このとき地方税が充当される尋常中学校は各府県に一校のみという制限が設けられたので、本支校は松本に統廃合された。「県下中央ノ位置ニシテ、生徒ノ募集ニ最モ便利」というのがその理由である（『長野県教育史』二巻：21）。じつは中学校令と同時に出された師範学校令により、長野県師範学校は「長野県尋常師範学校」へと改称するとともに長野に移転している。師範学校が「他ノ学校ト異ニシ、（略）万般ノ事項ニ付学務課ト密接ノ関係」があるため、県庁から遠い松本では不便だというのがその理由である（同：23）。

結果として、松本と長野の間で師範学校と中学校を交換した形になった。こうして、師範学校が長野で県庁との指導上の「密接ノ関係」を軸に発展するのとは対照的に、中学校は県庁から離れた松本で自由と自治の校風を育てていくことになる。

その後、中学校令の改正により、各府県に一校とされた設置制限が緩和され、一八九三（明治二六）年に長野県尋常中学校は松本本校に加え、長野・上田・飯田に支校を設置した。これらの地域では、結局七年の間、中学校が不在の時期が続いたことになる。

支校を復活させる際に、一八九二年一二月の県議会では支校設置をめぐって賛否両論の激論が交わされた（同：376f）。支校設置が地域の利益となる東信選出議員が賛成するのに対して、すでに利益を享受している中信選出の議員は県財政などの見地から反対した。当時県会議員だった元太郎も反対論を展開している。支校設置案は二〇対一六で可決された。

一八九九（明治三二）年に長野県尋常中学校松本本校は「長野県松本中学校」、長野は独立して「長野県長野中学校」、上田と飯田はそれぞれ長野中学校と松本中学校の支校となる。翌一九〇〇年に上田と飯田の両支校も独立して上田中学校と飯田中学校となる。二つの文化圏の綱引きから四つの地域の独立に至る過程は、明治期の信州のなかで働く地政学的な力関係を反映しているようで興味深い。

ちなみに、この四つの旧制中学を前身とする伝統校は創立年をどこまで遡るのか。ここにも東北信と中南信とで性格の違いが認められる。

東北信の二校は支校から独立した年まで遡る。すなわち、長野高等学校は長野中学校として独立した一八九九年、上田高等学校も上田中学校として独立した一九〇〇年から起算して、それぞれ二〇一九年と二〇二〇年に創立一二〇周年を迎えた。

それに対して中南信の二校は県立以前まで遡る。飯田高等学校は郡立下伊那中学校が設立された一八八二年から起算して、二〇二二年に創立一四〇年を迎えた。松本深志《ふかし》高等学校に至っては、第一七番中学変則学校が設立された一八七六年まで遡り、二〇二六年に創立一五〇周年を迎える。どちらも「長野県」の枠組みではなく、地域の先覚者たちの尽力で生まれた起源を重んじているのだ。

なお、『信濃の国』は南北融和の象徴とされているが、碓氷山を歌った六番を除いて――これも東信というより信州と東京＝中央をつなぐ象徴的な境界である――歌詞のなかの固有名詞はすべて中南信が先、東北信が後になっている。作詞した浅井洌（49）は旧松本藩士であり、その順番だけは譲れなかったのだろう。

# 2 浅間温泉の名望家——旅館業と蚕種製造業

### 浅間温泉で旅館業を営む

松本盆地は西の北アルプス、東の筑摩山地に挟まれて南北に長い。梓川を境として、南東部を松本平(筑摩野)、北西部を安曇平(安曇野)と呼ぶこともある。

その松本平に、筑摩山地の麓の一角がくぼみ、そこに山から流れ出る二筋の川(女鳥羽《めとば》川・薄《すすき》川)が合流して扇状地をなし、扇を広げた先に松本城を中心とした市街地がある。元太郎の生家のある浅間温泉は、扇の要の近く、松本城から北東三・五キロほどのところに位置する。

浅間温泉からは縄文時代の遺物や古墳も発見されており、古くから豪族や大名がここを訪れ支配していたことがうかがわれる。

一六世紀末に松本藩の初代藩主となった石川数正《かずまさ》がここに御殿湯を設け、その管理(湯守)を三男康《やす》次《つぐ》の子・石川昌光に命じた。石川数正は、もとは徳川家臣団の重鎮であり酒井忠次とともに家康の片腕として活躍したが、出奔して豊臣秀吉に仕えた武将である。長男康長の代で、関ヶ原の戦で東軍につき所領は安堵されたものの、大久保長安事件により弟の康勝・康次とともに改易となった。石川氏の改易後も、昌光は小口楽斎《おぐちらくさい》と改名し、小口家が明治維新まで御殿湯湯守を代々世襲した。それを受け継ぐのが現在の「湯々庵枇杷《とうとうあんびわ》の湯」である。

浅間温泉は、松本城からは一里圏内、徒歩で一時間かからない。城主や家臣たちの別邸も建ち並び、「松本の奥座敷」と呼ばれるようになった。

降旗元太郎は一八六四（元治元）年五月七日、信濃国筑摩郡本郷村（松本藩→長野県東筑摩郡本郷村→松本市）で孝吉郎とたきの長男として生まれた。

元太郎の生家である降旗家は、祖父の権衛《ごんえ》の代から分家として独立して「金田屋《かねたや》」という屋号を名乗り、浅間温泉の地で旅館業を営んでいた。権衛・利壽子《としこ》夫婦には子がなかったため、松本城西側の島立《しまだち》の塩原幸内の次男・孝吉郎を養子に迎えた。これが元太郎の父である。塩原家は村役人を務め名字帯刀を許された家柄だった。

権衛が分家したあと、本家は途絶えた。権衛以降の降旗家（分家）の墓所は、桜ケ丘古墳（県文化財指定）に隣接した本郷飯治洞《いいじぼら》にある（正編：23）。

祖父権衛は一八八七（明治二〇）年に七八歳で、また祖母利壽子は一八八九年に七一歳でそれぞれ死去した（墓碑より）。父孝吉郎は一九〇〇年に五八歳で、母たきは一九三六年に九三歳でそれぞれ死去した（同：24）。

長男・元太郎の弟妹についても記しておく（同上）。

次男・大次郎は松本の土橋家へ養子に入り、満洲で松茂洋行の社長、新京（長春）商工会議所会頭を務めた。三男・庄三郎は慶應義塾大学を卒業後、三一歳で病死した。四男・四郎はあとで述べる。五男・五郎は上田蚕糸専門学校を卒業後、二五歳で病死した。長女・さだは宗像《むなかた》家に嫁いだが二三歳で死去した。

結局、元太郎が東京を拠点に政治活動をおこなうあいだ、地元で降旗家を支えるのは弟の四郎しかいなかった。

その頼みの四郎も、墓碑によれば一九二〇（大正九）年五月二七日、四五歳で亡くなっている。病床手記には家業や選挙のことで大変な苦労をかけた四郎に対する想いが綴られている（手記：5）。

「亡舎弟四郎は資性明敏果決、前項末段のようなゆきさつにて余に心の離れたること数年、曾《かつ》ては兄弟仲の善いものゝ手本たりし金田屋の長兄たる余の心の悲しみや如何《いかん》。

然るにあれの死したる総選挙〔一九二〇年五月・第一四回〕の前には、すつかり余を理解し、余を助けて大成せしめようとの決心鋼鉄よりも堅く、余の選挙事務は百瀬《ももせ》渡《わたる》を相棒として余の分までも背負つて立ち、人間業にあらざる努力の結果、余及び森山《もりやまぎ》儀文治《ぶんじ》を安全に当選せしめたり。加之《しかのみならず》、森山氏の県会議員補欠選挙には独り進んで山内喜和次を推選し、当選せしめくれた。最善の弟を再び得るに至つた余の心の喜びは譬《たと》ふるにものも無かりしなり。而《しか》も彼は忙中帰宅して蚕の掃立《はきたて》を了し事務所に飛《とび》帰り、各村の報告を手にして必勝当選と各村別の得点数とまでを予言したる刹那に脳溢血にかかり、遂に幽明境を異にするに至りたり。万感胸をふさぐ。」

元太郎は妻「いま」とのあいだに三男一女をもうけた。長男の徳弥が生まれたのは元太郎が代議士になった一八九八（明治三一）年であるが、次男の金弥（一九〇二年生）も三男の英弥（一九〇三年生）もいずれも浅間温泉の降旗の家で育ち、地元の本郷小学校から松本中学校に進学した。元太郎は家族を松本に残し、単身赴任で東京と往復していた。

徳弥・金弥・英弥はそろって秀才の誉れ高く、世間からは「降旗三兄弟」と呼ばれ注目された（正編：37）。徳弥は松本中学卒業後、父の母校である早稲田大学に予科から入学し、商学部を卒業すると、大阪モスリン会社という毛織会社に就職した。

徳弥の回想録からは、金弥と英弥が自慢の弟たちであったことがわかる。いずれも松本中学を四年修了で難関の高等学校受験に臨み、松本高等学校に進学した。

松本高等学校はナンバースクール（第一から第八高等学校）に続く、九番目の官立高等学校として一九一九（大正八）年に設立されたばかりだった。この誘致には元太郎はじめ地元関係者が相当尽力したという。

金弥と英弥はその新しい松高の第一回卒と第二回卒である。中学校の卒業を待たず四年修了で高等学校を受験できるようになったのもこのときからで（第二次高等学校令）、彼らが「四修」第一世代というわけである。松本中学を卒業はしていないが、深志同窓会の会員名簿には松中第四一回卒と第四二回卒のところに「準卒者」として二人の名前が記載されている。

金弥は高橋家の養子となり、東京帝国大学医学部に進み医学博士となり、結核に対するセファランチン療法を開発して結核医学の権威となり、財団法人化学療法研究所国府台《こうのだい》病院長も務めた。英弥は東京帝国大学法学部に進み、住友銀行に入った。敗戦による財閥解体と財界パージの困難な時期に住友銀行の再編整備に指導力を発揮し、副頭取にまでなった。

結局、「降籏三兄弟」のうち父の跡を継いで政治家となったのは長男・徳弥だった。ただし、家業の旅館業と蚕種製造業については、四郎の死去（一九二〇年）によってすでに続けるのが難しくなっていたはずである。

祖父の権衛（降旗家所蔵）

### 本家の途絶と古い家系図

降旗家の由緒について、徳弥は次のように述べている（正編：22f）。

「わが家に、古い家系図がある。家系図は一代「藤原基經《もとつね》」から始まっており、「基經」から五代目「仲明」から降旗姓が出てくる。「仲明」の付記に「降籏祖　右馬頭従五位下　京都北面士武者所　應和元年加賀國降籏庄賜　依姓降籏稱」とあり、以降代々降旗姓を名乗っている。「仲明」から下って十二代目「頼秋」のときに信州へ移ったらしい。（略）

また武田信玄に仕えていた三十代「信政」（降籏伊豆守）が、川中島合戦で軍功があったとみえて「永禄四年（一五六一）河中《ママ》島合戦武田信玄公隨千曲河渡有功二百貫文之地賜」の付記があり、それを裏付けする武田家の感状「今度信州河中島合戦抜群之働依……（略）……降籏伊豆守江」が残っている。

武田家滅亡後は豊臣秀吉に仕えたようで、三十一代「信明」のところに「天正十年（一五八二）

武田家亡後豊臣秀吉卿仕」と付記、三十二代「信種」のところには「今般家系図御改付自書記令献達候所相違無之候　以上　慶長元申年（一五九六）十二月八日　降籏大炊助　藤原信種　關白豊臣秀吉様」と書いてある。さらに末尾に豊臣家の重臣片桐且元、大谷刑部の署名、花押《かおう》（署名の下に書く判）があり、朱印が押してあって慶長二年（一五九七）四月六日の日付になっている。」

この「三二代信種」までを記した家系図について、実証的な価値の吟味にはここでは踏み込まない。とはいえ、降旗家がただの旧家でないことはわかる。次に引用するのは、同時代の政治評論家による降旗評である。古い家系図によれば間違った記述ということになるが、降旗家の由緒が、虚実ないまぜで世間に伝わっていたことがわかる。

「因縁といふものは争はれないもので、武田信玄の弟、武田左典厩信繁こそ、実は彼れの先祖であつて、甲斐《かい》から移つて信州に住むことゝはなつたが、上杉謙信が山国の甲斐へ、塩を送つて敵国にもなほ便宜を与へたといふ大雅量は、今にして彼れ降旗が心にくきまでに学びとつてゐるのである。」（角屋：82）

降旗家のアイデンティティにとっておそらく重要なのは、その後、権衛の代に至るまでの徳川時代の二百数十年分の家系を辿ることができないという事実のほうである。

まず、降旗家の菩提寺は浅間温泉の神宮寺であり、先祖の墓石が三〇基ほど残されている。けれども、明治初年の廃仏毀釈《はいぶつきしゃく》の際に過去帳を含む多くの貴重な記録が廃棄されてしまったために、その墓石に記された名前の系譜関係を特定することがかなわない。

浅間温泉神宮寺に残る降旗家先祖の墓石群（筆者撮影）

ただ、それほどの由緒を証明する家系図であれば、それを引き継いだ三三代以降も家系情報を書き足しながら降旗家の由緒の連続性を護持したはずである。その家系図の増補版は、本家が代々更新しながら継承したはずである。ところが「本家が途絶えた」ときに、その三三代以降の家系図さらには本家の歴史までもが忽然と消えてしまったのである。

逆にいえば、過去帳の廃棄と本家の途絶により本家の歴史が消滅したとき、分家の権衛の手元には、徳川時代以前の三二代までの由緒を示す家系図のみが残された。

徳弥の回想録では、古い家系図の説明はあるものの、権衛以前の降旗家（本家）のことや、権衛がどのように浅間温泉で成功したのかについては、まったく謎に包まれている。この部分は徳弥が知りながらあえて語らなかったか、または権衛自身があえて子孫に伝えなかった可能性がある。次に見るように、権衛以降、降旗家は広大な土地を所有し、地域の顔役になっているので、この浅間温泉全体の歴史を遡ることでわかることもあるだろう。

ところで、藤原基経といえば平安時代前期の公卿《くぎょう》で、臣下として初の摂政職に就いた叔父の良房に続いて朝廷の実権を握り、日本史上初の関白職に就いた人物である。「もとは藤原氏の血統に連なり武田家と豊臣家に仕えた由緒正しい武家の家柄である」にもかかわらず「徳川の世に実業に転じて町人として雌伏《しふく》してきた」という貴種の物語が、徳川幕藩体制の崩壊と明治国家の建設という激動の時代のなかで、降旗家にどのように作用したのか。分家（祖父）と養子（父）が重なり、元太郎は降旗家「再興」の意識を強く抱いたのではないか。それも、代々の家業を発展させること以上に、国家社会に身を投じて貢献することこそが貴種の証《あかし》である――と。

## 「岡本ノ内浅間」五等郵便局

「降旗の家は浅間から松本駅まで他人の土地を踏まないで行けた」といわれていたという。もちろんそれは誇張だとしても、徳弥の回想によれば、降旗家が所有する山林や田畑、桑畑、宅地などを実際に全部つなぎ合わせてみるなら、それぐらいの長さになっただろうという（正編：27）。

すなわち、温泉通りを挟んで南側四〇〇坪の敷地内に本棟《ほんむね》造り二階建て本宅一棟、客用二階建て一棟、浴場一棟、土蔵二棟、隠居所一棟が建っていた。本宅には京都の庭師が設計した立派な庭園があり、庭の中央には長さ約一〇間（約一八メートル）の池があった。長屋門や土塀で囲われた敷地の外側には蔬菜《そさい》畑等三〇〇坪の土地があった。表本通りの北側四〇〇坪の敷地内には二階建て蚕室二棟、一階建て蚕室一棟、土蔵一棟、さらに特定郵便局用に使った旧局舎が残っていた（正編：25）。

降旗家がどのように広大な土地を所有するに至ったのかはともかく、一七世紀中頃に内湯（個人持ちの湯）の私有が公認され、湯の管理をめぐる共同体自治の体制ができあがる過程で、浅間温泉において指導的な地位を確立していったのではないかと思われる。

降旗家の社会的地位を推し量《はか》るには、温泉通り南側敷地の立派な「本宅」だけでなく、表本通り北側敷地にある「蚕室」と「特定郵便局」が重要である。

特定郵便局とは、一八七一（明治四）年の郵便制度の発足にともない、民間の協力を得て全国津々浦々に設置された郵便取扱所に始まる。郵便制度の改変にともない、一八七五（明治八）年から五等郵便局、一八八六（明治一九）年から三等郵便局、一九四一（昭和一六）年からは特定郵便局と呼ばれた。郵便取扱所の多くはいわゆる地元の名士であり、彼らは土地建物を無償提供する代わりに郵便取扱役に任命され、準官吏として郵便業務を請け負った。

『全国郵便局沿革録　明治篇』によれば、「岡本ノ内浅間」に一八八〇（明治一三）年四月一六日に五等郵便局（郵便取扱所）が開局している。浅間村は一八七五年に岡本村に合併され、一八八二年に再び分割されて浅間村に戻り、一八八九年の町村制施行により本郷村に合併された。それにともない局名も「岡本ノ内浅間」（一八八〇年）、「浅間」（一八八二年）、「浅間村」（一八八六年）へと変遷している（山口：134）。

『本郷村誌』によれば、この日に開局したのは郵便業務としての集配はおこなわない「浅間五等郵便所」で、場所は「現在の東石川旅館」だった。現在の地図で確認すると本棟造りの降旗邸と東石川旅館

本棟造りの降旗邸（筆者撮影）

は同じブロックの北と南にあるので、当時はここ一帯が降旗家の敷地だったことがわかる。一九〇一（明治三四）年二月一日に三等郵便局となり初代局長には元太郎の弟である「降旗四郎」が就任（一九〇三年一一月三日まで）、一九〇八年一二月一三日に局舎が移転して、個人宅との兼用でない独立した郵便局となった（本郷村誌編纂会：884）。このとき四郎は二〇歳代後半に差しかかる頃だった。元太郎が政治活動のために地元を離れているあいだ家業や新聞社の仕事を一手に引き受けることになる。

郵便局長はその後交代していくが、局舎は一八八〇年から一九〇八年までの二八年間、降旗家が提供していた。いずれにせよ降旗家は広大な土地を所有し、明治期を通して郵便取扱所を引き受ける程度には、当該地域を代表する有力者だったことがわかる。

**蚕種製造という地場産業**

敷地に「蚕室」があることからもわかるように、降旗家は旅館業のほかに蚕種製造業も営んでいた。降旗家だけでなく、浅間温泉の旅館業者は、冬は旅館を、夏は蚕種を製造販売するものが多かった。江戸時代は保養・湯治温泉としての性格が強かった浅間温泉が、明治以降に歓楽温泉として発展したのも、蚕種製造業が盛んになり関係者の商談や接待の利用が増えたためである（井田・上野：91）。

元太郎が家業の蚕種をどのように継承発展させたのかについては終章で触れることにして、ここでは蚕糸業における蚕種製造の位置づけと、その担い手たちが地域で果たした役割についておさえておこう。信州の蚕糸業と地域文化との関係については、数多くの類書のなかでも新津《にいつ》新生《あらお》『蚕糸王国　長野県――日本の近代化を支えた養蚕・蚕種・製糸』（二〇一七年）が幅広く目配りが効いており参考になる。

蚕糸業は、①蚕種（蚕蛾に産卵させる）、②養蚕（蚕を育てて繭をつくる）、③製糸（繭から生糸をとる）、という三部門からなる。このうち①と③から生産される蚕紙（蚕種が産みつけられた紙）と生糸については、広域の商品経済圏を形成していた。

日米修好通商条約（一八五八年）による横浜開港以降、茶と並んで、この蚕紙と生糸が外貨獲得のための国家的な輸出商品となった。もともと信州は蚕糸業全体が盛んだったが、こうした条件により「蚕糸王国」と呼ばれるまでに発展した（新津 2017：23f）。長野県は三部門のうち、蚕種（蚕卵紙産出量）と養蚕（繭産出量）では明治初年から、製糸（生糸生産量）は明治三〇年代以降にそれぞれ全国一位となり、蚕糸王国としての勢いは世界恐慌（一九二九年）まで続いた。

蚕糸業の三部門のなかでも、とりわけ手間暇を必要とする労働集約型の部門が養蚕である。最盛期には、信州の農家の八割以上が養蚕に携わったという（同：16）。

それに対して蚕種製造は、農家のなかでも豪農に近い中上層や経済的に余裕のある名望家層が担うことになった。飼育が容易で病気に強く質が良い繭《まゆ》をつくる蚕の卵を得るために、資本と知識が必要とされたからである。ここでの「知識」には蚕の品種改良の研究開発や蚕種・生糸相場の情報収集はもちろん、養蚕農家とのネットワーク形成も含まれる。蚕種屋《たねや》が自分でつくった蚕種紙を背負って養蚕農家に販売に出かけ、蚕の飼育方法を指導するのが一般的だったからだ（同：73）。

知識の効率的な伝達のために、蚕種屋はフリガナつきの養蚕書をつくり、蚕種紙と一緒に持ち歩いて販売した。さらに寺子屋の師匠となって農民の読み書き能力の向上に努めた。例えば小県郡上塩尻村（現・上田市）には村内だけで一五もの寺子屋があり、その師匠のすべてが蚕種屋（身分は農民）だったという（同：30）。

蚕糸業だけでなく菜種《なたね》や綿花の栽培など、商品経済の発達が、寺子屋の普及を後押しした。幕末に近くなるほど農民師匠が増加し（『長野県教育史』一巻：98）、寺子屋の教科書（往来物）として百姓往来ではなく商売往来が共通して使用されるようになった（同：138）。幕末には成年男子の六割が読み書きそろばんを修めていた（山本：152）。

信州は寺子屋と農民師匠の多さで群を抜いていた。一八八三（明治一六）年に文部省が「寺子屋調査報告」を求めて集計した結果、一万五五六〇の寺子屋のうち長野県分が一三四一で全国一位だった。師匠の五五％は農民でこの値も全国平均より高かった（小林：128）。その後、県の調査で判明した寺子屋は六一六三に達した（『長野県教育史』一巻：92）。

寺子屋の多さは明治維新後の就学率の高さにつながり、信州は「教育県」の名をほしいままにした。すなわち、一八七五年の就学率（満六歳～一四歳）は全国平均が三五％だったのに対して、筑摩県は七二％で旧長野県は五九％だった。翌年、筑摩を併合した新長野県は六三％で全国一位だった（東京が五九％）。

広い意味での蚕糸業が、商品経済の発達と情報や文化の伝達を促して、明治以降の地域変化を加速させたことはよく知られているが、さらに蚕種製造に着目することで地域の指導層の果たした役割が見えてくるだろう。

例えば、先に述べたように、中信と東信は筑摩山地で分断されていたが、じつは、どちらも蚕種製造の先進地域であり、かつ、自由民権運動の先進地域であった。これは偶然の一致ではなく、両地域が自由民権運動の「培養器」となった背景のひとつに、こうした蚕種製造業の広がりがあったと考えたほうがよい。

彼らの共同体自治を支えたエートスについては、経済史学者の大塚久雄のいう「中産的生産者層」（独立自営で商品生産する農民や手工業者）に重ね合わせて論じてみたくなる。次節以降で松本安曇野の自由民権運動について見ていくが、そこここに蚕種製造の担い手が顔を出すことに注意されたい。

## 地域社会に根差した名望家

浅間温泉で代々旅館業を営み、広大な土地を所有して郵便取扱所が置かれた降旗家は、地域社会において名望家たりうる地位にあったといってよい。

名望家は、ただの地主や資産家ではない。名望とは尊敬や名誉、社会的威信のことである。したがって名望家には名士や有力者、顔役などのように人びとから信頼され、さまざまな資源を調達しうる「政治的な力」が含意されている。どういうことか。

第一に、たんに財産や教養や家柄があるというだけでなく、そうした身分的資源をもとに名望を集める存在である。古い家系図の存在や降旗三兄弟の名声は、その名望を確かなものにしたはずである。こうした名望は、政治的な力になりうる。

第二に、地域社会において公的な課題に取り組み、その成果をもって名望を集める存在である。こうした名望が自身の事業に好影響を与え、結果として身分的資源を増大させることもある。第一と第二の契機をあわせて、名望を媒介として、身分的資源と政治的な力がお互いに強化しあうと捉えたほうが適切かもしれない。

身分制社会が揺らいで、新しい統治や秩序の原理が確立していく過渡期には、こうした名望家層が地域の教育や政治、経済などあらゆる局面で積極的な役割を果たしたことが知られている。当時の地方自治制度も、名望家の存在をあてにしていたという事情もある。衆議院議員には歳費が支給されたが、戦前の地方議会は「名誉職自治」の建て前のもと原則無報酬であり、そのため長らく職業政治家が成立しにくかった（石川一三夫1987）。

以上をふまえるとき、塩原佳典《しおはらよしのり》による次の定義がぴったりくる。

「すなわち本書における名望家とは、「政治・経済・文化など諸側面で近世より蓄積してきた力量をもとに、維新変革および「開化」に対応することで、名望を集めえた人びと」である。」（塩原：13）

「名望家とは、維新変革とそれに続く「開化」に対応することで、地域秩序の再編・創出、およびそのなかでの地位確保を試みた人びとである。その際、名望家たちが知識や情報を媒介する役割を担う存在であったことに着目する。ここでいう媒介とは、地域社会の外部と内部の境界（あるいは結節点）に位置し、内外を行き交うさまざまな知識や情報を、内部へと取り次ぐ営みを指す。時代が大きく変化するなかで、外部から流れ込む知識や情報を媒介する力量こそ、地域社会の現実を新たに創出する力の「源泉」であったと考える。」（同：17）

とりわけ後段の「知識や情報を媒介する力量」については、降旗家の場合、蚕種製造業を介したネットワークのなかで培《つちか》われたと考えられる。そして元太郎の代で、降旗家は名実ともに名望家となり、集めた名望をさらに政治的な力へと変えていくことになる。

本書では、元太郎以外にも名望家の資質を備えた人物が何人も登場するが、元太郎よりも若い世代で挙げるとすれば、中村太八郎（68）と相馬愛蔵（70）である。どちらも出自は松本安曇野の旧家であり、最終的には地域社会からは離れて活動するようになるが、「知識や情報を媒介する力量」はもちろん

「人のつながりを媒介する力量」に長《た》けている。それに対して、両者と仲が良かった木下尚江（69）の力量はそれとはまったく異なる。彼らにあって、尚江になかったものが名望家の資質だった。

彼らが実際にどのように媒介者としての力量を発揮していくのかは、この後、具体的な記述のなかで見ていくことにする。

## 3　明治一〇年前後の教育環境——浅間学校と武居塾

### 「新思想のショウ・ウィンドウ」

元太郎の人格思想形成に影響のあった、松本安曇野の自由民権運動について見ていこう。個別具体的に取り上げるべき出来事はいくつかあるが、それは次章以降に譲り、新しい思想や運動がどのような土壌で展開していくのか、その風土的な条件をおさえておきたい。

自由民権運動といえば、一八七四（明治七）年一月に板垣退助（37）らが「民撰議院設立建白書」を政府に提出して始まった、国会開設を要求する運動である。

明治政府は、幕藩体制に代えて中央集権体制を確立し、新しい国家を建設しようとしていた。当面、「中央」は戊辰《ぼしん》戦争の勝者が独占するとしても、いずれは統治の正統な形を憲法で定め、その担い手を国民の代表へと開かなければならない。国民の代表が集まる機関が国会である。

国会開設を求める自由民権運動は、各地でさまざまな利害や思惑を糾合しながら、全国的な運動に発展していった。

信州の場合、寺子屋の普及に見られるように農民層の教育意識が高かったことから、もともと新思想への感度が高かったことは確かである。

かつて評論家の大宅壮一は「幕末の洋学、明治初期の自由民権思想、普選運動にさかのぼってみても、信州人の動きはきわめて派手である」として歴史上の具体例をいくつも取り出してみせ、その「新思想のショウ・ウィンドウ」ぶりに注目した（大宅：211）。

洋学だけでない。幕末の国学者平田篤胤《あつたね》の門人三七四五名のうち信州人（とくに南信の伊那谷と諏訪地方）が六二七名を占め、ここでも農民層出身者の割合が高かったという（小林：172）。信州の国学者の多くは幕末に倒幕運動にしたがったが、ただし「薩長倒幕派とは異り、長期政権への展望が欠けていたきらいがあった」（同：173）という。

そして、国会開設や普通選挙を求める運動において、信州は他府県に先駆ける「きわめて派手」な活躍ぶりを見せることになる。

新思想への感度の高さは、理屈で行動する（理屈に動員されやすい）ということでもある。確かに、いまでも信州人は理屈っぽいとか議論好きなどといわれる。

教育県として知られる信州は正義や理想を重んずる「社会主義県」でもあった。これは大逆事件後の一九一一年に政府が各府県について社会主義者とそのシンパ（準社会主義者）を調査したとき、長野県の社会主義者は六七人、準社会主義者は一二三人で、ともに東京の一七八人・一五四人に次いで全国第二位を占めた（上條 1981：250）。北海道や大阪をも圧倒したから全国の注目を浴びた（信濃毎日新聞『百年の歩み』：199）。その社会主義県の延長で、一九三三年のいわゆる教員赤化事件も理解できる。

ただし、大宅によれば「それから数年後に、翼賛会運動がはじまると、これにもっとも忠実になびいたのも長野県で、翼賛選挙で非推薦候補を一人も当選させないという全国でも珍しい記録をつくった。それどころか中原謹司の率いる「郷軍同志会」が圧倒的な支持をえて、彼は文句なしに代議士になった。それが終戦を迎えるや、長野県は再転して日本の左翼運動の檜舞台《ひのき》となった」（大宅：215）という。だから新思想への感度の高い信州人は、時勢によっては転向にも躊躇がないといいたいのだろう。

しかし、ここで注目しておきたいのは「新思想のショウ・ウィンドウ」の背後にある傑出した組織力である。

もともと信州は農民運動の盛んな地域だった。例えば江戸時代に信州で起こった百姓一揆は二〇〇件を超えて全国一位であり（山本：107）、さらに幕末維新期に全国で起こった世直し一揆のうち一割を信州が占めた（同：148）。

大宅がいう「日本の左翼運動の檜舞台」というのも、組織力の高さを裏書きしている。新津新生『青年たちの六〇年安保―長野県からみる闘争の足跡』（二〇一〇年）から信州の突出ぶりを見ていこう。

朝鮮戦争末期の一九五三年、浅間山に米軍演習場をつくる計画が発表されるや、全県民規模の反対闘争が組織され、三か月後に計画は取り消された。同時期に全国各地で展開された米軍基地反対闘争において、初めて完全勝利を勝ち取ったのは信州なのだ。

一九六〇年の安保闘争では、国会請願数が全国一位だっただけでなく、全国で約二〇〇〇あった地域共闘のうち長野県は約一七〇で福岡県に次いで二位、また、国会請願行動は合計六六五二名で地方代表としては全国一位、請願署名数八七万筆は長野県の有権者一二〇万の約七割に相当する（新津 2010：228f）。

ここまでくると、理屈っぽいとか議論好きという県民性では説明できない。広域を支配する強大な領主が存在しないなかで、農民層主体の地域自治と商品経済が発達し、蚕種製造業などの担い手たちを媒介としたネットワークが地域同士をつなぐ。そうした諸々の条件が重なり、組織的な運動を支えるインフラストラクチャとして機能したのではないか。こうした見方は、今後、地域史を捉え直すための作業仮説となりうるだろう。

ただ、蚕糸業への依存度の高さは、戦時体制下の転向にもつながった。昭和初期の世界恐慌をきっかけに生糸や蚕繭《さんけん》の価格が暴落して「蚕糸王国」は崩壊、それもあって満蒙《まんもう》開拓には全国最多の人員を送り出すことになり、多くの養蚕農家はりんごなどの果樹栽培、製糸業は精密機械工業へと転向した。けれども、戦後の信州の左翼運動を見ると、蚕糸業が衰退した後も、組織化のインフラは機能し続けたということになる。

## 廃寺後の神宮寺本堂が転用された浅間学校

降旗家の菩提寺でもあった浅間温泉の神宮寺は、前節でも触れたように、廃仏毀釈により廃寺となり、住職は還俗《げんぞく》を余儀なくされた。元太郎が九歳となる一八七三（明治六）年、廃寺後の神宮寺本堂に浅間学校が開設された。

元太郎はこの浅間学校で初等教育を受けている（正編：30）。正確な在籍期間は特定できていないが、あとで述べる豊科の武居塾に入るタイミングから逆算すると、一八七七（明治一〇）年以前には卒業していたと考えられる。

明治新政府は、神道を国家建設の要に据《す》えるために、神仏混淆を改め、神道と仏教の分離を進めたが、これが各地に廃仏毀釈と呼ばれる仏教排斥運動を巻き起こした。信州では、東北信で一九〇、中南信で一五九の寺が廃止されたが、後者の一五九のうち松本藩が一四〇余りを占め、「全国でも廃寺のもっともはげしい藩の一つに数えられた」（小林編：182）。「松本藩内の一六四件の寺院のうち一二四件が廃寺」（松川・土本：216）という数字もある。

大宅壮一なら、これもまた「新思想のショウ・ウィンドウ」の事例にカウントするかもしれない。

松本藩の廃仏毀釈がはげしかった理由のひとつに、藩主の戸田光則《みつひさ》が明治新政府に対する忠誠心を証明するため、ということが挙げられる。松本藩は、戊辰戦争のおりに新政府と幕府のどちらにつくか、なかなか藩論をまとめることができず、参戦の判断が遅れたために藩主が新政府から謹慎を命ぜられた。藩主は新政府への恭順の意を示すために、松平（源氏）の姓を返上して戸田（藤原氏）に戻し、神仏分離

旧開智学校校舎

（出典）Wikimedia Commons

を徹底した。

藩知事となった戸田光則は率先して、戸田家菩提寺である全《ぜん》久《きゅう》院《いん》と、廟所《びょうしょ》のある前山寺《ぜんざんじ》を廃寺とする。その徹底ぶりは例えば次のようであった。

「最初に、本町の戸田氏の菩提寺全久院と、埋橋《うずはし》の前山寺を打ちこわし、藩主歴代の位牌を女鳥羽川に流し、仏像仏具を焼き捨てた。同時に、藩の家老、用人、番頭をはじめ徒士《かち》足軽に至るまで神葬に改典させた。」

（太田・小松：12）

その空き家となった建物を仮校舎として開智《かいち》学校が開設され（一八七三年）、その後、取り壊して跡地に新校舎を建設した（一八七六年）。この開智学校の文明開化を先取りするような擬洋風建築は、学校建築のモデルとなった。戦後、松本城北側に移築された旧開智学校校舎は二〇一九年に近代建築としては初の国宝に指定された。

全久院から開智学校が、そして神宮寺から浅間学校が生まれた。古い権威と一体となった寺院の跡地に、新しい知識を伝える学校が誕生する。それは人びとにとって、明治維新とは何かを実感させる出来事だったはずだ。

こうして一八七二（明治五）年の学制発布以降、廃寺となった寺院の跡を小学校校舎に転用する動きが広がった。学制によれば、人口約六〇〇人を基準として学区ごとに小学校を一校設置すること、その設置と運営の費用は原則として学区住民の負担（民費）によることを定めた。民費の内訳は学区内集金（各戸割当金）が最も多く、次いで寄付金、授業料収入はわずかだった（文部科学省HP「学制百年史」より）。住民としては費用負担が軽くすむならそれに越したことはない。

先に述べたように、筑摩県の小学校就学率は全国でも群を抜いていたが、もともと寺子屋が普及していたことに加えて、廃寺の小学校校舎への転用も寄与したといえる。降旗家のあった浅間温泉を含む岡本村全体では、明治の初めに六つの小学校が設置されたが、このうち浅間学校を含む四つが廃寺後の寺院跡が用いられた（松本市HP本郷小学校の沿革より）。

それは空き家の有効活用というだけではない。

「用途を読み替えやすい寺院の建築形態は、寺院から学校への転用を容易にした。また、寺院は檀家の布施《ふせ》を経営の母体としていたが、学校は有志の加入金という同じ性質のものに頼っていた。（略）廃仏毀釈は、寺地の解体という目的だけでなく、財政が貧困していた藩にとっては学校の敷地と施設の供給源として考えられた。」（松川・土本：222）

地域住民が資金を出し合って維持するという点で、寺院と学校には連続性があった。ただし学校は、過去に通じる寺院とは反対に、未来への入口である。そこに住民が資金を出すということは、たんに藩の財政負担の軽減という消極的な意義だけでなく、自分たちの社会を自分たちでつくる自治意識の涵養《かんよう》という積極的な意義があったはずである。

### 武居用拙の漢学塾――藤森寿平《じゅへい》の成新学校変則科

浅間学校を卒業した後、元太郎は実家を離れ、安曇野の豊科で漢学者・武居用拙（16）のもとで学ぶことになる。

ここは、降旗徳弥の回想録では「猶興義塾」「武居塾」などと呼ばれているように、武居が主宰する私塾とみなされていた。しかし、この武居塾は、制度的には、成新学校（のち豊科学校）変則科だったことがわかっている。

元太郎たちが学んだ明治一〇年前後は、近代的な学校教育制度が整備されていく過渡期であり、とくに初等教育後の空白を埋める役割を、こうした私塾が担っていた。武居塾は、古い私塾と新しい学校のハイブリッドの事例としても大変興味深い。

多くの民権活動家や政治家を輩出したので、しばしば武居用拙ばかりが注目されがちであるが、武居を招聘《しょうへい》して理想の学校をつくろうとした当地の名望家・藤森寿平（35）の存在が重要である。近年では、塩原佳典『名望家と〈開化〉の時代―地域秩序の再編と学校教育』（二〇一四年）がその実態を明らかにしているので、以下でもその成果を参照する。

成新学校を設立して自ら校長となり、その変則科の教員として武居用拙を招聘したのは、藤森寿平（桂谷《けいこく》）である。その没後二五年に編まれた『藤森桂谷遺墨遺稿集』（一九二九年）に、元太郎が当時の思い出を寄稿している。

「代議士降旗元太郎氏よりの書翰

藤森桂谷先生は、明治十一年一月、余の始めて武居用拙先生の塾に入りし時は、脱俗、仙の如《ごと》き人と見へ、四君子《しくんし》の手本を順次に授かりつゝ、単に書の先生かと思へば、塾の大黒柱の如くにも感じられ、ソウコウするうち遂に破天荒《はてんこう》の演説会を開いて、塾の舎監松澤求策氏など共に自ら法蔵寺本堂の演壇に立ち、余も強要されて演説の真似をさせられたことがあつた。その頃の挿話であるが、先生は余の名前の上にいつも十三童と書かれたから、十五の余を十三童と吹聴するのは、人を偽るものならずやと抗議したるに対し、先生は『君はまだ十三年九ケ月の筈だ、端数を除いただけで、偽つては居らぬ』と筒抜けに大笑した顔が今尚ほ目に在るようだ。

コンナ調子であつたから松澤求策、上條四郎五郎諸氏の首唱に由て、国会願望運動を起した時の政治結社に武居先生が奨匡社と命名したりなんかした渦中には、いつもあの脱俗、仙の如き先生の姿の出入するのを見かけたのである。俯仰今昔、あゝ夢か、現《うつつ》か。」（宮坂編：511）

一八七八（明治一一）年一月に武居塾に入ったとある。元太郎は一八六四（元治元）年五月七日生まれだから入塾の翌月に一三歳九か月になっている。数え年（生まれた時点を一歳として元日が来るごとに一歳ずつ加算）では確かに一五歳であるが、藤森先生はそれを満年齢（何歳何か月）で訂正した。

これは一八七三（明治六）年一月一日から太陽暦（グレゴリオ暦）に改暦されたのを機に、同年二月五日太政官布告第三六号で定められた満年齢による計算方法をふまえている。学校の入学や徴兵検査などは満年齢で運用したが、一般には、昭和期になっても数え年の慣行は続いていた。

この布告には旧暦の年齢計算は数え年によると但し書きがある。それを知っていたら元太郎も反論できたかもしれないが、「脱俗、仙の如き先生」が、旧来の常識や慣行にとらわれることなく、当時の新知識で生徒たちを明るく啓蒙している様子がうかがえる挿話である。元太郎が一三歳で入塾したとき、藤森寿平は四三歳、武居用拙は六二歳だった。

徳弥が引用している百瀬清治（63）の回想も紹介しておこう。『信濃日報』一九三一年一〇月一一日付記事とされているが、現物が確認できないので孫引きする。

「養蚕業の関係から降旗家とは懇意にしており、しばしば厄介になって君とは幼少の頃から知って居た。殊に小学校を終ってから安曇（今の豊科町）の武居塾へ入ってからよく識《し》るようになった。同窓四年、同じ釜の飯をつついて起居を共にし抱負経綸を語って「将来は必ず同じ道を歩もう」とまで誓った。当時漢学塾ではあったが塾の特異性として政治家としての智識涵養に重きを置かれていた事は塾生の中から滝沢友衛、内山登、上条謹一郎其他幾多の政客を輩出している事によって判るが、二人が政治方面へ志したのも既にこの頃からつちかわれていた。」（正編：30）

この同窓生の証言から、一八七八（明治一一）年から四年間、寄宿生活をしながら武居塾で学び、一八八二（明治一五）年頃に卒業したことになる。第二章で述べるように、元太郎は一八八二年に上京して、まず慶應義塾に入り、次いで東京専門学校に転学している。

そこで学んだ百瀬自身が「武居塾」「漢学塾」と呼んでいるように、当事者の認識としては、やはり漢学者による私塾――ただし新時代の政治教育を施す漢学塾――だったのだろう。先にも述べたように、過渡期においては制度的な位置づけに意識が及ばないのも無理からぬことである。

けれども、先にも述べたように、そもそも土地の人間ではない武居用拙が豊科でこうした「塾」を主宰できることになったのは、藤森寿平という当地の名望家が彼を招聘して、学校教員としての身分を保証したからだった。その経緯と、成新（豊科）学校変則科でのカリキュラムや実際の教育実践については、次章で詳しく見ることにしよう。

第二章

# 武居用拙の漢学塾から東京専門学校へ

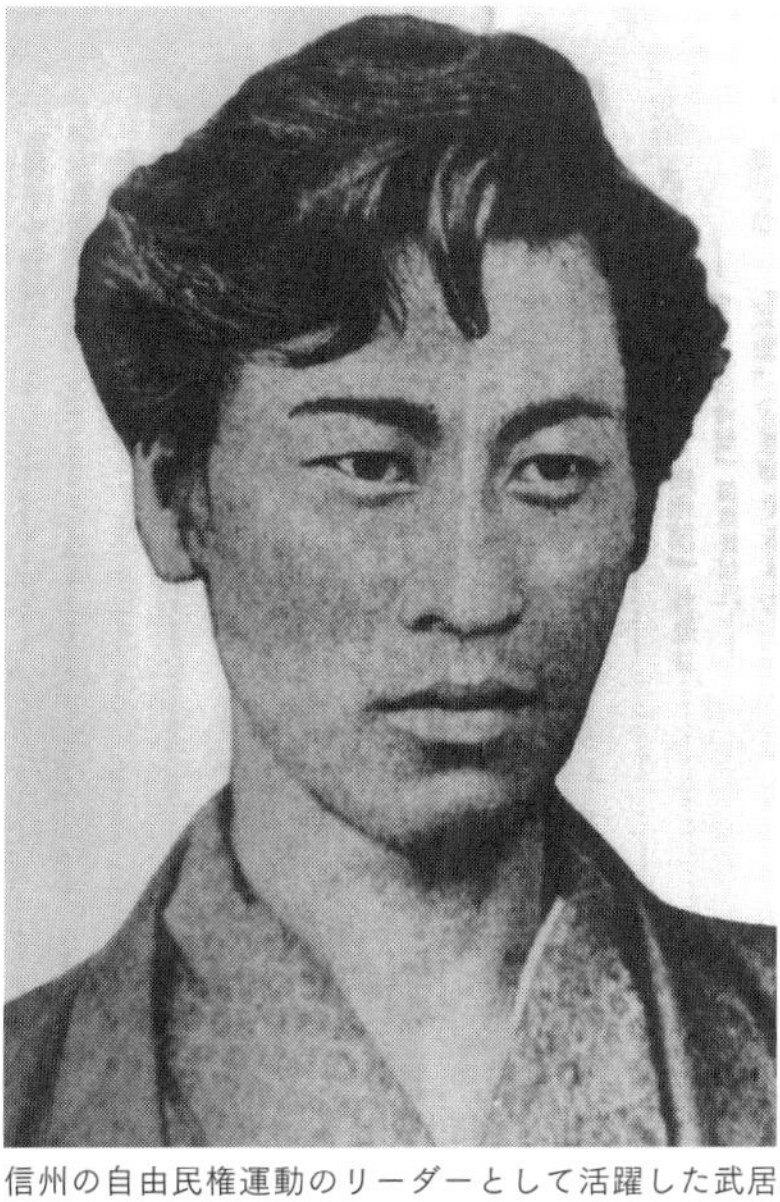

信州の自由民権運動のリーダーとして活躍した武居塾の先輩・松沢求策（中島博昭『鋤鍬の民権』より）

「本県に於る、国会請願運動は、奨匡社此れが先駆を為したが、奨匡社の此の請願運動も決して突然に起ったものでは無く、其の淵源《えんげん》は更に遠く遡り、松本藩議員選挙、筑摩県下問会議等に端を発したるのみならず、抑《そもそ》も此の自由民権思想を培養したるものは、松本の師範学校と、而して豊科の武居塾にあった」（丸山福松『長野県政党史』下巻・信濃毎日新聞社・一九二八年）

# 1　漢学者・武居用拙に民権論を学ぶ

## 実践社から成新学校・研成学校へ――藤森寿平と高橋白山《はくざん》

元太郎は浅間学校で初等教育を修めたあと、一八七八（明治一一）年一月、安曇野の豊科学校変則科に入学する。「変則科」の内実は、小学校（正則）を終えた青年を対象とする私塾だった。浅間温泉に生まれ育った元太郎が、どうしてわざわざ一四キロも離れた安曇野の寄宿舎のある私塾のような学校に行くことになったのか。

それを理解するために、この学校＝私塾の成り立ちをおさえておこう。青年たちの学習需要の受け皿が整っていない過渡期において、制度の空白を埋めるのは「人」である。前章で述べたように、武居用拙を招聘したのは藤森寿平という地元の名望家だった。

最新の研究成果としては、前章でも言及した塩原佳典『名望家と〈開化〉の時代』（二〇一四年）があるが、藤森寿平の人物研究の基礎となるのは、宮坂亮編『藤森桂谷遺墨遺稿集』（一九二九年）、南安曇教育会編『藤森桂谷の生涯』（一九八二年）である。とくに後者には藤森が関与した塾や学校の沿革も載っている。また明治一〇年代までの信州中等教育史を概観するには、本山幸彦編『明治前期学校成立史』（一九六五年）所収の野沢正子「長野県の中等教育」による整理が役に立つ。

藤森寿平（号は桂谷）(35)の肩書は、『信濃人物誌』の目次では「画家」となっている（村澤：73）。大庄屋の分家出身で、二〇歳代半ばで京都、北越、横浜、江戸などを遊歴し、絵画や詩歌を学ぶ文化人だった。それが京都の勤皇志士と交流するなかで刺激を受け、維新後は地域の教育事業に情熱を傾けるようになった。

藤森寿平は、一八七〇（明治三）年に松本藩知事に学校設置の建白書を提出、翌年にはみずから私財を投じて実践社という私塾を設立する。塾舎には、豊科の成相新田《なりあいしんでん》にある法蔵寺境内の正授軒という宿坊を借りた（ここも廃仏毀釈で廃寺となっていた）。塾長には伊那の高遠《たかとお》藩士・高橋白山（通称は敬十郎）(37)を招聘、その家族も塾舎に住まわせた。この法蔵寺こそ「はじまりの場所」である。

「正授軒は、八畳二室、六畳一室、四畳一室、外に勝手があつた丈《だ》けで、開塾後二ヶ月を出ないうちに、塾生は二十名以上にもなり、塾舎も狭くなつたので、新田の圓証寺を借り受けて、此《ここ》に移転した。其塾生は安筑二郡のみでなく、他府県人の来《きた》り学ぶものもあつて、遂に五十名以上に達した。」（宮坂編：473）

高橋も藤森もともに三〇歳代半ば、「啓発された国民による強力な国家」（本山編：307）という時代の指導精神の涵養を目指した。教育熱は次第に隣村にも広がり、「実践社が統括する村はやがて三十カ村を数え、一大私立学校の景観を呈する」「一種の思想集団であった」（同：306）という。塩原佳典によれば「筑摩・安曇郡の村役人層」の子弟を中心に「手習いや素読《そどく》などの基礎的教育」をおこない、さらに安曇郡の村人や他地域の士族も参加する漢詩集の出版にも及んだ（塩原：131f）。

その後、学制の実施により、一八七三（明治六）年、高橋白山が東穂高村に設立された研成学校の校長に、藤森寿平が旧法蔵寺本堂に設立された成新学校（後の豊科学校）の校長に、それぞれ就任した。穂高は豊科の北に隣接する地域である。これにより、実践社はいったん閉塾となる（本山編：307）。

同年に筑摩県権令（知事）となった永山盛輝《もりてる》は教育奨励に尽力したが、それはもっぱら小学校設立に向けられ、中等教育については積極的な方針を出さず、その空白を埋めていた私塾を禁止したため、「筑摩県管内の私塾は一時悉《ことごと》く閉鎖した」（同：312）。実践社の閉塾には、こうした背景もあったと考えられる。

藤森寿平が、塾の再興を図り、自らが校長を務める成新学校に「変則科」を併置して、ここに武居用拙を招聘するのは、一八七五（明治八）年九月である。永山権令が新潟県令として転任する一か月前だった。私塾復活を画策したのは、藤森だけではない。

法蔵寺にある成新学校跡の碑（筆者撮影）

「「学制」頒布直後一時影をひそめていた私塾は、明治八年ごろから再び現われはじめ、中等教育機関として一二、三年頃その動きは活発になってきた。」（同：331）

こうした動きが意味するのは、小学校の整備に比べて、初等教育を終えた青年たちの教育機会が圧倒的に不足していたということであろう。

武居塾について述べる前に、高橋白山校長の研成学校のその後にも触れておきたい。研成学校は臼井吉見『安曇野』の主要登場人物である相馬愛蔵（70）の母校でもある。また愛蔵の親友で研成義塾の共同創立者である井口喜源治《きげんじ》（70）は研成学校の支校・保等《ほとう》学校に通っていた。

前章でも参照した相馬黒光『穂高高原』で、この穂高という土地における研成学校の位置づけ、および保等学校との関係が詳しく述べられている。

研成学校の設立にあたっては、穂高村で代々大庄屋を務めてきた等々力《とどろき》家が区長として「その人望と資力と学事に対する理解とで、学校建設のことを最初から本格的に進行」したおかげで、寺院などの仮教場ではなく、「本建築で出発することが出来た」。

「そして他の学校がたいてい地名をとっている中にこれは研成という文字を用い、校長には高遠藩士の高橋白山先生を迎え、他の村々の学校より一段高い教育をはじめたのであった。」（相馬黒光 1944＝1996：116）「研成学校はすべてに指導的位置をとり、学課が進歩的で普通学校よりむずかしかったことも充分に想像せられる。」（同：119）

高橋白山は、永山権令にその力量を認められ、研成学校と兼任して、筑摩県師範講習所で教鞭をとった。その後、高橋は永山の新潟県令への転任に付き従って、新潟師範学校の教授となっている。

相馬愛蔵の回想によれば、研成学校も、たんなる地元の子供が通う小学校というだけではなかった。

「私が十三歳になると、兄夫婦は私の教育を完全にしてやらうと考へ、通学に不便な程の道でもないのに、研成学校の寄宿舎に入れてくれた。費用もかゝることであるのに、それを惜しまず兄がこ

> の方法を取つたことから見ても、当時の研成学校の如何《いか》に名高く、又地元の信頼を受けてゐたかが分るであらう。地元ばかりでなく、その名は信州全体に響いてゐたので、遠方から来て学ぶ者が尠くない。それ故校舎の二階に寄宿の設けが出来てゐたのであつた。（略）寄宿舎にゐるのは私より三四歳乃至十歳も年長の、もう立派な青年であつた。」（相馬愛蔵：199f）

これは一八八三（明治一六）年頃のことである。研成学校にも「変則科」があったことをうかがわせる証言である。前章の終わりに百瀬清治が「同窓四年、同じ釜の飯をつついて起居を共にし」と回想した武居塾（豊科学校変則科）の様子と重なる。いずれも、小学校に併設されてはいるものの、私塾の系譜を受け継ぐ中等教育機関として、初等教育を終えた青年たちを広範囲から集めていた。

明治五、六年から一〇年前後のいわゆる「学制」期における信州中等教育史の特徴を、野沢正子は「中等教育機関空白期、同時に、初等・中等教育未分化の時期」とまとめた（本山編：336）。過渡期に生じた空白を埋める役割を果たしたのは、研成学校や成新学校の「変則科」のような、学制による小学校と青年向けの私塾のハイブリッドであった。

研成学校と成新学校は、一八七六（明治九）年にそれぞれ地名を冠して穂高学校と豊科学校へと改称された。研成学校は、相馬愛蔵が入学した頃には、穂高学校と呼ばれていたはずであるが、「研成」に込められた想いは強かった。のちに井口喜源治の私立学校を「研成義塾」（一八九八年）、新宿中村屋時代に少年店員を対象につくった企業内学校を「研成学院」（一九三七年）と名づけたほどである。

成新学校が豊科学校に改称したのは、六つの村が合併して豊科村となり、法蔵寺校舎から近隣の土地

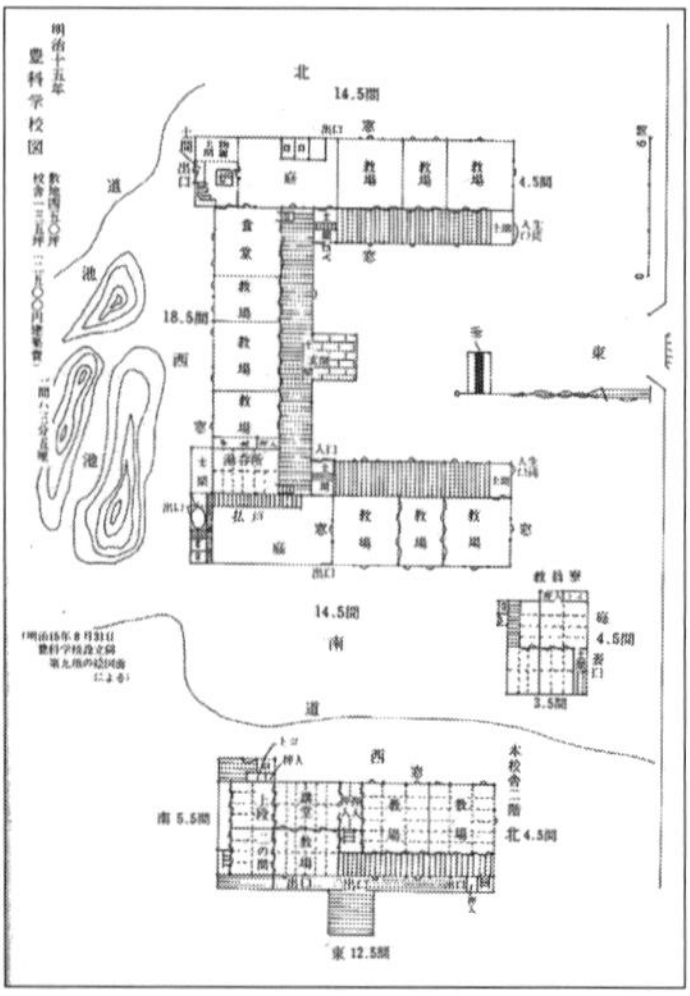

明治15年豊科学校図（『藤森桂谷の生涯』より）

当時の豊科学校（『藤森桂谷の生涯』より、イラスト：征矢野久茂）

に新校舎を建築したときだった。旧開智学校と同じ擬洋風建築であるが、建築材料には法蔵寺本堂の古材が使用された（南安曇教育会編：167）。変則科は豊科学校の二階を教場として、武居用拙は家族とともに学校内の教員寮に住んだ（同：239）。

**老漢学者・武居用拙と開明的な名望家ネットワーク**

武居彪《あきら》（号は用拙）（16）は信州木曾福島の代官山村氏に仕える貧しい儒者の家に生まれた。江戸で七年間苦学しながら学問修行をおこない帰郷、父が学頭を務める郷校・菁莪館《せいがかん》の助教から学頭となり、三〇年間、ここで漢学を教えた。藩校に準ずる学問所だったが、庶民や他領からでも志願する者には自由に入学を許した。もしも明治維新がなければ、この木曾谷で一生を終えたはずであった。

一八七〇（明治三）年に菁莪館は廃絶、用拙は五〇歳代半ばになっていたが、二男四女の父として、生活の糧《かて》を求めて奔走しなければならなくなった。

そんななか松本藩預所《あずかりどころ》和田町村（後の和田村）

の名主、窪田畔夫《くろお》（38）（号は松門）の知遇を得る。窪田は用拙の教育者としての力量を見抜いたのであろう、松本藩主戸田家の御典医《ごてんい》（眼科）を務めた庄屋、上條四郎五郎《しろごろう》に働きかけて、松本郊外の新村《にいむら》で武居塾を開けるようにした。

窪田畔夫は開明的な名望家であり「地域の民主的な変革に情熱を燃やす豪農民権家」（中島：66）だったが、それだけではない。松本城下の商人で名主の家に生まれ、やはり開明的な名望家だった市川量造（44）とともに、一八七二（明治五）年に新聞発行と下問《かもん》会議の設置を筑摩県に建言した。その結果、同年一〇月には信州で最初の新聞『信飛新聞』が創刊され、その印刷業務は窪田畔夫の実弟重平が経営する知新社が引き受けた。筑摩県の下問会議は翌年永山盛輝が権令となってから実現し、九月には第一回会議が県庁で開催された。

上條四郎五郎もやはり開明的な名望家であり、すでに松本藩が明治初年に設置した議事局の出役《しゅつやく》議員に選ばれていたが、引き続き、筑摩県の下問会議の議員も務め、さらに窪田や市川らとともに新聞誌世話掛も務めた。一八七九（明治一二）年の第一期長野県会議員に東筑摩郡（定数四名）から市川とともに選出され、上條は副議長になっている。

さらに窪田畔夫と藤森寿平とは、松本の古《こ》曳盤谷《びきばんこく》の画塾でともに南画や漢詩文を学んだときからの親友同士だった（ゆえにそれぞれ松門と桂谷という号を名乗った）。一〇年以上前の幕末一八六三（文久三）年七月、藤森が窪田の訪問を受けて、夜を徹して語り合った様子が藤森の日記に記されている。

「その日の日記には、「夜共に物語り、時世のさま〱おそろしく浅間しき、歎息してふしぬ」とある。共々に何を語り時世の何に歎息したかは、翌日、松門〔窪田畔夫のこと〕が経世を語りながら東都にて写してきた橋本左内の詩を紹介したことでも明らかである。（略）因《ちな》みに、橋本左内は、四年前の安政の獄に坐し斬罪に処せられている。齢《よわい》二十六であった。」（南安曇教育会編：300f）

藤森と窪田が、数え年で二九歳と二六歳のときである。同じ年頃で国事に奔走して死罪となった左内と重ね合わせて、自分たちがなすべきことを話し合ったに違いない。これは親友というより、もはや同志に近い関係である。

つまり、用拙が木曾谷から仕事探しに松本に出てきて、窪田畔夫の知遇を得たことはまことに幸運だった。窪田は松本の上條四郎五郎や市川量造、安曇野の藤森寿平など、中信地域の開明的な名望家ネットワークの「ハブ」的な存在であり、会議体や新聞・教育などの事業を通じて地域全体の開化を推し進めようとしていたからである。

このような名望家たちの動きについて、市川量造と藤森寿平の二人を中心に解明した塩原佳典は、彼らの階層にも注目しながら、次のようにまとめている。

「市川〔量造〕による諸活動のなかでも新聞・下問会議は、政府や県の布令と県下の民情とを媒介する新しいメディアとして、旧来の地域運営のありようを変容させた。市川らが両事業を建言した際、旧大庄屋・大名主の関与がほとんどなかったことは重要である。両事業の建言には、窪田畔夫ら松本藩預所や幕領、高島藩など、旧藩の領域を越えた人びとがかかわっていた。他領域とのネットワークを基盤とした活動は、高遠藩出身の高橋敬十郎〔白山〕とともに実践社を運営し、「学校」

設置を建言した藤森〔寿平〕にも共通する。新聞や下問会議を通じて県とのパイプを掌握する市川と、「学校」を通じて「封建ノ制」を解体する藤森。両者はともに、地域秩序の再編を目指していく存在であったと解される。」（塩原：145f）

塩原の指摘で重要なのは、明治初年において、既存の秩序や領域を越えて積極的に建言し、また他領域の人びとと柔軟につながるフットワークを持っていたのが、村・町役人層のなかでも格式のそれほど高くない家の出身者たちだったということである。市川量造は格式の低い名主出身であり、藤森寿平は大庄屋の分家出身だった。彼らには、生活に困らないだけの家産と家業に縛られない自由があった。

こうして、窪田畔夫と上條四郎五郎のバックアップのもと、新村の武居塾は開塾した。

『新村小学校沿革誌』（一九三三年）には次のように記されている。

「入塾スル者ハ郡内ハ近郷ヲ始メ遠キハ安曇郡ニ及ビ他ノ塾トハ全然其趣《おもむき》ヲ異ニセリ。随《したがい》テ教育科目ノ如キモ漢籍ヲ主トスト雖《いえど》モ其程度ハ頗《すこぶ》ル高尚ニシテ、之レニ加フルニ新ニ見聞セル西洋ノ事情ヲ以テセシ為、後日頭角ヲ現ハセル有為ノ人材ヲ輩出セリ」（南安曇教育会編：236）

木曾谷の郷校と同じ専門の漢学だけを教えても生徒は集まらない。あるいは、江戸遊学中に会おうとして果たせなかった学問の三英傑、渡辺崋山・藤田東湖・佐久間象山への憧れを（上條 1977：35）、自分の塾での教育実践において存分に昇華してみよう。そんなことを考えたかどうか。漢学の教養をベースにしながら、西洋事情を読み解き、国家社会の行く末を論ずる。年齢的には大胆なチャレンジだったかもしれないが、生活の糧を得る必要と、時代の要請に応える使命感とから、第二の人生を歩み始めた。

一八七二（明治五）年の学制により、他の私塾とともに新村の武居塾も廃止となり、用拙は新たに設立された作新学校や克己学校で、弟子たちとともに教鞭をとることになる。

廃止となった塾の塾生たちは、「「学制」の正則年齢の者は正則学級として編成したが、他の者は変則生として扱い、変則科すなわち学校附設の学塾とした」（南安曇教育会編：237）。このあたりの、明治初期の私塾をめぐる状況は、先に述べた藤森寿平と高橋白山の実践社から成新学校・研成学校ができた経緯とほぼ同じであることがわかる。

そして、新村の武居塾の評判は、当然、豊科の藤森の耳まで聞こえていたはずである。藤森は用拙に目をつけて、私塾再興の際にはぜひ招聘したいと考え、その機会をうかがってもいたのだろう。あるいは、先にも述べたような同志的な信頼関係のあった窪田畔夫とのあいだで、武居用拙の「移籍」が話し合われた可能性もある。

用拙が藤森の招きで成新学校変則科に着任したのは、一八七五（明治八）年九月のことだった。

この変則科には「南安曇をはじめ北安曇、東筑摩、諏訪、伊那、木曾等」つまり中南信地域一帯から、小学校を終えた一三歳から二〇歳過ぎまでの意識の高い青年が集まってきた。生徒数は「開塾当初三十二名、明治十三年三月では三十四名内女子五名」だったという（南安曇教育会編：165）。

「当時新しい時代の到来のなかで自分の生き方を模索する豪農をはじめとする民衆の学習熱は想像以上のものがあった。用拙はそうした学習要求に見事にこたえられると窪田や藤森に折紙をつけられたのである。（略）彼は「古くは政治の盛衰をみるに、その学の興廃にあり」と述べて、はっきりと学問を政治に結びつける。その根底には儒学の『孟子』の「猶興」の精神に基づく民本主義がすえられている。平凡な民は、文王《ぶんのう》があってはじめて興《おこ》るものであるが、豪傑の士は、文王がなくとも「猶興《なおおこ》」るとし、動乱期に生きる豪農の思想をうち出すのである。」（中島：66）

「猶興」の出典となった孟子の言葉はこうだ。

「孟子曰く、文王を待ちて而《しか》る後に興る者は、凡民なり。夫《か》の豪傑の士の如きは、文王なしと雖も猶《なお》興る。」

この土地で「文王なしと雖も猶興る」豪傑の士を、学問を通して育てたい。用拙の民権論の根底には、自主独立・独立自尊としての「猶興」精神があった。すでに西洋事情の紹介や中国古典の受け売りではない。自分たちこそが時代をつくる、国家社会をつくるのだと青年たちの覚醒を促すものだった。

容易に想像できるように、この孟子の言葉は、それ自体、当時の意識の高い青年たちを奮《ふる》い立たせる魔法の言葉だったといえる。「猶興」を生涯座右の言葉にした人に中野正剛《せいごう》（86）がいる。後援会には「猶興会」、自分が主宰する塾には「猶興居」と名づけた。福岡の鳥飼八幡宮にある銅像の裏には「豪傑之士雖無文王猶興」の言葉が彫られている。

## 豊科学校変則科で松沢求策と出会う

元太郎が入学した当時の豊科学校変則科の広告がある。一八七八（明治一一）年一月の『松本新聞』二六五号附録に掲載されたものである（『長野県教育史』九巻：673）。

| 満二年卒業 | 等級 | 講義 | 輪講 | 作文 | 素読 | 質問 | 算術 | 作詩 | 画学 | 律書 | 説術 | 討論 |
|---|---|---|---|---|---|---|---|---|---|---|---|---|
| 第四期六ヶ月 | 第一級 | 五経 古今体詩 | 史子集類 四書 左伝 史記列伝 八大家文 | 漢文 | | 通鑑 文格 | 雑題 幾何 代数 | 古体 | 洋学初歩 | 国律 明律 | 持論 | 応題 |
| 第三期六ヶ月 | 第二級 | 五経 同上 | 政記 文章軌範 通鑑覧要 | 復文 | | 史記 易知録 | 平方 立法 求積 比例 | 五七言律 | 山水花卉 | 国律 | 古説 | 新聞読会 |
| 第二期六ヶ月 | 第三級 | 四書 小学 近思録 | 日本外史 十八史略 | 真仮文 | 五経 | 国史纂論 通語 | 分数応用問題 | 五七言絶句 | 梅竹 蘭菊 | | | 新聞読会 |
| 第一期六ヶ月 | 第四級 | 同上 | 皇朝史略 | 通俗尺牘体 | 四書 | 蒙求 | 分数初歩 | | 卦(罫)画 | | | 新聞読会 |

表 2-1：豊科学校変則科の課程表（『長野県教育史』9巻：673）

「広告
今般規則ヲ改良シ更ニ左ノ学期教程ヲ定メ漢学専門ヲ主トシ別ニ律算画ノ諸学ヲ教受《ママ》ス　有志ノ諸彦乞フ来学アレ
明治十一年一月
南第十大区三小区安曇郡豊科村
豊科学校変則塾舎長」

ここから、元太郎がどのようなカリキュラムで学んだのかがわかる。六か月を一期として四期二年間が標準修業年限となっているが、前章で見たように元太郎が在籍したのは四年間（一八七八～八二年）だったと思われる。

広告文には、漢学を中心として律書（法律）・算術・画学を教授する、とあるが、課程表を見ると説術・討論という「この時期における一般的な民権的学塾の学習活動と共通性」（塩原：222）のある内容も含まれていた。

新聞を取り入れた「討論」は、時事問題を議論しあうことが想定されていたのだろう。「説術」とは演説の技法、弁論術のことである。

武居塾における「猶興」精神は、こうした作文・説術・討論などの具体的な実践のなかで発揮された。また、藤森寿平は学校長でありながら、自分も用拙の生徒となって青年たちと一緒に学び、作文の添削指導を受け、塾の演説会では自ら演壇に立った。元太郎の回想をふたたび引用する。

「ソウコウするうち遂に破天荒の演説会を開いて、塾の舎監松澤求策氏などゝ共に自ら法蔵寺本堂の演壇に立ち、余も強要されて演説の真似をさせられたことがあつた。」（宮坂編：511）

一三歳の元太郎が、用拙の説く民権論を、はたしてどれだけ理解したかはわからない。しかし、老先生、学校長、舎監先輩が一堂に会して、入れ替わり立ち替わり演説をぶつ光景や、彼らに促されて演壇に立たされたという経験からは感化されたはずである。なかでも舎監を務めていた先輩・松沢求策(55)との出会いは大きかった。

松沢求策が入塾するのは、武居用拙が招聘されて間もない一八七五（明治八）年一〇月だった。このとき二〇歳、すでに結婚して長女が誕生し、学校世話役や神風講社世話掛、拾ヶ堰《じっかせぎ》守など共同体自治の一人前の担い手となっていた。

家から通える距離だったが——家には幼子もいたが——あえて寄宿舎に入った。

入塾の翌年から一年余り、上京して地元の豪農が手掛ける事業の助手として働きながら、苦学して立教学校や講法学社といった私立法律学校で学んだ。一八七七（明治一〇）年九月に帰郷すると——家には帰らずに――ふたたび武居塾の寄宿舎に戻ってくる。

「ひとまず上京前にいた武居用拙塾に身を落着けた求策は、用拙と肩をならべて青年たちを教える立場で、寄宿舎の舎監の仕事にも携わる。求策を迎えた用拙塾は、社会情勢に敏感に対応して「民権論・民本論の源泉地」といわれるような教育活動を展開しはじめていた。（略）そして、この地域の民衆をどのように民権意識に目覚めさせるかという運動論的見地に立って、江戸時代の貞享《じょうきょう》一揆の指導者で豊科の南隣、中萱村《なかがやむら》の嘉助を民権の宗として、塾の総力をあげて研究をすすめた。明治十一年に入ると、地域の民衆を集めて、松本と同じ演説会を豊科で開いた。」（中島：96f）

元太郎が入塾したのは、松沢求策が成長して戻り、まさに武居塾が外に向かって啓蒙活動を展開していこうというときだったのだ。

一八七八（明治一一）年一月二〇日、新築された豊科学校で演説会が開かれた。元太郎の回想に出てくる、法蔵寺本堂で開かれた「破天荒の演説会」というのは、これを指している可能性が高い。この地域で初めてとなる演説会だからである。

その模様は『松本新聞』二五四号で次のように報じられた。

「昼夜両度の演説会大入にて、聴衆人は一百余名もあり、中々生糸会社の本店（松本の演説会をさす）をも踏付る勢ひ、連中は武居の老将軍を初めとして藤森、松沢、務台等各数席をつとめられ、或は円朝のつづきばなしをきどって色気たつぷりなるもあり、或は伯円の享保《きょうほう》五人男を模して、蒲生君《がもうくん》平《ぺい》の伝をたゝきたつるもあり、何にしろ坐を見て法を説く大和尚の引導に、流石《さすが》のガリ〳〵亡者も

> 浮ぶどころか大うきたちにて、抵掌《ていしょう》の響は万雷の爆発するが如く、暫《しば》し鳴もやまざりける。実にかかる片田舎にて、俗耳を感動するの勢力ある此に至るは、武居老将軍以下の御尽力と、諸地人民の開化の度、遥かに他村に卓越する者なるべし。」（有賀 1967：361）

塾からは武居用拙、藤森寿平、松沢求策の三人が登壇して、当時人気だった落語家（三遊亭円朝）や講談師（松林伯円）を真似たりしながら聴衆を惹きつけ、政治や社会の問題をわかりやすく説いたので、万雷が轟くような拍手喝采を浴びた。これには中信地域の自由民権の最先端にあった『松本新聞』の記者も大いに驚かされた。

この演説会には『松本新聞』編集長の坂崎斌《さかん》（号は紫瀾《しらん》）(53) もゲストに招かれて登壇していた。この記事は坂崎本人が書いたものである（山田：34）。

坂崎斌は土佐藩医の家に生まれ、司法省に就職して一八七六（明治九）年に松本裁判所判事として赴任してきたが、もともと板垣退助らによる愛国公党の結成（一八七四年）に参画した民権家であり、松本でも一年後には判事を辞めて『松本新聞』に入社、編集長となった。『松本新聞』は、筑摩県廃県による購読者激減により廃刊となった『信飛新聞』の後継紙として再出発していたが、低迷状態を抜けて購読者が増加に転じていくのは、この坂崎編集長のときである（有賀 1976：439）。

松沢求策にとって、これが坂崎との運命の出会いとなる。

武居塾の舎監（寮長）として後輩たちの指導に当たりながらも「次のステージ」に飢えていた青年が、同世代で新聞メディアを舞台に活躍する本場仕込みの民権活動家に出会ったらどうなるか。中島博昭の松沢求策伝はこの部分を次のように想像する。

「求策よりわずか二歳年上でしかない若さにそぐわない型破りのユーモアあふれる、ときにはふざけているとしか思えないような演説をするこの男に、はじめて会った求策は今まで会った人々には感じたことのない異様な魅力を感じた。（略）求策はこの男の中に進むべき道を探し出したような気がした。何よりもわずか二つ年上という同世代の共感が親密感をかきたてた。二人の同志的交流がはじまったのはそれから間もなくであった。」（中島：97f）

これは坂崎にとっても「次のステージ」を予感させる出会いだったことは想像に難くない。松沢は、松本の浅間温泉にある坂崎の下宿を訪ねて、「お互いの思想を吟味し合い、さらにすすんで具体的な運動の計画をねった」（同：98）。そして同年六月には、松沢はその計画のために「妻子のいる穂高を離れ、浅間に居を移した」（同：101）。その計画——民権活動家養成計画——の一端については次節で紹介しよう。

元太郎少年には、こうした松沢と坂崎の急接近は見えていない。けれども、寝食をともにしながら一緒に学んだ九歳年上の先輩が、ここから二年余りで信州の国会開設運動のリーダーに駆け上がっていくのを目《ま》の当たりにすることになる。

## 2　松本安曇野の自由民権運動

### 「猶興義塾」と民権活動家養成計画

ところで、元太郎が学んだ武居用拙の塾はしばしば「猶興義塾」と呼ばれてきたが、この名称の扱いについては注意が必要である。

『藤森桂谷遺墨遺稿集』（一九二九年）には「明治八年九月、木曾山村侯の藩士、武居彪氏号用拙を招聘して、猶興義塾を起し、成新学校に併置し、共に力を協《あわ》せて地方の青年を教育したのである」（宮坂編：474f）とあるが、同じ『桂谷集』に寄せた元太郎の回想（同：511）には「武居用拙先生の塾」としか書かれていない。また、降旗徳弥による伝記にも「漢学者武居用拙が開いた「猶興義塾」で学んだ」（正編：30）とあるが、徳弥が引用している百瀬清治の回想（同上）には「武居塾」「漢学塾」としか書かれていない。

猶興義塾という名称は、当時はまだなく、事後的に用いられるようになったものと考えられる。その経緯は以下の通りである。

千原勝美による詳細な用拙伝によれば、『松本新聞』主筆として松本の自由民権を唱道していた坂崎斌が、一八七八（明治一一）年六月から自分の下宿（浅間温泉笹の湯）で小学校を終えた青年に法律と文章を教える変則塾を開いた。この坂崎塾を「猶興義塾」と呼んだのが最初とされている（千原 1962：105）。

そこには、先に述べたように「妻子のいる穂高を離れ、浅間に居を移した」松沢求策が参画しており、また、武居用拙も坂崎の依頼を受けて『松本新聞』に「猶興学舎記」という文章を寄稿して、自分が本当にやりたかったことを代わりに坂崎君が実現してくれるだろうと認《したた》めている。

ところが、この猶興義塾の試みは生徒が集まらず挫折する。

「しかしこの義塾に学ぶものわずか数名とて坂崎をして愧死《きし》々然と嘆ぜしめ、開校三月にして坂崎は主筆を辞して帰国するに至つている。かくて恐らく坂崎の素志を用拙や松沢等が受継いで、『桂谷集』に言う如く武居塾の変則科を猶興義塾とも称するようになつたものと考えられる。（略）用拙かつて嘉永の末、頽風《たいふう》を挽回せんとて猶興録を輯《しゅう》せんとしたことあり、この素志を坂崎の学塾創設等に求めようとし、「雖無文王猶興者将於是乎在焉」と期待している。かくて猶興の語は用拙にとつて決して唐突のものではなく、しかも或はその命名は用拙自身であつたかも知れないと考えられる。幕末猶興録編輯のこと以来、坂崎を別にしても、この猶興精神こそは元来用拙及び武居塾の基本理念でもあつたのである。」（同：106）

「坂崎の素志を用拙や松沢等が受継いで」とあるが、そもそも用拙と松沢が、坂崎がやろうとした私塾に援助を惜しまなかったのは、豊科の武居塾の上級編ないしは発展形態として期待したからだろう。生徒募集は失敗に終わったものの、やろうとしたこと自体は間違っていない。それゆえ、自分たちが本来やりたかったことを体現した「猶興義塾」の名称を、自ら引き受けたのであろう。では用拙と松沢がやりたかったこととは何か。

塩原佳典はその経緯について『松本新聞』や「猶興義塾塾則」（松沢家文書）により詳しく調べている（塩原：273f）。それによれば、法律課と文章課という二つのコースがあるが、修業期間は生徒の自主性に委ねられる。さらに「教程ハ講義・輪講・質問・討論・演説ノ数種トス」「授業法ハ講義・演舌ヲ除クノ外総テ議事体ヲ以テス」と、議事体、すなわち対等なメンバー同士による会議形式が想定されていた。政府を攻撃して鮮血を流しあうような暴力的方法ではなく、知識を広め自治の精神を振興する平和的方法を目指すのだ。そして、松沢の塾構想や教育観の検討をふまえて、塩原は次のように述べている。

> 「松沢によれば、「良教師」とは学習者をむやみに「扶助」せず、「独立自得」をうながす人物をいう。こうした教育観は、成新学校〔後に豊科学校〕変則科の教育実践に類似するものであり、松沢自身の教育経験に立脚していると考えられる。すなわち変則科では、教員が生徒を「旧同朋」と呼ぶような関係性のなかで、演説会や新聞投稿を通じてともに民権思想を養っていた。「自治ノ精神ヲ播揮」するという松沢らの義塾の構想は、変則科のような民権思想の「培養地」を松本にも設立しようとしたものであったと考えられる。」（塩原：275）

もっと踏み込んで、猶興義塾の目的を、国会開設運動のための民権活動家を養成するためだった、そう捉えるのが、信州の自由民権運動研究の結論といってよい。

有賀義人《よしと》は、国会開設運動を牽引した民権結社・奨匡社の創立の経緯から「最初の社名は猶興社をもつて計画していたもので、この点からみても坂崎や松沢らが、民権政社への踏み台として猶興義塾を企図していた、とも考えられる」と述べている（有賀 1967：269）。つまり、民権活動家の養成から国会開設運動までを、ひとつのプロジェクトと考えていたということだ。

中島博昭は、坂崎塾の開塾前後における松沢の『松本新聞』投書欄への寄稿内容から、次のように述べている。


「このとき二人の国会開設運動の構想はすでに具体化の一歩を踏みだしていた。彼らはこの大衆的な民権結社の結成のよびかけだけで簡単に民衆が動くとは毛頭思っていなかった。重要なことはこ、い、い、い、い、い、い、の結成の中核となる活動家をまず養成することで、それには彼ら自身が指導する教育機関を開設して、多くの人材を各村々から集めることを考えていた。」（中島：100）

坂崎と松沢が民権活動家養成を企図した「猶興義塾」計画は確かに挫折した。

しかし、武居用拙の塾からは、国会が開設された後、明治二〇年代以降に政治家や実業家として活躍する人材を何人も輩出し、「猶興義塾」の名を後世に残すことになった。以下にその一部を紹介する。

上條四郎五郎の長男謹一郎（55）は新村の武居塾の門弟で、新村の初代村長、郡会議員、県会議員を経て、元太郎とともに第五回総選挙で初当選を果たした。四郎五郎の三男慎蔵（64）は内務官僚で日本法律学校創立者の一人で、元太郎と同年齢であるが、一八八〇（明治一三）年に司法省法学校に入学する前に豊科の武居塾にいたかどうかは不明である（日本大学広報部大学史編纂課：20）。

豊科の武居塾で元太郎と同期だった百瀬清治（63）は村会議員、郡会議員、県会議員（議長）、村長を経て、第一三回総選挙で初当選した。

上條謹一郎も百瀬清治も、どちらも政友会所属であり、大隈系の元太郎が経営する信濃日報社に対抗して、上條が信濃民報社を創設して百瀬が社長になるなど、元太郎とは終始ライバル関係にあったが、それはまた後の話である。

片倉財閥を築いた諏訪の片倉市助の三男、今井五介（59）も豊科の武居塾の門弟である。日本の蚕糸業の発展に寄与し、一九一八（大正七）年から一九四六（昭和二一）年に死去するまで貴族院議員を務めた。

「普選の父」中村太八郎（68）に影響を与えた二人の人物も、武居用拙の門弟だった。

太八郎が山形村の大池学校で教わった小野徳次郎（徳治郎・徳二郎とも）は、後に松本奨匡社の社員となった自由民権派の教師であるが、木曽の菁莪館のときの用拙の門弟である（瀬戸口：14f 上條 1981：111f）。また、太八郎を地元の政治活動へと導き後に普選運動にも関わった親戚の吉江久一郎（58）は新村の武居塾の門弟で、武居塾が他の私塾と統廃合されてできた作新学校では、用拙のもとで雇教員として教鞭をとった（千原 1962：103）。

ちなみに、中村太八郎は、松本藩預所の大池村（後の山形村）で名主を務める家の出身であるが、窪田畔夫とは祖父が従兄弟《いとこ》同士であり、太八郎の名付け親でもある（瀬戸口：12）。前節で、窪田が中信地域の開明的な名望家ネットワークの「ハブ」的存在であると述べたが、ここでもまた重要な関わりをもっていた。

一八七九（明治一二）年の教育令以降、学校制度が整備されていくなかで、こうした私塾の性格を兼ね備えた自由度の高い「変則科」は存続が困難になっていく。豊科学校変則科は一八八四（明治一七）

年八月に廃止され、その後武居用拙は上京する。

### 松本の演説会ブームと民権派教員のネットワーク

降旗元太郎が武居用拙の塾で学び始めた一八七八（明治一一）年という年は、ちょうど松本と安曇野で自由民権運動が盛んになってくる時期だった。目に見える形としては演説会の開催であり、これを牽引したのは民権派教員たちだった。

下野していた板垣退助らが愛国公党を結成し、一八七四（明治七）年一月に民撰議院設立建白書を政府に提出してから四年が経過していた。

その間、中央の新聞でも地方の『信飛新聞』『松本新聞』でも民撰議院＝自由民権の是非についての論説は掲載されてはいたが、局面が転換するのは、一八七七（明治一〇）年一月から始まった西南戦争が終結した後であった。西郷隆盛が切腹した翌日（九月二五日）、『郵便報知新聞』の社説は、西郷の最後の一戦は「封建勢力ノ最後ニ発シタル一戦争」であり、西郷がすでに死んだ以上、これからは民権の世になるとした。同じく中央の『朝野新聞』も民撰議院設立の時機到来を強調した（有賀 1967：256f）。

このとき『郵便報知新聞』のアルバイトの従軍記者として活躍したのが、慶應義塾の学生だった犬養毅（55）である。「戦地直報」と題するルポルタージュを七か月間にわたり一〇〇回以上も連載して評判を呼んだ。おそらく、封建から民権へという時代の転換をいち早く肌で感じた一人だったのではないか。ちなみに犬養が慶應義塾で演説や討論のために組織したグループは「猶興社」という。

一方、『松本新聞』は西郷の死にとくに時代的な意味づけを与えていない。しかし西郷が死んだ翌月に坂崎斌を編集長（主筆）に迎えたことは、結果として「『松本新聞』としては最もよい時期に、最もよい適任者を得たということができる」（同：261）。

松本で初めての演説会が開催された日付には諸説があるが、少なくとも坂崎編集長になる一〇月以降は、毎週末に定期開催されるようになったことが『松本新聞』からうかがえる（山田貞光：22f）。会場は、当初は南深志町の生糸会社で土曜日におこなわれたが、翌年五月から宝栄寺で日曜日におこなわれるようになった。

この定期演説会の発起人は、坂崎斌（53）、窪田畔夫（38）、三上忠貞（54）、浅井洌（49）、斉藤順（51）の五名である。このうち三上・浅井・斉藤はいずれも小学校教員で、坂崎や松沢と同じく二〇歳代の青年たちだった。

その背景には、民権派教員のネットワークがあった。例えば、蟻封社《ぎほうしゃ》という教員による結社がある。これについては、上條宏之が最後の著作となった『〃クロムウェルの木下尚江〃の誕生』（二〇二二年）で詳しく述べている。蟻封社は関口友愛《ともちか》（52）が中心となり一八七六（明治九）年七月に設立した結社で、役員（会幹兼書記会計）に就任した浅井洌・三上忠貞・関口友愛の三名が中心メンバーだった。「蟻封」は「ありづか」を意味し、関口は自身の号としても蟻封堂を用いることがあった（上條2022：201）。

上條の研究によって、蟻封社が西南戦争の前から政談演説会を開いていたことがわかり、松本で初の演説会は通説より一年以上前に遡れる可能性が出てきた（同：191）。

また、彼ら民権派教員たちは、演説会だけでなく新聞投書という形で松本の言論空間に存在感を示していた。関口は前年の一八七五（明治八）年六月から『信飛新聞』紙上で活発に言論活動を展開していた。最初は筆名を使用したが新聞紙条例・讒謗律《ざんぼうりつ》（同月布告）により七月以降の投書は実名でおこなっている。一一月には永山盛輝筑摩県権令の教育政策を批判したことで「讒謗律による処罰のもっとも初期の事例となった」（同：203）。しかし処罰後も沈黙することなく翌年二月まで投書を続けた。

「この期間は、関口が小学校教員をつとめた時期で、自由民権論にもとづく立憲政体確立の重要性、言論の自由や人権を重視した意見をつづけた。その自由民権論の主張は県官の注目するところとなり、野におくことを警戒した長野《ママ》県は、一八七六（明治九）年三月廿七日、関口を筑摩県聴訟課員に抜擢《ばってき》する。」（同：213）

これ以降、関口は県官吏や裁判所詰となり、教員には戻っていない。

三上忠貞も関口に負けじと『信飛新聞』に投書して天賦人権論や言論の自由を訴えた（同：224f）。こうした投書を盛んにおこなっていたちょうどその頃、一八七五（明治八）年八月末から一一月上旬までの二か月余りの短期間であるが、二一歳の三上は四等訓導として浅間学校在勤となっている（同：216）。これは一一歳の元太郎が浅間学校に通っていた時期と重なる。直接教わることがあったかはわからないが、自身が投書していた自由民権の考え方や、同年九月に豊科にできたばかりの武居塾のことを、話題にしたかもしれない。

なお、坂崎斌が辞めた後の『松本新聞』編集長に就いた竹内泰信《やすのぶ》（43）はもともと小学校教員として蟻封社に参加した人で、次の松沢求策に引き継ぐまでの約一年間、編集長として『松本新聞』を支えた（一八七八年九月〜七九年八月）。

こうした民権派教員たちのネットワークの背景として、丸山福松『長野県政党史』下巻（一九二八年）の記述を引用しておこう。

「抑《そもそ》も此の自由民権思想を培養したるものは、松本の師範学校と、而して豊科の武居塾にあつた。当時松本師範学校に入学した者は、必ずしも将来教育家を以て立たんとするに非らずして、実は高等の学問を修めんとするのが、主目的であつた。従て其の思想も、教員と生徒とはおのづから異る所あり、教員は熱心に生徒を教育指導せんとしたるに対し、生徒は万国新史（教科書）などに依り、米国の独立や、フランス革命に興味をもち、盛んに天下国家を論じ、自由主義を高唱した（略）

豊科武居塾の塾長は、武居用拙と云ひ、泰西《たいせい》の自由主義に共鳴し、漢学を講ずるの傍《かたわ》ら、民権の重んず可きを説いたから、塾生も次第に其の風に感化された。松沢求策の他日大飛躍を為したる素地は、全く武居塾に於て培養されたので、塾生中には、他日代議士となれる百瀬清治、降旗元太郎も居つた。

此の時松本では、高知県人坂崎斌が、松本新聞主筆となり、其の紙上で自由民権を主張し、一面に於ては演説会、討論会を開きて、此れ等師範学校生徒、武居塾々生等を集め、其の宣伝に当り、中には既に師範学校を卒業し、教職に従事し居る者迄も此れに加はるに至り、其の運動は漸次《ぜんじ》熱烈となつた。

斯《か》くして十三年四月の奨匡社大会となつたが、奨匡社の名は武居用拙に依《よ》て、此れを命名せられ、幹部は師範学校、武居塾等の出身者の外、代言人等も多かつた。」（丸山下巻：531f）

豊科の武居塾と松本の師範学校は、自由民権思想の培養器として双璧をなしていた。ただし、武居塾が武居用拙という塾長の存在が大きかったのに対して、師範学校は誰かカリスマ指導者がいたわけではない。教師になるためではなく、高等の学問を修めるために師範学校に来る生徒が多かったのである。それゆえ政治意識も高く、自由民権思想にも親しみやすかった。一八七七（明治一〇）年から八四（明治一七）年までの師範学校卒業生二三四人のうち奨匡社社員は四三人にのぼった（小林編：198）というから、五人に一人は民権派だった計算になる。こうして師範学校で民権思想を身につけた教師たちが、各地の小学校に散らばって子供たちを指導したのである。

松本の師範学校は、前章で述べた開智学校のなかに設置された師範講習所に始まる。その開智学校の前身は、松本藩の藩校・崇教館《そうきょうかん》であり、校舎は松本藩主の菩提寺・全久院（廃寺）である。つまり、開智学校は、学問所と菩提寺という松本藩のアイデンティティを構成する二つの重要機関を受け継いで出発した。そうした出自をもちながら、開化の司令塔として生まれ変わったのである。それだけでなく、松本藩に由来する出自を、意識的に消し去ってきたと考えられる。

長野県中学校の最初となる変則中学（第一七番中学変則学校）も開智学校のなかで誕生した。これが現在の松本深志高等学校の始まりであるが、その最も詳細な沿革史『長野県松本中学校・長野県松本深志高等学校九十年史』（一九六九年）には、前史としての松本藩校への言及は一切ない。深志高校の起源は、あくまでも開智学校内に開設された変則中学であり、それ以前の崇教館の歴史は消去されているのである。師範学校を前身にもつ信州大学教育学部も同様である（公式サイトの沿革）。

松本深志高等学校が自身の起源を第一七番中学変則学校の設立の一八七六年と定めていることについて、先に「地域の先覚者たちの尽力で生まれた起源を重んじている」と捉えたが、同時に「言及しないことで松本藩校の歴史との断絶を強調している」ことも付け加えておこう。

## 集会条例以前の演説会風景

木下尚江（69）の自伝『懺悔』（一九〇六年）のなかに、松本北深志の宝栄寺で開かれた演説会の様子が描写されている。集会条例以前、演説会や結社が自由だった頃の様子がよくわかり、また松本の演説会ブームの中心に『松本新聞』坂崎編集長や蟻封社に集まったような民権派教員たちがいたことを裏書きするものとして引用しておく。

演説会が日曜日に宝栄寺で定期開催されるようになった時期を考えると、一八七八（明治一一）年の五月以降、尚江が九歳で開智学校に通っていた頃と考えられる。

「予の家から四丁ばかり距《はな》れたる宝栄寺と云ふ真宗の寺の本堂でも、数々政談演説会が開かれたので、予も折々傍聴に行つた、当時の予は勿論弁士の議論を理解する所の耳を持つて居たのでは無い、只《た》だ見物に行つたのだ、只だ遊びに行つたのだ、其頃は集会法など云ふ束縛が無かつたので、婦人でも小供でも自由に見物に行くことが出来た、予の祖母なぞも『坊様の眠むたい説教よりは元気が良くて面白い』とて、開会毎に出掛けられた、（略）入り代り立ち代り登壇する弁士の中には、学校の教師の顔も在つた、予は或時一個の非常なる雄弁家を見た、其れは頗る長演説であつたが、趣意は『今日の圧制政治を覆《くつが》へして自由の世界に出づる為めには、我々は皆な一身を棄てねばならぬ』と云ふのであつた、予は自分の住んで居る此国が如何なる悪い有様であるのかを未だ毫《すこし》も知らなかつた、然しながら其の白き面《おもて》を紅《くれな》いに輝かし、肩まで垂れたる黒髪を波打たせて、肺肝を絞つたる真摯熱誠なる沈痛の声は、水を打ちたるように静づまれる会場の隅から隅に反響して、予は実に『死んでも可《い》い』と思つた、此の若き弁士の雄弁が余りに聴衆に悲痛の感を与へたので、其の後を承けて現はれたる稍々《やや》年取つた弁士は、少しく人の心をクツろげようとでも思つたのか、奇麗な顎鬚《あごひげ》を拈《ひね》りながら無雑作な面白い事を二つ三つ喋《しゃべ》つて引つ込んだ、聴衆は愉快な笑声を挙げて此の滑稽《こっけい》弁士を送つたが、予は何となく前弁士を侮辱したように思はれて甚だ不快に感じたのである」

（木下：276f）

「集会法など云ふ束縛」とは、まず一八八〇（明治一三）年四月に公布された集会条例の第七条で「政治ニ関スル事項ヲ講談論議スル集会ニ陸海軍人常備予備後備ノ名籍ニ在ル者警察官官立公立私立学校ノ教員生徒農業工芸ノ見習生ハ之ニ臨会シ又ハ其社ニ加入スルコトヲ得ス」と規制し、さらに集会条例を引き継いだ集会及政社法（一八九〇年）の第六条で軍人・警察官・教員生徒に加えて「女子」と「未成年者」の演説会参加も禁じたことを指している。とくに集会条例によって、小学校教員や師範学校生徒とのあいだに分断が持ち込まれたことは、自由民権運動にとって大打撃となった。

尚江の回想からは、そうした規制ができる以前の演説会は、婦人も子供も誰でも気軽に参加でき、学校の教師たちも登壇して得意の弁舌を振るっていたことがわかる。

なお、ここに登場する若い沈痛な雄弁家と年取った滑稽弁士の二人について、木下尚江研究者の間では、前者が関口友愛（52）で、後者が坂崎斌（53）というのが定説だった（山極：21f、中野：77f）。滑稽弁士のほうが坂崎斌であることには誰も異論を唱えていない。けれども、沈痛な雄弁家＝関口説については、その後実証的に否定されている。すなわち、山田貞光は新聞紙上で定期演説会の弁士に関口の名前が全く現れないことから疑問視し（山田貞光：73）、さらに上條宏之も山田の見解に同意しつつ（上條2022：155f）、新たな史実とあわせて検討した結果、次のように結論づけている。

「わたしは、蟻封社の演説と『信飛新聞』紙上での文章の内容から、もし尚江少年が出会った若き民権家を挙げるとすれば、三上忠貞がもっともふさわしいと考えている。これは、尚江少年が宝栄寺で出会った民権家は誰であったかを確定することよりも、尚江少年を感動させた言論・演説活動をした自由民権家が、当時存在したということに力点をおいた、わたしの考察結果である。」（同：232）

元太郎は、浅間学校時代に数か月間在勤した三上忠貞と出会っていたはずであるが、この上條の説に従って、元太郎少年もまた魅了されていた可能性を考えたくなる。

ところで、同じ頃の坂崎斌の演説が、二歳年下の松沢求策には「若さにそぐわない型破りのユーモアあふれる、ときにはふざけているとしか思えないような演説」として魅力に感じ、坂崎の一六歳年下の尚江少年には「不快」と感じられた。おそらく年齢差だけではない、尚江の純粋志向ないし潔癖志向を示唆するエピソードであり、後に元太郎との差異を考えるうえでの重要なヒントになるはずである。

元太郎が豊科学校変則科の武居塾で学んだ四年間というのは、演説会ブームが盛り上がり、松本に奨匡社が結成され、国会開設を求める請願運動が展開される、という時期とちょうど重なる。しかも塾の武居用拙先生や松沢求策先輩はその真ん中で活躍していた。松本安曇野の自由民権運動の黄金時代を、間近で目撃していたことになる。

この黄金時代において、新聞投稿や演説会には民権派教員が大活躍する一方で、地域の名望家たちも彼らを支えた。そのなかには元太郎の父・孝吉郎も含まれていたと思われる。降旗孝吉郎がどのような人物だったのかは、徳弥の回想録からもよくわかっていないが、その一端をうかがい知ることができそうな資料がある。

有賀義人・千原勝美編『奨匡社資料集』（一九六三年）には奨匡社社員名簿（明治一三年八月）が収録されている。そこには町村ごとに奨匡社社員の氏名が記載されており、例えば東筑摩郡には市川量造（北深志町）や上條四郎五郎（新村）、南安曇郡には松沢求策（東穂高村）、藤森寿平・武居用拙（豊科村）等、著名な民権家の名前が見えるが、浅間温泉のあった岡本村の二〇名のなかに「降旗幸吉郎」という名前がある（有賀・千原：114）。

これは元太郎の父「孝吉郎」のことではないか。『東筑摩郡松本市・塩尻市誌　別篇人名』（一九八二年）の降旗元太郎の項にも「降旗幸吉郎の長男」とあり、誤記が訂正されずに流布していた可能性があるからだ。

幸吉郎＝孝吉郎だと考えたいが、もしそうだとしても、元太郎の父はこれまで取り上げてきたような行動する名望家というわけではなかっただろう。注目したいのは『奨匡社資料集』の奨匡社維持金収納簿（明治一三年三月〜同年一二月）である。社員ごとに毎月の維持金納付状況がわかる資料である。

維持金については、奨匡社規則には次のように定められている。

「第二章　第四条　本社ヲ維持スルノ資金トシテ、松本ヨリ三里以内ニ居住スル社員ハ毎月廿五銭、三里以外ニ居住スル社員ハ同金二十銭ヲ本社ニ納ルモノトス。」

浅間温泉（岡本村）は松本城から一里（約四キロメートル＝徒歩一時間）圏内にあるので、岡本村に居住する社員の維持金負担額は月二五銭だった。「降旗幸吉郎」は三月から一二月までの一〇か月分全部に「済」の印がある。岡本村の二〇名のうち、維持金を一〇か月納入したのは降旗含め二名のみ、八か月〜六か月分が五名、三か月〜一か月分が七名である。

有賀義人の計算によれば、維持金の納入率は、最初の三月にすでに半分以下の四二％だったが、四月・五月には二一％とさらに半減、その後だんだん減って、一二月時点では一％（社員総数一〇五三名中一二名）になっていた（有賀 1967：422）。この全体の状況から見ると、一二月までの全一〇か月分を納入した「幸吉郎」はかなり律儀な部類に属することがわかる。

こうした父であってみれば、元太郎が豊科の武居塾で四年間も寄宿生活をしながら学ぶことを認め、さらに次節で見るように慶應義塾で学ぶために上京することを認め、さらに東京専門学校に転じて政治学を学ぶのを認め、元太郎が選んだ進路に経済的な援助を惜しまなかったであろう――と理解できるのである。

なお、奨匡社社員名簿には、あの窪田畔夫の名前がない。一八七九（明治一二）年に北安曇郡の初代郡長に任命され（一八八六年まで）、政治活動を封じられていた。関口友愛が県官吏にされた事情と同じである。

## 3　慶應義塾から東京専門学校へ

### 慶應義塾の「特選塾員」

一八八二（明治一五）年一〇月、元太郎は東京専門学校（現・早稲田大学）に入学、政治経済学科で学び、八五（明治一八）年七月に卒業した（当時は「得業」と称した）。創立されて最初の第一期生である。『早稲田大学校友会会員名簿』（大正四年版・昭和二年版）には、元太郎の学年より一年早い一八八四（明治一七）年卒業から記載があるが、これは第二年級として編入学した者たちである。

元太郎が東京専門学校に入学するに至った詳しい経緯はわかっていない。

徳弥による伝記には「少年期に武居用拙の門で民権自由思想を身に付け、大隈重信の人物、思想に深く傾倒していたからと思う」（正編：40）とある。確かに武居用拙のもとで「文王なくとも猶興る」豪傑の士たらんと学んだ経験と、学問の独立を建学の精神とする早稲田大学の学風の相性は良いように思われる。

ただ、代議士元太郎の紹介記事を集めてみると、若干の曲折があった可能性がうかがえる。

「郷里に於て儒武居彪の門に学ぶこと数年、明治十五年慶應義塾より転じて東京専門学校に入り政治経済学を卒業す」（金港堂：343）

「温泉旅館の長男に生れ初め慶應義塾に学むだが、早稲田に転じ大津淳一郎等と共に第一期の卒業生である」（江川：60）

つまり、東京専門学校に入学するために上京したのではなく、上京後、最初は慶應義塾に入学したが東京専門学校が創設されたのでそちらに転学した、というのだ。これらの刊行時期は前者の『新選代議士列伝』が一九〇二年、後者の『信州政党史』が一九二二年だから現役代議士の教育歴としてよく知られた事実だったと思われる。

さらに、それを裏付けるのが『慶應義塾塾員名簿』（大正一三年版・昭和四年版）であり「衆議院議員降旗元太郎（特三九）」という記載から、特選塾員であることがわかる。

慶應義塾には在学生（塾生）・卒業生（塾員）・教職員が同じ「社中」としてお互い助け合う「社中協力」の伝統がある。明治一〇年代初め、義塾が存続の危機に陥《おちい》ったときに福沢諭吉が唱え、塾員からの財政的支援を求めたのである。

この精神の延長上に、卒業生ではない「特選塾員」という制度ができた。卒業の制度ができる一八七四（明治七）年以前の在籍者や、それ以後の中途退学者、ひいては義塾の教育理念に賛同する者に対して、社頭（社中を総覧する象徴的存在）の特選により「塾員」の資格を与えるもので、卒業生と同等の権利で運営に参画できるようにして義塾の安定的な維持を図った（志村・都倉：470f）。一九二四（大正一三）年の名簿によれば、塾員八八五八人のうち特選塾員が八八六人、およそ一割を占める規模である（『慶應義塾塾員名簿』：2）。

犬養毅（55）や尾崎行雄（58）も中退組であるが、一八九〇（明治二三）年に塾の規約とともに特選塾員の制度をつくった際に特選されたので、塾員名簿には両名の名前が（特二三）と付けて記載してある。元太郎の（特三九）は一九〇六（明治三九）年に特選塾員となったことを示す。

慶應義塾との関わりについては、徳弥の回想録にも元太郎の病床手記にも一切言及がない。元太郎のアイデンティティは東京専門学校＝早稲田大学にあるからだ。だから特選の理由は慶應義塾への積極的な貢献ではない。代議士となってから、義塾の経営陣が本人の承諾を得て特選塾員としたのだろう。

## 慶應義塾から東京専門学校へ――広井一《はじめ》の場合

じつは当時の東京専門学校には、元太郎のように慶應義塾を辞めて入ってくるものが少なくなかった。元太郎が在学した草創期の東京専門学校ついては、真辺将之《まなべまさゆき》『東京専門学校の研究』（二〇一〇年）が詳しい。

このなかで真辺が紹介している、広井一という青年が郷里の父親に送った手紙が興味深い（真辺：124

り。

広井一（65）は元太郎と同期の政治経済学科（邦語政治科）卒である。広井の生家は新潟県長岡の名望家であり、長岡学校では正規の学科のほかに演説・討論・作文を学び、開明的な教師の影響で民権思想にも触れ、自由民権運動への参加経験もある。同級生の川上淳一郎（65）とともに上京して、最初に入学したのが慶應義塾だった。背景や経歴まで元太郎とよく似ているではないか。ただし、広井一と川上淳一郎の名前は、慶應義塾塾員名簿（特選塾員）には記載されていない。

手紙は一八八二（明治一五）年一一月一四日付で郷里の父親宛に送ったものである。先月（一〇月一〇日）入ったばかりの慶應義塾を退学して、まもなく開校する東京専門学校に転学することを許してほしいという。すでに入学試験は終わっているが、追加で実施される臨時試験を受けたいから、至急認めていただきたいと、かなり切羽《せっぱ》詰まった手紙である。

何が広井をそうさせたのか。

慶應義塾の政治学は、原書を専らにする政治学である。これを三年間学んでも東京で実践することはできないし、地元に戻ったら原書を読んでばかりもいられない。

それにひきかえ……

「東京専門学校は諸々の書籍の善なる処を取り之を大学校卒業生講義す。生徒は之を筆にて書取るなり。御尊父も御承知之通り読むより書くは心に記憶するなり。而《しか》して此学校も二三年にて卒業すれば学び得たる者は不残覚へて居るなり。且《かつ》学校に於ても洋学でも学ばんと欲せば英書科も立て居れば二時間位へ《ママ》は習ふことも出きるなり。」

つまり政治学の原書を大量に読んで学んだ東京大学卒業生がポイントを絞って講義をしてくれる。自分で英語の原書を読むより、日本語の講義を書きとるほうが記憶される。英学科も併設されているから原書で洋学を習うこともできる。同じ時間をかけるなら、東京専門学校のほうが圧倒的に効率的である。学費負担者には大変説得的である。

東京専門学校を開設するという広告が新聞に出たのは九月下旬から一〇月上旬だった(『早稲田大学百年史』一巻:454)。広告の冒頭には次のように記されている。

「一、本校ハ修業ノ速成ヲ旨トシ、政治、経済学、法律学、理学及ビ英語ヲ教授ス。

一、政治、経済、法律及ビ理学ノ教授ハ専ラ邦語講義ヲ以テシ、学生ヲシテ之ヲ筆受セシム。」

(同:440)

また、一〇月二一日におこなわれた開校式での小野梓《あずさ》の演説が新聞に掲載され、そこでも「同校が学問の自由を標榜《ひょうぼう》し、邦語で、政治経済の新説を教へ、英語研究科の設もある旨」が報じられていた(箕輪:38)。それがいかに画期的なことだったのかは後で述べる。

上京して慶應義塾で学び始めていた広井は、新聞や仲間の噂《うわさ》で新しい学校のことを知り、気になって学校の規則を取り寄せ、これこそ自分にふさわしい学校だと確信した。憧れが高じて、川上淳一郎と新校舎を見に行ってみた。西洋造りで講堂は「長岡警察署位」もあり、寄宿舎も美麗である。九月末に落成したばかりの真新しい校舎について、創立五〇年に刊行された『半世紀の早稲田』(一九三二年)には

明治 17 年の東京専門学校（ノーベル書房編集部『旧制大学の青春』より）

慶應義塾の校舎は旧島原藩邸だった。写真は大学部玄関（画像提供：慶應義塾福澤研究センター）

こう書いている。

「一棟は講堂で元の文学部の教室がそれに当るが、初めは半分しかなかつたものである。屋根の上には露台のやうなものがあつて、そこに望遠鏡を据付ける仕掛けになつてゐた。他の二棟は寄宿舎でいづれも木造の二階建で、当時にあつては素晴らしい洋風建築であつた。それが稲田の前、丘陵の下、緑色濃《こま》やかなる濶葉樹林の間に見えたのだから、どれだけ若い人々の心を牽《ひ》きつけたか知れやしない。」（『半世紀の早稲田』：33）

慶應義塾はどうだったか。一八七一（明治四）年に芝新銭座《しばしんせんざ》から三田の島原藩中屋敷跡に移転してから、もとの屋敷を教室として使用していた。レンガ造りの二階建ての講堂（煉瓦講堂）ができるのが一八九〇（明治二三）年だから、広井たちはまだ老朽化した大名屋敷で講義を受けていた。慶應義塾は古臭く、東京専門学校はすべてが新しく見えた。

広井の気持ちはもう完全に東京専門学校に向いているから、畳みかけるように、慶應義塾の教育環境がいかにダメかを列挙している。

「且先刻藤野善三様の処へ参候処、氏曰く当時の慶應義塾の授業の法方は実に不完全にして少しも不服、当時は総て口授にて教へ生徒をして書取らしむるの法尤《もっと》も適せりと云はれたり。慶應義塾の余輩を教ゆる教員之余りできず、且生徒の悪弊は課業を逃げ一週間の内には稍々四日位さ《ママ》課業無之候。余輩之を制せんとすれば彼れ腕力を以て衆少ず適一歩を譲らざるべから。《ママ》之を事務局に訴へんか、事務局は当教員なれば其寛大なるに驚く、学校の不取締実に極し。（略）

該学校は南豊島郡下戸塚村と云て東京を離る三里、実に山間の一村、我が故郷は殆《ほと》んど同じ。実に生徒の品行上の大利益あり。」

新校舎に赴いたついでに、入学試験はまだ受けられるか事務に尋ねたに違いない。「目今《もっこん》七八十名位にして、只今にても試験之上入学を許す由」。今ならまだ間に合う……！

「慶應義塾へ先月入り今日退校すると云ふは実に「シリヤケ」の如くなれど実は不然。過《あやまち》を改むるに憚《はばか》る勿《なか》れと云ふ語を守ればなり。然し一身上の目的を定むる者なれば軽忽になす可からず。御尊父様能《よ》く熟考塚越様へも相談の上急伝信にて入校してよしわるしの報を被下度候《くだされたく》。尤も入学試験は十五日過ぐれは二十四五日にあれば其れに逢へたく候。」

父親は広井が幼少の頃から「将来洋学の必要なることを諄々《じゅんじゅん》と君に説き聞かせ」（箕輪：20）、長岡学校の入学を後押しし、広井が上京遊学を懇願した際には直ちにこれを許すほど「子女の教育には家計を顧《かえり》みなかつた」（同：34）ような人だったから、今回の転学についても直ちに許可したはずである。

こうして、広井は慶應義塾を退学、臨時試験を受けて東京専門学校に入学した。

### 転学の決断から入学試験へ

ところで、一八八二（明治一五）年の同期入学組のなかには、慶應義塾のような私立学校だけでなく、東京大学予備門を退学して受験してきた者もいた。真辺が紹介しているのは斎藤和太郎（政治経済学科）と多羅尾浩三郎（法律学科）の事例である。

斎藤は改進党の先輩経由で新しい学校の情報が入り、早々に転学を決断している。

「当時私は東京大学（帝国大学の前身）予備門に居つたが、（略）大隈侯を尊敬して改進党に入つた郷里の先輩が、大隈総理の建てた学校の方が、東京大学よりも将来有望であると云ふて、その頃改進党中錚々《そうそう》たる島田三郎氏に紹介して呉れたので、早速島田氏を訪ねて此事を相談すると、それは大賛成である、雉子橋《きじばし》の大隈邸で入学手続を扱つてゐるから、大隈邸に行けといふ。（略）明治十五年夏愈々《いよいよ》決心して東京専門学校の試験を受けて見た」（斎藤：55）

多羅尾のほうは開校式後の追加試験を受けて、一二月に入学した。

「当時官立学校の厳格窮屈なるに反し早大の空気極て自由なりしこと、師弟の関係の極て親密にして毫も官僚的臭気なく殆ど兄弟若くは朋友の関係の如く、敬愛の情深く畏怖の念を交えざりしことは最愉快に感ぜし所」（多羅尾：24）

官立私立含めて当時のどの学校にもない、まったく新しいユニークな教育への期待の高さが伝わってくる。だからこそ、開学の前から、あるいは開学して間もないうちから、他校から続々と転学してきたのだろう。

元太郎が転学を決断する際にも、東京で彼に助言を与えた人物がいたはずである。

私はその第一の有力候補として青木貞三(58)を挙げたい。ただし直接の証拠はなく、あくまでも状況証拠のみによる推測である。地方からの上京遊学者が転学を決断するには「大隈重信の人物、思想に深く傾倒」という個人的な想いだけでなく、信頼のおけるネットワークと情報が必要である。その点、後で述べるように、青木は同郷者ネットワーク松本親睦会の中心人物であり、元太郎が東京専門学校を卒業後に松本の地元新聞『信陽日報』(『松本新聞』の後継紙・後の『信濃日報』)の経営を引き継げるよう周旋した人物である。そもそもどういう人物なのか。

青木貞三は一五歳で松本師範学校(開設したばかりの筑摩県師範講習所)に入り、卒業後は伊那郡の小学校教員を経て上京、東京攻玉社《こうぎょくしゃ》で苦学し、一八七九(明治一二)年に甲府日々新聞主筆の傍ら甲府で進徳館を開き、翌八〇年には再び東京に戻り湯島天神町で克己塾を開き、「苦学生を教授した」。その後たまたま右大臣岩倉具視《ともみ》に「献議する」機会があり、それを機に岩倉の知遇を得て元老院(明治初期の立法機関)に奉職、宮内省編纂局で「大政紀要」の編纂にあたり、その後太政官少書記官、太政官文書局長、内閣官報局長などを歴任している(松本尋常高等小学校編:175f 村澤編:2)。

元太郎が東京専門学校に入学する一八八二(明治一五)年には、青木は元老院勤務だったはずで、岩倉具視と元老院という政府中枢の情報が集中する場所に身を置いていたことになる。明治一四年の政変で大隈重信が下野したことの意味、大隈を中心に設立された立憲改進党や東京専門学校が果たす役割などを的確に理解していただろう。さらに、自ら私塾を主宰するほど後進の教育に熱意をもち、同郷出身者に対して親身になって世話を焼くほどの人物である。元太郎のような上京遊学者にとっては頼れる先輩であり、転学の判断材料となる助言を求めるのに最も適任と考えられる。

さて、東京専門学校の入学試験は一八八二（明治一五）年一〇月一一日から実施された。『早稲田大学開校東京専門学校創立二十年紀念録』（一九〇三年）に収録された山沢俊夫（59）の回想によれば、当時は第一年級と第二年級の両方を受験できたことがわかる。山沢自身は両方合格したので第二年級から編入学して第一回卒業生となった（政治経済学科＝邦語政治科）。

「彼是する中に一年級の入学試験の日が来た。（略）当時の一番広い教場にざつと一杯で六七十人もあつたらうと思ふ。大隈伯も参観して居られた。科目は支那歴史に文章などであつたが、文題は「干渉教育の利弊を論ず」「司法官の独立を論ず」といふ当時の大問題であつた。さて翌日に至り二人共及第の通知があつた。そこで学校へ出かけて見ると、試験成績順に名札がかゝつて居つたが、私は漸く中程より少し上位であつた。其の時の首席が岡本金太郎君であつた。其の翌日二年級の試験を受けた。其の時の経済学の問題は「火事は江戸の花なりといふ諺《ことわざ》あり此の諺を批評せよ」「青《あお》砥《と》藤綱《ふじつな》の落せし銭を拾ひしは経済の理に適ひしや否や」と云ふ様な問題であつた。覚束《おぼつかな》い答案を出して帰つたが、其の夜二年級及第の通知があつた。辛うじて及第した事であらうと思ひながら、学校へ出て名札のかゝつて居るのを下の方から順に見て行つたが、私の名がない、段々見て行くと、豈《あ》に図らん第二番にかゝつて居つた、実に予想外であつた。」（山本利喜雄：332-333）

引用文中にある第一年級試験の首席、岡本金太郎（60）も、山沢と同じく第二年級試験にも及第して編入学した第一回卒業生である（法律学科＝邦語法律科）。彼らは第一年級に入学した元太郎たちよりも五歳ほど年長だから、そのぶん学問の経験も豊富だったのだろう。

大隈重信自ら参観したというこの会場で、元太郎も、山沢俊夫や岡本金太郎らとともに、第一年級の入学試験を受けたのか。あるいは広井一や川上淳一郎のように追加で実施された臨時試験を受けたのか。残念ながら特定できていない。

一〇月二一日の開校式に間に合った入学者は七八人だった。

専攻の内訳（計七八人）は政治経済学科二九人、法律学科四六人、理学科三人である。この三学科とは別に英学科も併設され、希望する生徒六〇人が兼修した。属性の内訳（計八〇人）は寄宿五七人、通学二三人、年齢が「十四歳以上二十歳以下」六四人、「二十歳以上三十歳以下」一六人、族籍が士族三二人、平民農四〇人、平民商八人だった（『早稲田大学百年史』一巻：457）。

第三章

# 草創期の東京大学と私立学校

40歳代の大隈重信（左、『大隈伯昔日譚』より）と福沢諭吉（右、画像提供：慶應義塾福澤研究センター）。明治14年政変のとき大隈は43歳、福沢は46歳だった。

「余は本校に向て望む、十数年の後ち漸《ようや》くこの専門の学校を改良前進し、邦語を以て我が子弟を教授する大学の位置に進め、我邦《くに》学問の独立を助くるあらんことを（謹聴々々、大喝采）。顧《かえり》みて看れば、一国の独立は国民の独立に基《もと》いし、国民の独立はその精神の独立に根ざす（謹聴々々、拍手）。而して国民精神の独立は、実に学問の独立に由るものなれば、その国を独立せしめんと欲せば、必らず先ずその民を独立せしめざるを得ず（大喝采）、その民を独立せしめんと欲せば、必らず先ずその精神を独立せしめざるを得ず、而してその精神を独立せしめんと欲せば、必らず先ずその学問を独立せしめざるを得ず（大喝采）」（小野梓「祝東京専門学校之開校」一八八二年＝尾崎士郎『早稲田大学』岩波現代文庫・二〇一五年所収）

# 1　法律青年と政治青年――明治一〇年代の上京遊学ブーム

## 私立法律学校と上京遊学ブーム

東京専門学校ができる数年前から私立法律学校の設立が相次ぎ、上京遊学ブームが到来していた。一八八〇（明治一三）年に東京法学社（現・法政大学）と専修学校（現・専修大学）、明治法律学校（現・明治大学）、一八八五（明治一八）年に英吉利《イギリス》法律学校（現・中央大学）がそれぞれ設立された。いずれも法律家の養成に主眼を置いている。私立専門学校の学生数のおよそ八割をこれら法学系が占めた（天野 2005：121）。私立学校設立と上京遊学のブームを牽引したのが法学系といってもよい。

その背景には、法律家の需要の拡大と、職業資格試験の導入があった。訴訟や手続きの代行業（公事師《くじし》・出入師《でいりし》）は江戸時代から存在するが、いかがわしい存在と見られていた。明治初めに代言人《だいげんにん》（弁護士）が資格化されたが「三百代言」などと呼ばれ地位は低いままだった。けれども不平等条約の改正のために、近代的法制度の整備を急がねばならない。近代法の制定だけではない。法律を適切に扱える専門職が必要である。

一八七六（明治九）年の代言人規則によって、まず代言人が免許制となった。一八八〇（明治一三）年に最初の近代法となる刑法と治罪法（刑事訴訟法の前身）が公布、それを機に免許基準が厳格化され、代言人試験が司法省直轄の国家試験となった。

もともと司法官養成機関としては官立の司法省法学校（一八七一年創設）と東京大学法学部（一八七七年創設）があり、それらの卒業生は無試験で代言人になることができた。しかし官立学校の卒業生は、前者は一八七六（明治九）年に一期生二五人、後者は一八七八（明治一一）年以降毎年六〜九人（五年間で三八人）にとどまっていた（天野 2009：59）。

司法人材の養成は司法省法学校のほうに期待されていたのであろう、二期生からは予科本科あわせて八年制となり、定員も一〇〇人に拡大された。一期生卒業の年に受験して入学した二期生のなかに原敬（56）がいる。予科三年目となる一八七九（明治一二）年、賄征伐《まかないせいばつ》処分への抗議を理由に、陸羯南《くがかつなん》（57）や福本日南《にちなん》（57）らとともに放校処分となっている（清水 2021：14f）。

法律家の需要は大きいのに、官立学校だけでは供給が追いつかない。その不足分を補うのが国家試験である。そうなると、代言人試験の準備についても、代言人が個人指導する徒弟的な「法律私塾」では対応できなくなり、法律知識を体系的に教え、受験にも対応できる専門学校の需要が高まった。

私塾から私学へという流れは、法律学だけではない。政治学や経済学など専門的な学問を教授する高等教育の需要に対して、幕末・明治初期に存在した漢学・国学塾はもちろん、洋学塾でさえほとんど対応することができず、次々と閉鎖されていった（真辺：10）。私塾から近代学校へと成長発展を遂げた例外としては慶應義塾があるが、それでも「カリスマ福沢諭吉を中心に集まり、社を結んだ卒業生たちの献身的な努力によって、はじめて可能だったのである」（天野 2009：73）。

専門的な法律知識を教授できる日本人も生まれつつあった。政府派遣留学生、および司法省法学校と東京大学法学部の卒業生である。数は多くなくても、その希少な国家エリートの使命感が、彼らを学校設立と法曹養成に向かわせたのである。

幕府や藩の派遣ではなく、文部省派遣留学生となった最初は「貢進生」である。

貢進生制度は全国から秀才を集めて学問修行をさせ、近代国家建設のための人材を育成するという一大プロジェクトで、一八七〇（明治三）年の一回のみ実施された（唐沢1974）。全国二五九の藩から一六歳から二〇歳までの青年三一〇名が派遣され、大学南校（東京大学の前身）で寄宿生活を送りながら朝から晩まで猛烈な学問合宿に励んだ（清水2013：75f）。数え年一五歳（満一四歳）の鳩山和夫（56）を筆頭に、小村寿太郎（55）、穂積陳重（56）、杉浦重剛（55）などが最年少で藩の代表に選ばれた。

「それまでの武家社会のなかでは決して地位の高くなかった彼らにとって、新しい学問を学ぶことは身を立て国を立てることと直接に結びついていた。将来を思い描く彼らにとっての憧れは大隈重信であった。維新官僚として自らの能力で地位を得た彼の人気は高く、小村などは寄宿舎の卓上に「友人小村寿太郎君に呈す、大隈重信」と書かれた大隈の写真を掲げ、周囲の羨望を浴びていた。もちろん、その文字は小村が書いたものであったのだが。」（同：78）

半数近くが退学したという学問合宿を生き残った者たちが、結果として、純粋に能力で選抜されたメリトクラシー第一世代ということになる。その彼らから見て、維新官僚のなかでも別格だったのが、当時三〇歳代半ばの大隈重信（38）である。そして、官界のエース大隈と在野のカリスマ福沢諭吉（35）が意気投合して親交を深めていくのも、ちょうど貢進生が学問合宿に励んでいる頃だった。明治一四年政変の遠因はすでにここから始まっていた。

一八七一（明治四）年には廃藩置県により藩が消滅、貢進生たちは藩から切り離され、文部省所管の学生となり、優秀な者のみに絞られた。さらにふるいにかけられ、成績上位者から文部省派遣留学生が選ばれた。彼らこそ選り抜き中の選り抜き（best and brightest）である。第一回は一八七五（明治八）年でアメリカ、このなかには鳩山と小村がいる。第二回は七六（明治九）年でイギリス、穂積と杉浦はこのなかにいる（穂積はドイツにも留学）。

そして、五年間の留学を終えて、欧米の新知識を身につけた留学生たちが帰国してくるのが、ちょうど一八八〇（明治一三）年から翌年にかけてだった（同：92）。鳩山と穂積は帰国後すぐに東京大学法学部の講師となった。

当時は、司法省法学校を中心とするフランス法系と、東京大学法学部を中心とする英米法系の二つの系統があり、この頃はまだ前者が優勢だった。日本の近代法の立案作業がフランス法をモデルに進められ、また卒業者数も相対的に多かったからである（東大が最初の卒業生を出す前に司法省法学校一期生が卒業していた）。

フランス法系の私学としては明治法律学校や東京法学校がある。これらは司法省法学校卒業生やフランス留学帰国者によって設立され、多数の学生を集めた。

英米法系としては、専修学校と英吉利法律学校がある。専修学校は他の私学にさきがけて、アメリカ留学の帰国者らによって設立されたが（鳩山和夫も留学中に設立構想に加わっていた）、法学よりも経済学を主体に発展した。それに対して英吉利法律学校は、東京大学法学部卒業者によって設立、中心となったのは穂積陳重らイギリス留学経験のある法学部教授たちだった。「司法省系のフランス法中心の法律学校隆盛のかげで不振をかこってきた、東京大学法学部における英米法系の関係者は、ようやく誕生したこの「正統の嫡子」に全面的な支援を惜しまなかった」（天野 2009：76）という。

二つの系統に対してドイツ法系も後から加わる。一八八一（明治一四）年九月に政府関係者が中心になって獨逸《ドイツ》学協会を設立、政府からの財政支援を受けて、八三年に獨逸学協会学校、八五年に同校専修科（現・獨協大学）を開設した。建て前は私学であるが、すぐ後で述べる明治一四年政変の前後からのドイツ・シフトを反映した国策学校である。

私立法律学校の学生のなかには、法曹を目指して国家試験の準備をする「法律青年」ばかりではなく、新聞や教育、政治や行政、実業などさまざまな分野で活躍するための「教養」として法律学を学ぶ者も多く含まれていた（天野 2005：122）。

これからの時代は法の下で誰もが平等であり、国家社会はすべて法律に基づいて運営されていく。また外国の法律を学ぶことを通じて、さまざまな国の制度や文化を知り、ひいては近代社会の標準的な仕組や考え方を身につけることができる。だから法律の知識は、これから社会に出ようとする青年にとって、汎用性《はんようせい》の高い（潰しが効く）資源であり武器だったのだ。こうして私立法律学校は、西洋文明や立身出世への漠然とした憧れを抱いて上京してくる地方青年たちの格好の受け皿となった。

ただし、こうした私立学校はたいてい財政基盤がぜい弱で、官立学校の教授や司法省の役人、裁判官などが本業の傍《かたわ》ら兼任するアルバイト（もしくはボランティア）の講師に頼っていた。授業料は安く、夜間や早朝の授業が多かったので、働きながら「苦学」する学生も多かった。学生から毎月適正な授業料を徴収して専任の教員集団を維持しようとしたのは、当初は慶應義塾と東京専門学校だけだった。両校とも早くから、官立学校に伍《ご》して、専門的な学問を教授する「大学」を目指していたからである（天野2009：84f）。

### 明治一四年政変とネットワークの再編

さらに「政治の季節」は新しい段階を迎えて、法律系の私立学校は「政治青年」の受け皿にもなった。

「「明治一四年政変」に象徴される国家体制の選択をめぐる政府部内の対立・抗争ともかかわって、自由民権運動が高揚期を迎えるなか、権利や自由の重要性を説くこれらフランス法系の学校は、多数の「政治青年」をひきつけることになり、法学教育が同時に政治教育の役割を担うことになったからである。」（天野2009：77）

すなわち、一八八一（明治一四）年一〇月の政変は、国会開設を目標にしてきた自由民権運動にとって大きな転換点となった。政変のきっかけとなったのは、立憲政体に関する大隈重信の意見書である。憲法制定から国会議員選挙、政党内閣確立までをたった二年で実現するという内容で、参議のなかで最も急進的であり、政府内の藩閥勢力を慌てさせた。問題は意見書の内容だけではない。

「この当時、政治的経歴及び実力から言えば、大隈が伊藤を遥かに凌いでおり、また官僚にも大隈派が次第に形成されていた頃であるから、このまま推移すれば大隈の天下となり、従って憲法制定の主導権も大隈の手に帰し、いずれイギリス型の憲法が導入されることも十分に予見できた。」（島：23）

「伊藤は大隈意見書の内容が福沢が公表していた国会論と似ていたことや、大隈が福沢門下であった矢野らを抜擢して昇進させていたことから、大隈と福沢の「陰謀」という幻想を見たのだろう。」（伊藤：280）

「大隈の周辺には福沢諭吉に連なる新進官僚や知識人があり、彼らが議院内閣制の導入による政権交代を企図していたことから、既存の藩閥政治家たちに、大隈が福沢と組んで政権を独占するのではないかとの警戒心を抱かせた。」（清水 2013：139）

すなわち、その背後に見え隠れする「カリスマ福沢諭吉」の存在であり、大隈が福沢と通じて立憲政体に関する論議の主導権を握ろうとしているとの疑心暗鬼を増幅させた。そして、開拓使官有物払下げ問題により、参議のなかでの大隈への不信感は決定的となった。

こうしてプロイセン流の立憲君主制を推す井上毅《こわし》が、伊藤博文と岩倉具視を説得して大隈包囲網を敷き、多数派を形成、御前会議で大隈参議解職を決定した。大久保利通亡き後、最有力参議として政府の中枢を担ってきた大隈重信が「追放」同然で下野することになった。そして同時に、一〇年後を期した国会開設の勅諭が下ったのである。

それを受けて、同年に板垣退助らが自由党を、翌年には大隈重信らが立憲改進党を設立、来るべき国会開設に向けた準備が本格的に始まった。それまでバラバラだった人やグループが一気につながり出し、政党や新聞を拠点として政治的ネットワークが再編されていく。同時にまた、自由民権運動のなかでも国家観や方法論をめぐる違いが明確になってきた。

こうしたネットワーク再編の台風の目となったのが、政変で大隈とともに政府を追放された福沢＝大隈系の少壮官僚たちである。三〇歳までの若手では、矢野文雄（51）（統計院幹事兼太政官大書記官）、牛場卓蔵（51）（統計院少書記官）、小野梓（52）（会計検査院一等検査官）、島田三郎（52）（文部省権大書記官）、中上川《なかみがわ》彦次郎（54）（外務省権大書記官）、犬養毅（55）（統計院権少書記官）、尾崎行雄（58）（同上）らがいる。

このなかで、大隈が福沢に依頼して優秀な門下生を推薦してもらって採用したのは、矢野文雄が最初である。矢野は一八七八（明治一一）年に大蔵卿だった大隈の部下として大蔵省少書記官となり、一八八一（明治一四）年五月に大隈の建議で創設された太政官統計院（後の内閣統計局）に異動すると、大隈の指示で福沢門下生の牛場、犬養、尾崎をスカウトした。わずか半年ではあったが、これが「憲政の神様」たちの官僚時代である。

その福沢＝大隈系の官僚たちが民間に放出されたことで、例えば『郵便報知新聞』の性格は政変前後で大きく変わった。前章でも触れたように一八七七（明治一〇）年の西南戦争のとき慶應在学中の犬養毅が従軍記者を担当するなど、同紙は福沢系の新聞として知られていた。その後、一八七九（明治一二）年には司法省法学校を放校処分となった原敬（56）が入社して、論説では「情と理を重視した官民調和論、急進的な民権論者を批判する漸進論」を展開するなど、原も漸進主義的な福沢系ジャーナリストとして活躍した（清水 2021：25）。

けれども、明治一四年政変の後に、矢野、犬養、尾崎ら免職組がなだれ込んで来てから、『郵便報知新聞』は大隈系が濃厚になり、原は居場所を失ってしまった。

「五歳年長の矢野、一歳上の犬養、三歳下の尾崎と、明治政府の改革派エリートとして鳴らした著名人が健筆を振るえば、原の居場所は狭まる。（略）矢野による会社買収を機に原は出社しなくなり、翌一八八二年一月二六日、同紙上で退社を宣言した。」（同：30）

原敬が退社して三か月後、一八八二（明治一五）年四月に立憲改進党が設立されると、『郵便報知新聞』は同党の事実上の機関紙になった。それに対して福沢系は、政党の動きとは距離を置き、改進党設立の直前に、免職組官僚のひとりで福沢の甥にあたる中上川彦次郎を社長兼主筆として『時事新報』を創刊した。

報知社を退社した原は、しかし福沢系の動きに追随することはなかった。外務卿・井上馨から声をかけられたのを機に、立憲帝政党、獨逸学協会、『大東日報』といった政府系のネットワークに関与する。東京専門学校が開校する一八八二（明治一五）年一〇月には、外務省に入省（司法省法学校中退でフランス語をかじった経歴が買われた）、以後官界で実力と人脈を身につけていく。その後、政友会総裁となった原が、第一回総選挙から連続当選を重ね議会政治のレジェンドとなる犬養と尾崎にとって、最強のライバルとして立ちはだかることになる。

中央だけではない。地方においても「政治の季節」は新しい段階を迎えていた。

一八七八（明治一一）年に郡区町村編制法、地方税規則、府県会規則の「地方三新法」が制定された。府県が徴収・支出する「地方税」について、予算を審議する権限が府県会に与えられた。府県会は、身分制社会解体後の地方統治を進めるために、「府県の住民全体に共通の利害を議論する場」として創出された「新しい政治の領域」だった（松沢：140f）。

一八七九（明治一二）年には府県会議員選挙がおこなわれ、国会に先立って府県会がスタートした。納税額に応じた制限選挙とはいえ、自分たちの代表を選挙で選んで府県会に送り、府県会での議論が逐一新聞で報道されるようになっていた。自分たちが納めた地方税の使途をめぐって、自分たちの代表が議論する。何が問題でどう解決すべきなのか、考えるための素材が新聞を通して提供される。地方の課題が可視化され、当事者意識をもって政治に関わる、という新しい経験が蓄積されていく。

前章で述べた中信地域の開明的な名望家ネットワークからも、市川量造（44）や上條四郎五郎が第一期の県会議員に選出された（上條は副議長）。そして『松本新聞』は松沢求策（55）を特派員として派遣、県会の取材に当らせた。『郵便報知新聞』記者だった原敬（56）も、一八八一（明治一四）年五月から一〇月にかけて――政変直前まで――東北・北海道を行脚して地方の状況をつぶさに観察し、記事として新聞連載している（清水 2021：26）。松沢と原はともに草創期の地方政治を新聞人として観察した最初の世代である。

その一方で、明治一四年政変のあと大蔵卿に任命された松方正義による緊縮財政（松方デフレ）は大不況をもたらし、困窮した農民による「激化事件」が全国各地で起こった。信州でも一八八四（明治一七）年、自由党員の武装蜂起による政府転覆計画が発覚した（飯田事件）。

きっかけは不況と困窮だったとしても、「激化」の背景として松沢裕作は、府県会や国会といった「新しい舞台」に乗れる人と乗れない人の分断に着目している。政治的ネットワークの再編は、地方レベルでも起こっていた。

> 「政府が新しい舞台を着々とつくり上げているとき、そうした民権家の運動についていったのは、できあがりつつある社会の枠組みからこぼれ落ちつつある人びとであった。新しい舞台に乗ることができそうな地方の有力者たちは運動から離れていった。運動の資金源は当然涸渇《こかつ》する。そして、民権家とそうした周縁的な人びとの共鳴は、成功の見込みのない、いくつかの武装蜂起事件を引きおこし、自由民権運動は終わりを迎える。」（松沢：205f）

西南戦争で西郷らの士族反乱が鎮圧され、激化事件で過激な民権家たちが弾圧された。このなかで「新しい舞台」は整えられ、それに乗れる人たちが登場してくるのである。

### 「東大離れ」の衝撃

東京専門学校も、他の私立法律学校とほぼ同じ時期に設立されたが、大隈重信と立憲改進党の影響下にある「大隈の私学校」として、政府からは特別に警戒された。

「市井では便宜に多く「大隈さんの学校」と呼ばれたのは、先の筆頭参議として権勢並ぶ者なく、婦女幼童もその名を心得ているほど高名の設立者だったからである。しかし彼を敵視する藩閥政府は「大隈の私学校」と目した。ほのかに西郷隆盛が郷土に開いた私学校の連想と暗示を世間に拡め、これが謀反人の養成所のような警戒と恐怖を流布しようとする陰謀が含められている。」(『早稲田大学百年史』一巻：7)

大隈が下野した明治一四年政変が、西郷隆盛が下野した明治六年政変の「反復」とみなされている。西郷は薩摩出身の軍人や官僚とともに地元鹿児島に引き上げ、「私学校」を拠点に士族青年たちの軍事訓練と指導統制をおこない、それが結果として西南戦争につながった。同じように、大隈が彼を慕う少壮官僚や知識人たちの支援を受けて早稲田の地に設立した学校が、将来の政府転覆の拠点になるのではないか……と。

大隈は西郷と同じく庶民からも人気があっただけに、「警戒と恐怖」の流布は政府の陰謀というだけでなく、半分は本心だったのではないか。また政府だけでなく、民権派としては先輩格にあたる自由党からも疑惑の目で見られていた。福井淳《あつし》によれば、自由党の機関紙『自由新聞』一八八二（明治一五）年一〇月二〇日の記事においても「予《かね》て大隈重信氏の発意にて府下で早稲田村なる同氏が所有地内に設立さるゝとの噂ありし彼の私学校」が開校式をおこなうと報じていた（福井：44）。

また「警戒と恐怖」は、政府に対する批判勢力としてだけではない。政治的な結社や集会のレベルでなら集会条例（一八八〇年）によって上からの統制が可能である。本当の「警戒と恐怖」はむしろ人材の官離れにある。いままでなら官立学校を経由して政府が吸い上げていた優秀な人材が、私立学校を経由して民党に吸収されようとしている。改進党と東京専門学校の登場がその傾向を加速させた。意識の高い優秀な青年を惹きつける存在感を放っていた点でも、大隈重信は西郷隆盛と重ね合わされた。そこが、従来の自由民権運動の延長上にあった板垣退助（37）らの自由党との違いでもある。

言論＝新聞は矢野文雄（51）を中心に掌握したのに対して、人材＝政党と学校の設立の中心になったのは小野梓（52）である。小野は慶應出身ではないが、官僚時代に大隈の知遇を得て、一八八〇（明治一三）年三月に大隈の建議で創設された会計検査院に検査官として異動していた。矢野文雄と小野梓は三〇歳になろうという少壮官僚であったが、ともに大隈重信のブレーンとして信頼が厚く、政変のきっかけとなった立憲政体に関する大隈意見書の作成に関わったとされる（伊藤：278f）。

小野梓は、一八八一（明治一四）年二月に統計院の同僚を介して東京大学文学部三年生の高田早苗《さなえ》（60）と知り合い、高田を介して東大生のオルグに取り掛かった。

法学部の岡山兼吉《けんきち》（54）・山田喜之助（59）・砂川雄峻《すながわかつたか》（60）、文学部の市島謙吉（60）・山田一郎（60）・天野為之《ためゆき》（61）を入れて七人の東大同期生が毎週小野邸に集まって、知識の交換のための会合を開くようになり、同年秋の政変を機に、政治的な同志集団「鷗渡《おうと》会《かい》」となる。鷗渡会は、慶應義塾出身者からなる東洋義政会（三田派）や、嚶鳴社《おうめいしゃ》・修進社といった言論人や元官僚らのグループとともに、立憲改進党と東京専門学校の創設の際には中心的な役割を果たした。

鷗渡会に集まった学生たちは、一八八二（明治一五）年九月に東京大学を卒業すると、同年一〇月開校の東京専門学校に講師として参加した。鷗渡会の七人のうち政治家志望だった市島謙吉だけは卒業を待たずに退学、開校時には教壇に立っていない。彼らは立憲改進党にも入った。

東京大学の学生数がまだ少ない時代である。法学部八人中三人、文学部四人中三人、つまり虎の子の卒業生一二人のうち半数が「大隈の民党」と「大隈の私学校」に参画したのだから、東京大学と政府が受けた衝撃は大きかった。高田早苗は次のように回想している。

「東京大学では、吾々の連中が揃《そろい》も揃《そろう》て私立学校に従事し、多少政治にも関係する事を痛く心配されて、文部省あたりからは、私共に対して文部の官吏に為《なり》ては何《ど》ふかなどの話もあり、死なれた外山正一君あたりも切に勧めて呉れて、俸給なども其の当時にしては先づ優遇の方であつたが、此の方を断て東京専門学校へ従事することにした。」（山本編：295）

「然るに此の卒業式の際、我々が多年教を受けたフェノロサ先生は教師総代として立ち、私及び五六の同志の人々が、卒業後官吏になる事を謝絶して政治に関係する意志ある事を暗に攻撃して、私共に対する警告と言はうか、或ひは非難ともいふべき趣意の演説を試みたのである。」（高田：64）

一年前に学部長職が置かれ、初代文学部長になっていた外山正一《とやままさかず》（48）もなんとか彼らの私学行きを引き留めようと画策した。学部長としての責任感か、それとも東京大学で日本人初の教授となった使命感だったのか。社会進化論者ハーバート・スペンサーの輪読に熱心だったというから、卒業生の自由な選択の帰結を案じていたのか。

文部省から提示された俸給は五〇円、「当時としては頗る優遇」（高田：87）だった。高田らが勧められたのは、おそらく高等官の最下級、明治一五年の奏任官《そうにんかん》七等相当は、文部省の権少書記官であろう。

月五〇円（年俸六〇〇円）は、一八八六（明治一九）年の俸給表だと奏任官六等の「上」に相当する。当時、大学卒業生は判任官任用で月二〇円程度、大銀行の初任給が月三五円程度だったというから（清水2013：174）、それと比べるなら五〇円は確かに「頗る優遇」である。そうまでして、引き留めたかったということだ。

そして、それを蹴って着任した東京専門学校の待遇は、高田早苗と天野為之は専任講師として三〇円、代言人や新聞記者と兼務する者は一五円（山本編：295）だった。

ただ、高田らの一つ上の学年で東京大学法学部を首席で卒業した加藤高明（60）も、官僚ではなく実業の道（三菱）を選んでいる。貢進生から草創期の東京大学まで、当時の最高学府はあくまでも「新知識を身につけるアカデミア」であり、それをどう活かすかは本人の関心に委ねられ、その先の進路は学者から法曹、実業まで多様だった（清水2013：162）。

多様といえば聞こえがいいが、言い換えれば、官僚は必ずしも魅力的な進路というわけではなかった。なぜか。当時は、身分や門閥など「属性本位」で地位が決まる封建社会が解体され、学歴や試験など「業績本位」で地位が決まる近代社会に移行する途上にあった。官僚任用制度もいまだ整備されていない。そうすると、信頼できる人物からの推薦による「人物本位」でいくしかない。例えば本章で登場した犬養毅（55）、尾崎行雄（58）、原敬（56）、加藤高明（60）など大正政治の黄金世代（golden generation）は、まさに「人物本位」で頭角を現してきたわけで、必ずしも悪い面ばかりではない。

ただし、情実人事・縁故採用を続けていくと、全体としては弊害のほうが大きくなってくる。例えば、鹿児島や山口など藩閥出身者ばかりが幅を利かせることになれば、非藩閥出身者は肩身が狭い（同上）。非藩閥でも大隈＝福沢系のような大物の口利きを多用すれば、やはり派閥が生まれやすい。

何より、そうした縁故がない者は、そもそもそこにアクセスができない。東京大学にあっても、とくに高田らのような政治学科の学生においては「学者の道は狭く、官僚となるには縁故がなく、進路に行き悩む」者が多かったという（同：174）。

後で述べるように、帝国大学は、情実を排して能力と専門性にもとづく「業績本位」の官僚任用制度とセットで、ようやく官僚養成機関として完成する。

## 私学対策から帝国大学へ

とはいえ、進路が多様な当時であっても、卒業生が私学や民党など「官」に対抗するセクターに積極的に関与するとなれば話は別である。

前章で紹介した斎藤和太郎（政治経済学科）や多羅尾浩三郎（法律学科）のように、東京大学予備門を退学して東京専門学校に入り直す者も出てきた。政治青年だけでなく、法律青年の「東大離れ」も進みそうだった。

東京専門学校が設立された翌年、一八八三（明治一六）年になると、政府と東京大学は「東大離れ」「人材の官離れ」を阻止するべく、なりふり構わぬ私学対策を次々と講じ始めた。

まず、二月に判事・検事や東京大学教授の私立法律学校への出講を禁じた（『早稲田大学百年史』一巻：

508)。これは非常勤講師頼みの他の私立学校にとってはもちろん、通常の講義以外にも、学外から名士を呼んで講義や演説をしてもらおうとしていた東京専門学校にも痛手となった。

「殊に時の政府の眼などより此東京専門学校に関係するものは、恰《あたか》も爆裂弾でも所持するものの如く心得て、あらゆる政府の縁辺の学者に対するものに、東京専門学校に足を向けることを避けしめた故に、吾々が科外講義を請《こ》はうと思ひ校外諸名士の演説を請はうと思ひまして種々の学者及名士を訪問致しましても、東京専門学校であると云ふことを聞くと、決して演説にも科外講義にも来なかつた。」（黒川：49）

東京大学法学部も危機感を抱き、同年七月、「法学部内ニ別課ヲ設ケテ、便宜ノ学科ヲ教授」すなわち、日本語で教授するコースを開設した。同年五月に文部卿に提出された法学部教授らの建議書からは、早く手を打たねば「法律青年」がみな私学に奪われてしまう……という焦《あせ》りがうかがえる。

「本邦ニ在《あり》テ、今日未タ、標準尺度ヲ統理スルノ一黌所ナク、私学ハ益《ますます》増加シテ、〔東京大学〕法学部ノ景況、漸ク萎靡《いび》ニ向フノ色ナキニアラス。抑《そもそも》方今《ほうこん》、東京府下ニ東京専門学校アリ、専修学校アリ、明治法律学校アリ。其他、法律講授ノ私学甚タ多キ、未タ諸外国ニ其比類ヲ見サル所トス。而テ此等ノ諸私学ハ、概《おおむ》ネ皆ナ資本乏シク、規模少ニシテ、到底天下ノ望ヲ充タスニ足ラスト雖モ、今ニシテ之ヲ措テ顧ミサルトキハ、本邦ノ法学部ハ終ニ、英国法学部ノ覆轍《フクテツ》ニ陥リ、日ヲ追テ、萎靡衰頽ニ至ランヤ必セリ」（『東京帝国大学五十年史』上冊：599）

東京大学法学部が心配する英国法学部の覆轍（先人の失敗）とは、イギリスの伝統大学が「高尚ノ学科」ばかりを教授して社会の需要を満たすことができなかったために、私学の法学院（法曹院Inns of Court）の隆盛を招いたというものである。

さらに政府は、同年一二月の徴兵令改正で、徴兵猶予を官公立学校にのみ認め、私立学校をその特典から排除した。この措置は学生の「私立学校離れ」を促し、慶應義塾は五八八名中一〇〇名、東京専門学校は三〇〇名中六〇名が退学したという（真辺：136）。学生募集が経営の命綱である私立学校にとっては大打撃となった。

これは私立学校を国家統制の下に置くための伏線となる。

結局、東京大学法学部の別課は一八八五（明治一八）年には募集を停止、二回の卒業生を出して終了した。同年、東大関係者が中心となって英吉利法律学校が創設され、私学のなかに英米法系の拠点を確保し、さらに翌八六年には、すぐ後で述べるように私立学校に対する国家統制の仕組みができる見込みが立ったからであろう。逆にいえば、一八八三（明治一六）年の一連の出来事は、高等教育政策の先行きが見通せないなかでの、泥縄式の私学対策だったことがわかる。

一八八六（明治一九）年に誕生した帝国大学は、私立学校を国家統制の下に置き、優秀な人材を「官」に囲い込むためのシステム設計の要として位置づけられた。

まず、帝国大学令の半年後に出された「私立法律学校特別監督条規」において、五つの私立法律学校（専修学校・明治法律学校・東京専門学校・東京法学校・英吉利法律学校）を帝国大学総長の監督下に置いて、卒業した優等生に特別試験を課して司法官僚に任用することを試みた（天野2009：150f）。

これは一八八七（明治二〇）年の「文官試験試補及見習規則」と翌八八年の「特別認可学校規則」へと受け継がれた。これにより、行政官僚の任用が、初めて教育資格と試験に紐づけられた。まず帝国大学法科・文科の卒業生は無試験で奏任官試補になれた。一定期間の試補（「高等官ノ実務ヲ練習スル者」）を経てから奏任官となった。ついで、先の五校に獨逸学協会学校と東京仏学校を加えた七校が特別認可学校となり、高等試験（奏任官）の受験資格と普通試験（判任官）の無試験特典が認められた。認可学校を卒業生すれば、一定期間の見習（「判任官ノ事務ヲ練習スル者」）ののち判任官になることができ、さらに試験によって上（奏任官）を目指す道が開かれたのである。

さらに一八八九（明治二二）年一月の徴兵令改正により、特別認可学校に徴兵猶予の特典が上乗せされた（認可とは別に文部大臣の許可が必要）。私立学校において徴兵猶予の有無が、法曹や官界を目指す法律青年だけでなく、政治青年や教養青年も含む学生募集全体を左右することはこの五年間で思い知らされてきた。

ただし、こうした特典にあずかるための認可規則として、入学資格（尋常中学校卒業と同程度）や修業年限（三年以上）、教育課程（指定の専門科目のうち七科目以上を学修）など、先の監督条規を上回る厳しい基準が設定された（天野 2009：153）。こうした特典（アメ）と統制（ムチ）による政策は、法律・政治・経済系の私立学校を国家・帝国大学の監督下に置いて、「補助的な官僚養成機関化」しようとするものだったといえる（同：105）。

ところで、官僚任用のルールを明確化したことは、何よりも帝国大学の学生にとって大きな意味をもった。しばしば無試験任用という「特権」の側面が注目されがちであるが、そうではない。情実を排し、能力と専門性によって任用する。それにより、非藩閥出身者にも、縁故のない者にも、官僚になる道が開かれたのである。清水唯一郎《ゆいいちろう》がいうようにそれは「行政を通じた政治参加の拡大」を意味する（清水 2013：166）。

こうして誕生した「学士官僚」（同：175）は、それ以前の官僚とは一線を画する。出身地や推薦者（私益）のしがらみから独立して、己の能力と専門性を武器に、国家国民（公益）のために働く、近代的な官僚の創出といってもよいだろう。

この試補制度によって官僚に任用された帝大卒業生として、一八八七（明治二〇）年卒の一木喜徳郎《いちききとくろう》（67）や、九〇（明治二三）年卒の床次竹二郎（67）、九二（明治二五）年卒の若槻礼次郎（66）、水野錬太郎（68）などがいる（同：175f）。

さらに一八九三（明治二六）年の「文官任用令」と「文官高等試験」（通称「高文」）により、無試験での試補採用という特権が廃止され、帝国大学卒業生もみな文官高等試験を受験しなければならなくなった（ただし予備試験は免除）。つまり己の能力と専門性を、教育資格からも切り離された試験によって証明しなければならない。試補制度によって誕生した「学士官僚」は、試験制度によって完成したといえる。二〇年前の貢進生に続いて、純粋に能力で選抜されたメリトクラシー第二世代である。

帝国大学で高文に合格して官僚になった最初の学年は、一八九五（明治二八）年の卒業生である（前年度の卒業生は特権廃止に抗議して受験をボイコットした）。試験任用の第一期生は、帝大の卒業年次から

「二八会」と呼ばれる。以下に清水唯一朗による紹介を、生年と官僚としての到達ポストの情報を補いながら、引用する。

「彼らの多くは官僚として累進したのちに憲政会、立憲民政党系として政官界に地歩を築いた。同党総裁・首相となった浜口〔雄幸（70）・大蔵次官〕を筆頭に、幣原〔喜重郎（72）・駐米大使〕は協調外交の主唱者として憲政会・民政党内閣で外相を務め、下岡〔忠治《ちゅうじ》（70）・内務次官・朝鮮総督府政務総監〕と俵〔孫一（69）・拓殖事務局長・商工相〕は官界から転じて憲政会所属の衆議院議員・党幹部として活躍した。貴族院では伊沢〔多喜男（69）・警視総監〕、西久保〔弘道（63）・警視総監〕らが民政党系の会派である同成会を結成して同党を支援した。例外としては政友会から衆議院議員になった小田切〔磐太郎《いわたろう》（69）・沖縄県知事〕と、大正後期から政友会に接近した勝田《しょうだ》〔主計《かずえ》（69）・大蔵次官・蔵相〕が挙げられる程度である。会員の大半は民政党系として振る舞うか、親和的であった。」（同：203）

補足しながら長く引用したのは、彼らの綺羅星《きらほし》のごときキャリアを強調したいからではない。ここでは第一に、先の試補任用組とあわせて、彼ら学士官僚の第一世代が、官僚出身政治家を多く輩出し、昭和政治の黄金世代になっていること。第二に、とくに試験任用組から、降旗元太郎の未来の同志やライバルとなる者たち（憲政会・民政党系）が多く輩出していること。第三に、彼らが元太郎（64）のすぐ下の世代、中村太八郎（68）や木下尚江（69）と同世代であることを確認しておきたい。

## 2 「日本語による政治学教育」の誕生

### 洋学時代の最優秀学年「明治九年入学組」の問題意識

東京専門学校の最大の売りを一言でいえば、「日本語で政治学を学べる」という点にある。前章で紹介したように、降旗元太郎の同期の広井一が、入学したばかりの慶應義塾を辞めて転学してきた最大の理由がこれだった。実践志向が強かった広井にとって外書講読中心の従来の教育はもどかしく感じたのである。

「日本語で政治学を学べる」ということには、二つの論点が含まれている。ひとつは、学問の教授言語を日本語とすること、もうひとつは、学問としての政治学を体系的に教授することである。それぞれ順番に見ていこう。

日本語で学問を教授することの意義を、「学問の独立」とからめて最初に明確に打ち出したのは、一八八二（明治一五）年一〇月の開校式にて「建学の祖」小野梓（52）がおこなった演説である（「祝東京専門学校之開校」）。早稲田大学において、これは建学の精神の根拠となる最重要テキストのひとつに位置づけられる。

学問の独立には、外国の学問からの独立と、政治権力からの独立、という二つの意味が込められている（真辺：12f）。東京大学が政府主導で外国人教授を中心に運営されていた当時、まさに外国の学問と政治権力の両方に従属していたのである。

そして小野の演説は、学問の独立を実現するための具体的方策として、学者の身分を保障し、教授言語を日本語とすることを訴えた。高田早苗によれば、前者（身分保障）は大隈重信の案であり、後者（邦語教授）は高田が小野に申し出たものだという。その着想は自分たちが受けてきた高等教育の経験に基づくものであった。

「其時分の東京大学即ち私の母校では、日本人の教師までも教場で英語を使ひ、教科書は固《もと》より英書を用ひて居たのであるが、今度早稲田で学校を開くとなれば、翻訳的であつても構はないから、日本語で講義して学生に筆記させ、それが経つたらば訂正して教科書を作り、何処までも日本語でやつてのけたい。然《そ》うすれば学問する時間も大いに短縮されるし、又日本人としてはそれが当然のやり方であつて、日本人が英語で講義をし、英語で学問するといふのは面白からぬ事である。但し英語は語学として之を学生に学ばしめるのは別問題である、と私が提議したのを、小野さんが容れられて、それを学問の独立といふ意味の中に加へて開校式に演説されたのであつた。」（高田：106f）

もちろん、当時の私立学校の多くは日本語による簡易速成教育を謳《うた》っていたが、それは法律系や医学系の専門学校のように国家試験の受験準備を効率的におこなうためである。それに対して、東京専門学校が打ち出した「日本語による教育」は学問の独立のためである。

ここで、「日本語による教育」がなぜ学問の独立のために必要なのか、高田の回想には「時間短縮」と「日本人として当然」ということしか書いておらず、その切実さが伝わりにくいかもしれない。

「学問の自由・大学の自治」のように自由や自治が問題になりうるのは、政治権力からの独立が一定程度実現してからの話である。東京大学が、文部省という役所の一部局であるかぎり、そこから自由や自治という発想が出てくるはずがない。

それと同じように、「外国の学説を無批判に受容する」「外国の理論を機械的に適用する」といった輸入学問の弊害が問題になりうるのも、外国の学問と対峙《たいじ》しうる程度には、自国の学問の独立が一定程度実現してからの話である。

高田たち鷗渡会メンバーの学年は、一八七六（明治九）年に東京開成学校（東京大学の前身）に入学した。外国の学問からの独立（脱・洋学校）、という問題意識を切実にもったのが「明治九年入学組」だったというのは、偶然ではない。彼らは、語学の能力をもとに全国の英語学校から選抜され集められたユニークな学年なのである。

この「明治九年入学組」が「特別に人材豊富」だった理由について、高島俊男は東京大学の前史を紐解きながら説明を試みている（高島：65f）。

東京大学の前史は、明治以降ほぼ毎年名称が変更されてきたが（開成学校→大学南校→南校→第一大学区第一番中学→開成学校→東京開成学校）、基本的に「洋語で西洋学問を学ぶ」洋学校の系譜である。そして、東京開成学校で学ぶための官立の英語学校を東京・大阪・長崎・仙台・新潟・名古屋・広島に七校設けた。そして、各校から選抜された資質抜群な――とりわけ英語の運用能力に長けた――生徒たちが東京開成学校の入学試験へと送り込まれ、見事合格したのが「明治九年入学組」なのである。

鷗渡会メンバーでいえば、東京英語学校からは高田早苗（60）と砂川雄峻（60）、大阪英語学校からは山田喜之助（59）、広島英語学校からは山田一郎（60）、新潟英語学校からは岡山兼吉（54）、その他（出身校不詳）から市島謙吉（60）が入学した。

鷗渡会メンバーではないが、同期には愛知英語学校から来た坪内雄蔵（59）（当時は勇蔵）、三宅雄二郎（60）（雪嶺）がいる。後で述べるように、坪内と三宅は途中落第したため東京大学の卒業は高田たちより一年遅れた。

東京開成学校の入学試験はすでに前年の一八八五（明治八）年から試みられたが、このときは全国の官立英語学校での第一次選抜はなかったので、受験者の学力のバラツキが大きく、合格者の多くは地元・東京英語学校の生徒ばかりになってしまった。東京英語学校出身の天野為之（61）はこの「明治八年入学組」なのだが途中落第したため東京大学進学時には高田たちと同じ学年になった。翌七七（明治一〇）年に東京開成学校が東京大学になるとき、東京英語学校を東京大学予備門として、それ以外の六校は廃止してしまった。

結果として、「明治九年入学組」は前後の学年とは選抜の仕組みや規模が異なる、唯一無二の学年となった。全国から能力による選抜で集めたという意味では、一八七〇（明治三）年の貢進生と似ており、試補制度以降の学士官僚との間にはさまれた、メリトクラシーの第一・五世代といってもよいだろう。「明治九年入学組」は東京大学を卒業するまで、学問が洋学、つまり「洋語で学ぶ西洋の学問」だった世代であり、洋学の学習能力の高さで全国から選抜された学年である。そして「脱洋学校化」への組織的な運動は、このなかから生まれてくるのである。

東京大学は、後で述べるように明治一四年政変前後からドイツ学へと転換するが、じつは高田たち鷗渡会の学年が卒業したあとに「日本語による教育」への転換も図っている。

「明治一五年には、法学部が卒業論文の作成に邦文または漢文の使用を認め、さらに明治一六年、教授用語を英語から日本語に切り替えることを決定するなど、教授・学習用語の点でもまさに「洋語」から「邦語」への移行が始まっていたが、それはこうした教員集団の「邦人」化によって初めて可能だったといってよい。」（天野 2009：52）

もともとそのつもりで文部省は外国に留学生を派遣して、帰国者を次々と東京大学の講師にしていたから、「日本語による教育」は既定路線だったとはいえ、この切り替えのタイミングには、やはり東京専門学校が「学問の独立」の下に「邦語による教授」を大々的に打ち出したことが影響しているのではないだろうか。

次に、政治学教育についてである。

当時、専門的な学問としての政治学を教授する高等教育機関といえば、東京大学しかなかった。ただし、東京大学の「英語による政治学」をそのまま翻訳すれば「日本語による政治学」になるわけではなかった。それはこの初期の東京大学の政治学教育がまだ模索段階にあったからでもある。

この時期の『東京大学法理文三学部一覧』（以下『一覧』）からその実態を見てみよう。

当時の東京大学では、政治学科は法学部ではなく文学部のなかにあった（明治一三年度は「第一　哲学

政治学及理財学科」、明治一四年度から「第二　政治学及理財学科」）。

文学部の高田早苗・天野為之・山田一郎の学年は、一八八〇（明治一三）年九月から三年生になった。政治学は三年・四年次の配当科目である。このとき政治学を担当していたのは、卒業式で高田らを非難したアーネスト・フェノロサ（53）である。今では日本美術の守護者として知られるが、一八七八（明治一一）年から東京大学文学部教授として哲学や理財学とともに政治学を英語で教えていた。『一覧』（明治一三・一四年版）に掲載された三年生配当の政治学の講義概要は次の通りである。

「第三年級ニ於テハ本科ノ初歩ヲ授クルヿ《コト》トシ先ツ世態学《ソシオロジイ》ノ誦読口授ヨリ始ム　即チ之ニ由リ生徒ヲシテ人生社会ハ一ノ活物ニシテ繁雑ノ組織ヨリ成リ随《したがい》テ其構造効用共ニ紛繁無量ナルカ故ニ之ヲ審《つまびら》カニセンニハ特ニ其本源ト進歩ノ状況ニ就キ深ク研究スルニ非サレバ輒《たやす》ク明瞭ニスルヲ得可カラサル旨ヲ知ラシム　之レニ次テ特ニ政理ハ必ス純精哲学ニ基クヘキ者タルヿヲ示スガ為メ其旨趣ニテ哲学ヲ口授シ以テ生徒ヲシテ今日諸家ノ論説ノ切ニ実際ニ適スル所以《ゆえん》ヲ知ラシメ然ル後始テ政理ノ核論ニ入リ倫理政理ノ諸説ニ研精シ漸ク其蘊奥《うんのう》ヲ究メシム」（101f）

大塚桂によれば、フェノロサの政治学講義では、政治学が社会学（世態学）の一分野に位置づけられ、スペンサーの社会進化論・自然淘汰説にもとづく自由放任主義が講じられたようである（大塚：12f）。同僚の外山正一もスペンサーに傾倒していたが、スペンサーからの影響という点ではフェノロサのほうが大きく、ハーヴァード大学在学中に「ハーバート・スペンサー・クラブの結成に尽力した」ほどだった（山下：2）。フェノロサは、高田らが二年次に履修した哲学でもスペンサーの学説にもとづく講義をおこなっていた。

「注意を要するのは、この自由放任主義思想なり自然淘汰説なりは、力のある者（＝明治政府）がそうでない者（＝徳川政府）を駆逐し、上位の立場にあるのを正当付けることもできれば、その逆にあらたに力をつけ台頭してきた者（＝民権派や不平士族）が、現行支配者（＝明治政府）を放擲《ほうてき》することをも暗喩してしまう点である。」（大塚：15）

急進的な国会開設論を展開する大隈意見書が提出されて、政府高官たちが大慌てするのがこの学年が終わろうとするタイミングだった。政変の直前、一八八一（明治一四）年九月から始まる次年度から、フェノロサは政治学担当から外され、代わりにフランス留学帰国者である司法省の官僚・栗塚省吾（53）が講師となり、政治学を担当することになった。ドイツから新たにお雇い外国人を招聘するまでの時間稼ぎである。またこの年度から、一年次から三年次までドイツ語が必修になった（高田らの下の学年から）。政変前から、着々とドイツ・シフトが敷かれていたことがわかる。

政府の方針に左右され、学問の独立のかけらもない大学の体たらくを、高田たちは目の当たりにした。

## 東京大学における「英語による政治学教育」の実態

『一覧』（明治一四・一五年版）に掲載された政治学の講義概要は次の通りである。高田・天野・山田が四年生のときだ。まず、前年度にはなかった前文が挿入された。

「政治学ハ論理ト実際ヲ調和スル社会学ノ一部ナレハ論理ニ偏セス又実際ニ僻セス能ク中庸ヲ講ス

ルヲ肝要トス　故ニ両年ニ授クル所ハ政理ヲ哲学ニ求メ諸大家ノ論説ヲ研究シ且一々之ヲ実際ニ証シ諸国ハ国憲政法ニ照シテ学ハシム」(97)

「ワン・ポイント・リリーフ」(大塚：16) として栗塚に期待されたのは、フェノロサの社会学的な政治学講義を否定することなく、実際の「諸国ノ国憲政法」を参照しながら論理を理解させる、というシフト・チェンジだったことがうかがえる。次いで、三年生配当の政治学の講義概要はどうなったか。前年度のものと見比べてほしい。

「政治学科ハ二年ニ渉リ第三年級ニ講スル所ハ先ツ法ノ総論即チ道徳ト法律ノ区別、天然法、人為法、成文律、不文律法力ノ藩囲《はんい》、私法公法ノ別等ヲ説キ公法ニ進入シテ憲法ト行政法ヲ学フ　憲法ニ於テハ国民ノ権利、国家ノ性質、政体ノ区別等ヲ学フ即チ国民同等ノ理《ことわり》、貴族平民、身体ノ自由、家宅不侵ノ理、所有権、書簡秘密、刊行自由、信向自由、宗教ト政府ノ関係、教育自由、強迫教育論、営業ノ自由、集会結社自由、請願権、官吏ノ責任、租税課賦ノ権等及国家ノ性質、政体ノ区別即チ国家大権ノ区別立法権議院組織行法権国君帝王大統領ノ設制、政府行政官、司法官ノ別ヲ論シ尚ホ諸大国ハ憲法史ヲ以テ第一年ノ業トス（略）

次年ニ及テ第四年級ニハ行政法ヲ講ス先《ま》ツ行政ノ区別ヲ説キ（略）次テ行政事務ヲ講ス即チ（略）之ニ加フルニ商業ニ関スル各国ノ法律比較学ヲ以テス」(97f)

そしてこの年度の第三学期（明治一五年四〜六月）から、政治学担当は着任したばかりのドイツ人教授カール・ラートゲン(55)へとバトンタッチした。高田ら四年生が受講した政治学は、三年次にフェノロサから学んだ社会学的で自由主義的な政治学とは似て非なる、行政法や行政事務の講義だったのである。

そして、このラートゲンを、政治学科四年生にいた高田早苗・天野為之・山田一郎がどう迎えたか。山田の回想から見ておこう。

「先生独乙人で、英語を以て教へるのですから、弁は兎角《とにかく》廻はり悪い、それは勿論飽迄《あくまで》承知です、処《ところ》がアドミニストレーション即ち行政法其物の講義が、誠に浅薄なもので、蠟を嚙むが如く、砂を嚙むが如く、加ふるに是迄稀有《けう》なりし口述筆記の方法で、三枚か五枚の物を傲然《ごうぜん》として講義し、之を筆記せしむると云ふ其遣方《やりかた》も第一癪《しゃく》にさはります、然し是は英文に翻訳したアドミニストレーシヨンが困難なのかも知れぬと、初学の私共は遠慮して、其事も深くは問ひませんが、如何にも其口述の内容が、浅薄なるのには驚く許りです、私共は止《やむ》を得ず、教師排斥の運動を初めまして、幾度も事務室へ行きて、懸合ひました処、君等がソウいつて呉れても（月給三百円だか三百五十円だかで）三年間といふ事で雇入れたのであるから、中途で帰せば、三年間の全額を無駄に弁償せねばならぬ、君等は君等として不信任だろうが、最早《もはや》卒業間近でもあるし、又来年度からは、新生徒が教授を受くるのだから黙つて勘弁して呉れぬかといふのです。」（薄田：50）

野崎敏郎は「この悪意に満ちた評」の背景として、山田ら大隈派の学生にとって「加藤弘之の肝煎《きもい》りで招聘されたドイツ人青年教師の存在そのものが好ましくないものだった」のであり、着任直後のラートゲンにとっても、日本の学生の水準がどの程度のものか情報がなく、またすでに学年末の第三学期に入っていたこともあり「急場しのぎで授業を切り抜けていった」のだろうと推測している。

ちなみに、高田・天野・山田らが卒業した次の年度の『一覧』（明治一五・一六年版）に掲載された政治学の講義概要を見ると、二年次に統計学や諸外国の制度を概観し、その基礎のうえに専門科目としてドイツ流「国法学」を学ぶ、という体系立ったカリキュラム設計になっている。もちろん担当はドイツ人教授のラートゲンである。これは当時文学部にあった政治学科が、帝国大学法科大学に組み込まれる布石となった。

「本科ノ予修トシテ第二年生ニ統計学ヲ講授シ以《もっ》テ重要ナル諸邦国及其憲法、財政並ニ理財上進歩ノ状況等ニ就《つい》テ其概略ヲ説明ス　政治学ハ其課程二ケ年トス即チ第三年級ニ於テハ現今重要ナル諸邦国ノ制度ニ原キ国法学ノ原理ヲ説明教導スルモノトス」（118）

この講義を受けた学年以降の教え子たちのラートゲン評はまるで違うという（野崎：24）。つまり、山田一郎ら政治学科四年生と来日間もないラートゲンとは、たまたま悪条件が重なった、不幸な（最悪な）出会いだったということになる。

もちろんそうした事情はあっただろうが、山田の「酷評」にはもう少し斟酌《しんしゃく》すべき背景がある。ラートゲンに対して二度も使っている「浅薄」という批判は、前任のフェノロサにも当てはまると思われるからだ。山田の回想を続けて見よう。

「其時の政治学三年生は高田、天野と私〔山田〕三人です、処が何の学科でも、卒業論文を最終学年に書かねばならず、現に法学や理学の人々などは、最終学年の始めから問題を定め孜々《しし》として勉強最中なのです、私どもの政治経済学と云ふはどちらも彼の哲学者美術者が、皆片手間に教授して呉れる位の事ですから、打明けて話せば、誠に修養が御粗末で、卒業論文の確《しっか》りとした文題も考へ出せん位です」（薄田：50f）

「彼の哲学者美術者」とはフェノロサのことである。この学年は二年次から三年次にかけてフェノロサから哲学・政治学・経済学（理財学）を教わっている。大学の専門課程でこの三科目を一人で担当するのは明らかに無理があった。広く薄くなってしまう。そう受けとめたのは山田だけではない。同級生だった高田早苗の回想も引用しておこう。

「フェノロサ君の如きは、政治学と経済学と哲学とを一人で教へて居た。即ち此の人は、一方にミルの経済原論や、リイバー又はウルシーの政治学を講義すると同時に、カント、ヘーゲルの哲学を講授するのであるから、今日から見ると、当時の学科程度は余り高いものでなく、大学の科程とは言ひ條、半ばリベラル・エヂュケーションと見て然るべきであつたとも言へよう。」（高田：36f）

ラートゲン自身も、新年度に入り自身の講義が軌道に乗ってきた頃、一八八二（明治一五）年一一月に書かれた家族宛の手紙のなかで、次のように説明している。

「私の最年長の生徒の一人が語って言うには、彼は私の講義で初めて、外国の憲法や行政についての具体的なことを耳にしたとのことです。それ以前には一般的な論断や理論ばかりだったそうです。（略）また、学生たちは私に、このままでは財政制度について全く何も知らないことになるだろうから、行政学のなかで財政制度についても何か話してくれと頼んできました。それはもちろん私の

責任では行えません。「社会学」の同僚との権限争いはとにかく回避したいですから。」（瀧井：229）

「一般的な論断や理論ばかり」を教えていた「「社会学」の同僚」とはもちろんフェノロサのことである。財政というのは行政学と理財学の両方にまたがる。理財学は一八八三（明治一六）年度まではフェノロサの担当だったから、後任のラートゲンとしては、先任教授の講義内容（縄張り）と被《かぶ》らないよう気をつかいつつも、意欲的な学生から寄せられる期待に自信を深めている様子が見て取れる。

　このように、高田たちがいた頃の文学部政治学科では、法学部や理学部と違って、卒業論文に取り組めるほど専門的な内容を深く学んでいなかった。最終学年になってからはフェノロサが外され、栗塚省吾、ラートゲンへと慌《あわ》ただしく担当が交代して、政治学教育の方針もコロコロ変わった。積もり積もった不満に、ラートゲンの「浅薄」な講義がダメ押しとなって爆発したのが「教師排斥の運動」というわけである。

　山田一郎は、高田・天野とともに、ラートゲンを辞めさせろと事務室に訴えた。その際、山田が次のような取引を提案、高田・天野の同意を得たという。

　「何うせ斯様な継子扱されたる学科で育ち、世間へ出るといふのだから、飾も何も着るものも無いではないか、其身其まゝのボロ着て、世間へ押し出したがよろし、就いては何うだいラットゲン口述筆記と、卒業論文免除と差引にして、トン〳〵相殺《そうさい》にするは妙でないか」（薄田：51）

　ラートゲンの講義を大人《おとな》しく受ける代わりに、我々の卒業論文を免除せよと。提案も仰天ものであるが、これを事務室が受け入れたのも仰天である。こうして高田・天野・山田の政治学科三人は卒論免除で「文学士」となった。

卒論のエピソードには続きがある。その頃、鷗渡会メンバーで法学部四年生の山田喜之助が病気で入院していた。山田一郎は見舞いに行き金銭以外なら力になるといったら、自分の卒論を代作してくれないかと頼まれた。ちょうど自分の卒論が「免除」されて身軽になったところだったから、喜んで請け負った。法学的なものは難しいが「立法論」なら政治学科でも書けるだろうと、上中下三篇からなる一二〇～一三〇枚の英語論文を三日で書き上げた。バレないように（病気のせいかと大目に見てもらえるよう）あえて文章の意味を「雲を摑《つか》むが如く」曖昧《あいまい》になるように書いた。それを喜之助本人が清書したが、「中」と「下」の順番を間違えて綴じたために余計に訳が分からなくなり、点数は四〇点だった。それでも卒業できたのは他の科目の点数がよかったからだろうと回想している（薄田：52f）。

山田一郎のラートゲン排斥運動や卒論免除交渉、および法学部の友人のために「立法論」で卒論を代作したのは、政治学や経済学を「継子《ままこ》扱い」した東京大学への抗議の意味もあったことだろう。

## 東京専門学校のカリキュラム

さて、元太郎が入学した当時の政治経済学科ではどのような科目が開講されていたのか。真辺将之が『東京専門学校校則・学科配当資料』『東京専門学校年報　明治十五年度』など学校当局資料と卒業生の遺族から提供された講義ノート群から、当時の講義科目の状況をかなり明らかにしているので（真辺：第1章）、その成果を参考に再構成してみよう。

元太郎たち第一期入学生のカリキュラムは、表3-1のようになる。

この科目構成から何が見えてくるか、真辺による整理を、政治学に着目しながら再構成してみよう（真辺：56ff）。

第一の特徴は、学習順序を踏まえたカリキュラム構成になっており、とくに政治学において配慮されていた。東京専門学校の最大の売りは「日本語で政治学を学べる」ことであったはずだ。にもかかわらず――否、だからこそ――政治学関係の科目は、第二年度前期に開講される「政治原論」（山田一郎）ま

表3-1：東京専門学校第一期入学生のカリキュラム

| 学年 | 科目名 | 開講時期 | 週当り時間 | 担当者 |
|---|---|---|---|---|
| 第1年度 | 欧米史 | 通年 | 3 | 高田早苗 |
| | 和漢文学 | 通年 | 3 | 前橋孝義 |
| | 経済原論 | 通年 | 4 | 天野為之 |
| | 論理学 | 前期 | 2 | 山田一郎 |
| | 法律大意 | 前期 | 3 | 岡山兼吉 |
| | 心理学 | 後期 | 2 | 山田一郎 |
| | 商法 | 後期 | 2 | 岡山兼吉 |
| | 英国憲法 | 後期 | 2 | 山田喜之助 |
| 第2年度 | 和漢文学 | 通年 | 2 | 前橋孝義 |
| | 憲法史 | 通年 | 3 | 高田早苗 |
| | 貨幣論 | 前期 | 4 | 高田早苗 |
| | 銀行論 | 前期 | 3 | 天野為之 |
| | 政治原論 | 前期 | 4 | 山田一郎 |
| | 租税論 | 後期 | 4 | 高田早苗 |
| | 国債論 | 後期 | 2 | 天野為之 |
| | 政体論 | 後期 | 4 | 山田一郎 |
| | 行政学 | | 3 | 高田早苗 |
| | 日本財政論 | | 2 | 小野梓 |
| | 世態学要領 | | 3 | 不明 |
| 第3年度 | 貿易論 | 前期 | 3 | 天野為之 |
| | 立憲政体論 | 前期 | 4 | 山田一郎 |
| | 為替論 | 後期 | 3 | 天野為之 |
| | 政理学 | 後期 | 4 | 山田一郎 |
| | 法理学 | | 4 | 磯部醇 |
| | 万国公法 | | 3 | 山田喜之助 |
| | 社会学要領 | | 3 | 坪内雄蔵 |
| | 外交論要領 | | 3 | 高田早苗 |

出典：真辺将之『東京専門学校の研究』（2010）第1章第2節の記述をもとに作成。

で履修できない。なぜか。それは政治学が、体系的な学問として確立される途上にある、難度の高い専門科目としてみなされていたからである。

政治学を学ぶための前提条件として想定されていたのが、論理学・心理学・歴史学の三学科である（同：47）。第一年度配当科目にある通年「欧米史」と前期「論理学」、後期「心理学」がそれに対応する。高田早苗の「欧米史」は前期に古代史（ギリシャ・ローマ中心）と中世史、後期に近代史（英国中心）を扱った。そして「論理学」「心理学」を担当するのが、「政治原論」の山田一郎自身であった点も注目される。専門科目への接続を意識して、基礎科目が教えられていたことになるからだ。第一・二年度に配当された前橋孝義の「和漢文学」は古典をテキストにしながら文章力養成に力点が置かれていた。

第二の特徴は、政治学と結びつきの強い学問として法学よりも経済学が、また参照される外国としてはドイツよりもイギリスが重視されたことである。第一年度の通年「経済原論」、第二年度の前期「貨幣論」「銀行論」、後期「租税論」「国債論」など、かなりの時間を経済学に割いている。これは講師たちが学んだ初期の東京大学文学部の方式に倣《なら》ったものである。そこでは法学が法学部で教授されたのに対して、政治学と経済学は文学部の「政治学及理財学科」においてフェノロサによって教授されていた。

「このように、学説においても題材においてもイギリスに依拠しているがために、当然のことながら、政治学や憲法関連の科目では、議会政治とその運営における政党政治について分析が加えられることが多く、経済学関連の科目では、イギリス古典派経済学に依拠した自由主義的な視点から分析が加えられていることが特徴的である。」（同：58）

明治一四年政変後に東京大学が「次第にドイツ国法学への傾斜を深め、後の帝国大学において政治学が国法学の一部門と位置づけられ、経済学が長い間独立した学科として認められなかった」（同：57）のに対して、東京専門学校は、結果として「初期東京大学のイギリス学を正統に受け継ぐ存在となった」（同：58）。政治学を法学部（法律学・行政学）に従属させるのではなく、経済学と組んで独立させるあり方は、その後も早稲田大学の筆頭学部「政治経済学部」に継承される。

政治学担当を下ろされたフェノロサは、かつて自分が非難した卒業生が新しい私立学校で、東京大学が棄て去ったイギリス流政治学を育てていこうとしている姿を、どんな気持ちで見ていただろうか。フェノロサは、一八八四（明治一七）年からは理財学担当からも外されて、東京大学ではもっぱら哲学（哲学史・論理学を含む）を担当することになる。ちょうど日本美術にのめり込んでいく時期だから、それで良かったともいえるのだが。

東京専門学校に集まってきた政治青年は、「政治学」にも政談と実行を期待する者が多かったはずである。けれども、来るべき議会政治において必要なのは、上滑りの政談でも過激な行動でもなく、学問に裏づけられた知性とそれを政治の力に変換する方法論である。

であるから、ようやく第二年度に入って受講できる専門科目「政治原論」でも、学問としての政治学は、政治談議や政治的技術とは明確に区別された（同：60）。すなわち、特定の主義や目的の実現ために論議する「政治の術＝政談」と、主義に左右されず客観的に政治を分析して真実を明らかにする「政治の学＝政論」は区別されねばならない。学生がまず学ぶべきは後者なのである。

青年時代の山田一郎（薄田貞敬『天下之記者：一名・山田一郎君言行録』）

明治18年の東京専門学校の学生と講師。前列右から坪内逍遙・天野為之・高田早苗。（画像提供：早稲田大学坪内博士記念演劇博物館）

山田一郎は開校から二年間の講義と雑誌に発表した論文などをもとに、一八八四（明治一七）年に『政治原論』を刊行した。市販でなく私家版のようだが、口述筆記の手間を省き、学問する時間を短縮するための教科書として使われたのだろう（高島：197）。

「総論」とその三倍の分量の「政党論」からなり、政治学が科学的・客観的な学問になるための条件を吟味し、「政治」を社会的な構成として、つまり国家に先立つ概念として捉えた。そして制度論から独立した機能論によって、政党政治の効用と弊害の両面を論じた。

それを単なる欧米の理論の受け売りではなく、独自の見解を加えながら総合的・体系的にまとめ上げており、真辺も「このような著作が、いまだ日本に議会が開設されていない段階において、しかも大学卒業後わずか二年の青年によって書かれたというのは、まさに驚異的というほかあるまい」（真辺：219）と述べている。

いずれにせよ、山田一郎が、フェノロサやラートゲンなどお雇い外国人による東京大学の政治学講義を批判的に乗り越え、来るべき日本の政党政治のあり方を学問的に吟味するための方法論を構想して、それを教育現場で実践していたことは間違いないだろう。

とはいえ、いくら客観的な学問を標榜しても、無味乾燥な抽象論になってもいけない。政治青年たちの関心を惹きつけながら、彼らを学問的知性の高みへ導くにはどうすればよいか。「大隈の私学校」「謀反人の養成所」というイメージを高い次元で乗り越えるためにも、山田は「政治原論」他の講義を念入りに準備したはずだ。

前章で紹介した元太郎と同期の——新潟県長岡出身で慶應義塾から転学した——広井一（65）はこの山田先生の教育方法を次のように回想している。

山田一郎『政治原論』（国立国会図書館デジタルコレクション）

「先生は服装など御構ひなく冬でも夏でも一着の服しか持たず、盛夏の時、冬服に扇子遣ひと云ふ風の人であつた。

先生からは論理学・心理学・政治学等の教授を受けたが、三段論法の応用を、直ちに活用せしめんとせられ、又心理学の如きも、哲理は第二として、之を世態人情に応用せしめんとせらるゝ、又政治学就中《なかんずく》政党論の如きは、生きた政治を教授するつもりで、現時の政党に適用し、現在の政治に応用し、全く政治家養成の、気取りで教壇に立たれたやうだ。私始め政治や政党に趣味を持つ人が、此頃の早稲田畑から輩出したのは全く山田先生の薫陶《くんとう》が深く脳裡に印してゐたからだと思ふ。

先生は学生に、政治学を実地に応用せしむる階段として、毎週夜分に頼山陽《らいさんよう》の通議一章宛を両分し、之を二人に課し、西洋の政治学と比較論議せしめられた。降旗元太郎君と私とが二章か三章を講演せしめられた事など今記憶に存して居る。」（箕輪編：45）

学問を抽象的な理解に終わらせず、とにかく応用、実際に使ってみる、ということを徹底していた様子がうかがわれる。講師の山田自身にとっても、東京大学で学んだばかりの政治学を批判的に摂取して、自分の政治学講義に「応用」しなければならず、初めて尽くしのなかで、学生を巻き込みながら試行錯誤した。山田自身が政治談議しなくとも、彼の講義から伝わる志の高さに学生たちは惹き込まれたであろうことは想像に難くない。

そうして感化された学生のなかに広井一とともに「降旗元太郎君」もいたのである。

山田一郎は、東京専門学校の移転騒動を機に、一八八五（明治一八）年六月に学校を辞めてしまう。そのため元太郎や広井一の学年は、一年次に「論理学」と「心理学」、二年次に「政治原論」と「政体論」、三年次に「立憲政体論」と「政理学」という山田一郎の担当講義をすべて受講した最初で最後の学年となった。

山田一郎が学界から忘れられた「幻の政治学者」となってしまったのは、この活動期間の短さにもよる。けれども、政治学史でも日本の近代政治学の確立において山田一郎が果たした役割を見直す動きはあるようだ（真辺：215、吉村1982）、山田の学問的実践の先駆性については、政治学の系譜のなかに正しく位置づけることはもちろん、同時代の東京大学や私立学校での政治学関連講義との比較においても評価されるべきであろう。

## 3　政治青年と文学青年──明治二〇年前後の知識青年

### 「クロムウェルの木下」

木下尚江（69）が松本中学に入学したのは、一八八二（明治一五）年一月、つまり政変の翌年だった（上條2022：168）。尚江が中学四年のとき、一八八五（明治一八）年春から夏にかけて、信州を舞台にした激化事件のひとつである飯田事件の予審が松本の裁判所でおこなわれた。そのときの記憶を尚江は自伝『懺悔』のなかで振り返っている。自由民権運動に対する尚江の思い出は、かつての女性や子供も多い牧歌的な演説会風景から、国家権力とそれに対峙する国事犯という構図へと変わっていた。

「こゝに予が毎朝中学へ通ふ時刻と、彼の国事犯の被告人が監獄から裁判所へ送られて来る時刻と同じのである《ママ》、予が書物を抱へ弁当箱を提げて北の方から裁判所の前を通り過ぎる時、彼の被告人等は一人毎に巡査に護られて、中学の横手を南の方から此方《こなた》へ向つて来る、そして丁度中学と裁判所との間の、封建時代の遺物なる濠側《ほりばた》に於て行き違ふのだ、竹で編んだ深い笠を被ぶされて居るので、其の面を見ることは出来ないけれど、何れも黒紋付の羽織を着けて、肩で風を切つて颯々《さっさっ》と歩るいて行く容態《さま》は、巡査に護られて行くのでは無く、全く巡査を従へて行くのである、予は常に立ち留まつて、其の裁判所の門を入つて仕舞《しま》ふまで見送つて居たが、満身の血が煮え立つて頭を衝いて上ぼるのを覚えた」（木下：277）

そして、ちょうど同じ頃に、尚江は万国史の授業でクロムウェルを知った。一七世紀半《なか》ばのイギリスの清教徒革命において、議会軍の司令官として国王軍と戦い、チャールズ一世を死刑にしたオリヴァー・クロムウェルのことである。

「予は彼れが英国王を国会の法廷へ引き出して之に叛逆人の判決を与へ、断頭台上へ引き上げて死刑に行つたことの顚末を見た時に、恐怖か、驚愕か、讃歎か、名状すべくもあらぬ一種の感慨に打たれて、暫ばし身も魂も此世ならぬ夢の裡に酔い痺びれて仕舞つた（略）

然かし予は又た書物を開いてクロムウエルの事を考へて見ると、彼れと此れ〔国事犯〕との相違の余りの甚しさに驚いた、『有体《ありてい》に描け』と画工を叱りつけたる其の陰鬱《いんうつ》な沈痛な豪毅獰猛《どうもう》なる痣《あざ》男の肖像を見つめる時、予の心は堪へ難き重さに圧服せられて、只だ其の前に平れ伏して仕舞つた、予は、『法律を学ばう』と決心した、あゝ可愛らしき我心であつたことよ、今の国事犯者が法律で審判《さば》かれて居るように、クロムウエルも法律を以て国王を審判いたものと思つたのである、予は彼が国王を裁判した其の法律を知りたいものと思つたのである」（同上）

国事犯の時代にクロムウェルと出会ったことで、尚江は法律学を志すようになる。彼にとって法律は、立身出世の道具ではなかった。法律の下では、国事犯だろうが国王だろうが平等に裁きをうける。法律こそがこの世で最強の正義ではないか。それは、意識の高い中学生らしい「発見」といえる。そして中学上級学年を「クロムウェルの木下」と呼ばれるほど心酔して過ごしたことは、尚江研究では重要な事実である。

この一八八五（明治一八）年の秋に、中学校の全校遠足にて、五年生の木下尚江は下級生の相馬愛蔵に強烈な印象を与えている。熟れた柿の実を見て「英語で何というか」が話題になった。そこにいた生徒たちが誰も知らないでいると……

「一人際立って老成した上級生が『柿はパーシマンさ』と落着いていう。これは偉い人だと感心して友達にきくと、『あれがクロンウェルの木下だ』というわけで、爾来《じらい》その偉さを念頭においたという。」（相馬黒光 1944＝1996：33）

相馬黒光は、この愛蔵と尚江の出会いについて、愛蔵が英語が不出来だったエピソードとからめて紹介している。ただしこれには諸説ある。柳田泉によれば、遠足の柿のエピソードは尚江が中学二年か三年のときで、先生も上級生もみな驚いて全校的に「パーシモンの木下」として知られるようになった。その後、何かにつけてクロムウェルを持ち出すので、「クロムウェルの木下」と呼ばれるようになったという（柳田：24f）。黒光は、愛蔵から要約して伝え聞いた内容をさらに圧縮したのかもしれない。

ともかく、当時の尚江は年齢差のあった学年でも最年少であるから、「老成した」という形容は年齢以上に彼が醸《かも》し出す存在感によるものだろう。最年少にして学業成績は最優秀（上條 2022：245）、それもただの秀才ではない。同年代の少年たちには理解の及ばない世界に触れているという凄《すご》みを湛《たた》えていた。

尚江は一八八六（明治一九）年二月に松本中学を卒業すると、三月に上京し、前年九月に開校したばかりの英吉利法律学校に入学した。一年次途中からの編入学である。多くの先輩がフランス法の有利を説いたが、どうしても「英国王を審判《さば》いたクロムウエルの法律」を学びたかったのだ。けれども、英吉利法律学校の講義は契約法や売買法などばかりで肝心の憲法がなかった。英国憲法を学べる学校を知人先輩を頼りに探して、翌四月に東京専門学校法律科に入学し直した（一年次途中からの編入学）。

ここで尚江が相談し助言を求めた先輩たちは、次章で述べる同郷者ネットワーク・松本親睦会のメンバーと思われる。尚江は松本中学卒業の直前から、松本親睦会に積極的に関与していたのである。ただ、この上京後の転学経緯を見ると、尚江はかなり思い込みが強い性格だったようだ。

ところが、せっかく編入学できた東京専門学校において、期待して臨んだ英国憲法講義の一時間目の冒頭で、尚江は衝撃を受ける。講師の片山清太郎先生が黒板に大書《たいしょ》したのは、「The king can not do wrong（国王たるものは悪を為す能《あた》わず）」という一文だった。

「国王のやることに悪いことはない。これが英国憲法の大原則であるというのである。先生は訥々《とつとつ》たる弁舌でその主旨を敷衍《ふえん》した。尚江たちは初めはがっかりしたが、講義を聞いているうちに憤然とした。やがて講義の終わったときに、質問ありという嗷々《ごうごう》の声とともに、手をあげること林のご

とくであったので、講師片山先生はほうほうの態《てい》で退席した。」（柳田：27）

柳田泉が描写するこの講義場面は大変興味深い（柳田は晩年の尚江から直接話を聞いている）。「英国王を審《さ》判《ば》いたクロムウエルの法律」を学ぼうという者は、なんと尚江だけではなく、みなそうだったのだ。つまり信州の秀才が集まる松本中学を最年少で優等で卒業した「クロムウェルの木下」レヴェルが、ここにはごろごろいる……。

しかも一時間目の冒頭、黒板に大書したというから、学生たちが（間違った）期待をもって講義に臨んでいることは講師のほうも先刻承知のうえだ。納得がいかぬと講師を質問攻めにする学生たちの反応もまた想定内。だとすれば「ほうほうの態で退席」するところまでがお約束。毎年同じ光景が繰り返されていたということになる。

法律科にしてこれである。英吉利法律学校に集まる「法律青年」とは明らかに違う。全国の「政治青年」が東京専門学校を目指して上京してきていた。

## 『当世書生気質』と『将来之日本』――明治二〇年前後の知識青年たち

ところで、元太郎たち第一期入学生のカリキュラム表によれば、第三年度の配当科目「社会学要領」の担当は坪内雄蔵（逍遙）（59）だった。坪内は、高田早苗ら鷗渡会メンバーから一年遅れの一八八三（明治一六）年に東京大学文学部政治学及理財学科を卒業後、東京専門学校講師になった。

文学部の同期卒業者には、同じ学科の穂積八束《やつか》（60）、哲学科の三宅雄二郎（雪嶺）（60）がいる。穂積八束は、貢進生の最年少最優秀組のひとり穂積陳重（56）の弟であり、自身も兄と同じく欧州留学から帰国した後に法科大学教授（憲法学）に就任した。

三宅雄二郎と坪内は愛知英語学校から一緒で、高田早苗や山田一郎と同じく東京開成学校の「明治九年入学組」である。三宅は予備門時代、坪内は文学部時代に落第したために、ともに卒業が一年遅れたのである。

三宅は卒業後に東京大学史料編纂所に就職したが、後に東京専門学校の講義を担当している。その後、杉浦重剛（55）らとともに政教社を設立、雑誌『日本人』を創刊して政治評論家として活躍する。ちなみに杉浦も貢進生の最年少最優秀組のひとりで、穂積陳重とともに第二回文部省派遣留学生に選抜され、一緒に渡英している。

坪内は、高田・天野・山田とは三年生まで政治学科の同期であり、彼らと一緒にフェノロサの政治学講義を受講している。鷗渡会には関わらなかったが、仲が良かった。

元太郎は三年次に坪内の「社会学要領」を受講した可能性が高いが、当時はまだ文学者としては知られていなかった。坪内逍遙の名前を一躍有名にしたのは、東京大学在学中の自身の経験や見聞をもとに描いた『当世書生気質』（一八八五〜八六年）とそれとほぼ同時期に発表された文学論『小説神髄』である。これを機に、坪内は新しい文学運動の旗手となり、一八九〇（明治二三）年には東京専門学校に文学科を新設する中心となる。

その、新進気鋭の文学者である坪内逍遙（59）の家の隣に、上京してきたばかりの木下尚江が下宿する。これは尚江研究では有名な挿話である。

部屋の小窓を開けると、目と鼻の先に坪内邸の板塀が見えた。そして「六部屋の母屋に三間の書生部屋」をもつその屋敷には、新しく生まれつつある文学を志す若者たちが出入りしていた。そのなかには東京商業学校第三部露語科を中退したばかりの長谷川辰之助＝二葉亭四迷（64）もいて、坪内のすすめで文学論『小説総論』（一八八六年）、さらに言文一致体の『浮雲』（一八八七年）を立て続けに発表して、注目を集めた。

すなわち、「明治二十年前後に、一部の知識青年の関心が、具体的かつ粗大な政治的目標から、内面的な人間探究へとうつりつつあった」（中野：113）。それは「法律青年」とも「政治青年」とも一線を画す、「文学青年」の誕生である。

『当世書生気質』はとにかく新しかった。岩波文庫版解説のなかで宗像和重は、幸田露伴（67）や内田魯庵《ろあん》（68）――木下尚江の同世代――の回想を引きながら、この小説が「欧土の小説《ノベル》」から積極果敢《かかん》に摂取した「新しさの宝庫だった」と書いている（宗像：315）。坪内逍遙の『当世書生気質』と『小説神髄』が刊行されたのは尚江が松本中学五年生のときであるから、もしも尚江がもう少し早く文学に目覚めていたとしたら、その幸運な偶然に狂喜したことだろう（東京専門学校への転学もなかったかもしれない）。

「だが、残念なことに、彼の生れ育った信州の町には、まだ文学はなかった。東都の空気を吸っていた一部の敏感な青年たちが、はやくも政治的ロマンティシズムの終焉のむこうに文学という全人間的表現のもう一つの可能性を予想していたときに（たとえば花袋さえもがこの時期には政治か文学かと悩んでいたのだ（『東京の三十年』））、かれらにあるのは依然として民権運動の延長上にある政治的視界だけだった。」（中野：113f）

信州に文学がなかった、というよりは、そもそも文学を価値ある表現として受容する土壌がまだなかった、ということだろう。「小説を読むことを秘密の罪悪のように思い慣れてきた」（山極：37）という状況は、信州に限ったことではない。坪内逍遙はそうした日陰者としての文学を日向《ひなた》に引っ張り出して光を当てた立役者だといってよい。

「その〔『小説神髄』〕表紙に、書名とともに誇らしげに記された「文学士坪内雄蔵著」の文字は、彼の本名と東京大学文学部（政治学及理財学科）卒業の経歴を事実として物語るのみならず、当時はきわめて稀少であった「文学士」の肩書で論じるに値するものとして、「小説」の地位を一挙に引きあげるための卓越した戦略でもあったはずだ。」（宗像：310）

尚江は「文学青年」に転ずることなく、「政治青年」として東京専門学校の法律学科に転学すると、寄宿舎に入った。

「同室の薩摩の男は、『当世書生気質』の愛読者で、大きな声で朗読しては、さかんにその写実の新味を説明した」（山極：37）。けれども、やはり尚江にはピンと来ない。

東京専門学校で尚江が最も影響を受けたのは、政治科と英語科の講師だった高田早苗である。尚江だけではない。「専門学校の学生の人気の中心であった」（柳田：30）という。高田は豊かな文学的教養をもってイギリス文学を講じ、スペンサーの進化思想やエドマンド・バークの審美論を勧めた。「政治家はよく人生の各方面を知らなくてはならぬとし、文学や宗教にも注意することを説いた」(同上)というから、尚江のような「政治青年」をベタな政談ではなく高尚な教養で惹きつける術《すべ》を身につけていたことがわかる。

「高田氏とは反対に、そのころの坪内逍遙(雄蔵)は、尚江たちの間では甚だ評判のよろしからざる人物であった。尚江も英語科その他で逍遙の世話になってはいたが、若いのに被布《ひふ》を着、宗匠頭巾《そうしょうずきん》をかぶって飄々《ひょうひょう》と歩くところは、いかにも昔の戯作者《げさくしゃ》然としていたので、どうも尊敬する気にはなれなかったという。逍遙先生も、実はこのころ内心ではしきりに自己革新をつとめて煩悶《はんもん》もし勉強もしていた時代であるが、そんなことは学生たちには一向わからなかったのであろう。《ママ》」(同:31)

尚江にピンときたのは、二年生のとき、一八八六(明治一九)年一〇月に刊行された徳富蘇峰(63)の『将来之日本』である。寄宿舎の部屋に同級生が持ってきた。

「僕は受取つて見た。『将来之日本』と云ふのだ。開けて見た。読んで見た。非常に面白い。巻を手離すに忍びない。

「僕に読ませよ」かう言つて、僕は懐ろへ入れてしまつた。(略)

「君は所有者だ、何時でも読める。僕は占有者だ。誰も犯すことは出来ない」」(山極:38)

翌八七(明治二〇)年二月、徳富蘇峰は民友社を設立し雑誌『国民之友』を創刊する。『国民之友』はそれ以来、尚江の愛読誌となった(同上)。

「政治青年」にとって「新しい」のは、坪内逍遙よりも徳富蘇峰のほうだった。大正政治のハイライト、護憲三派運動がまとまる際に、憲政会の元太郎とともに奔走した策士的政治家たち、革新倶楽部の古島《こじま》一雄（65）と政友会の小泉策太郎（三申）（72）は、ともに徳富蘇峰の文章の衝撃を語っている。

「その時分に徳富（蘇峰）が『将来の日本』とかいうものを出した。そういうものを読むと矢も楯もたまらない。こんなところにくすぶっていてもしようがない。」（古島：22）

「〔『国民之友』について〕渇者の飲をむさぼるように、ほとんど暗誦するぐらいにして、手を措くことができなかった。いささか文章に開眼したように思い、不肖《ふしょう》ながら先生の門弟子をもって任じている。」（小島：30）

元太郎も、同じ感激をもって徳富蘇峰の文章に接したのかどうかわからないが、同時代の近い世代の知的雰囲気はこういうものだった。

第四章
# 青木貞三と松本親睦会

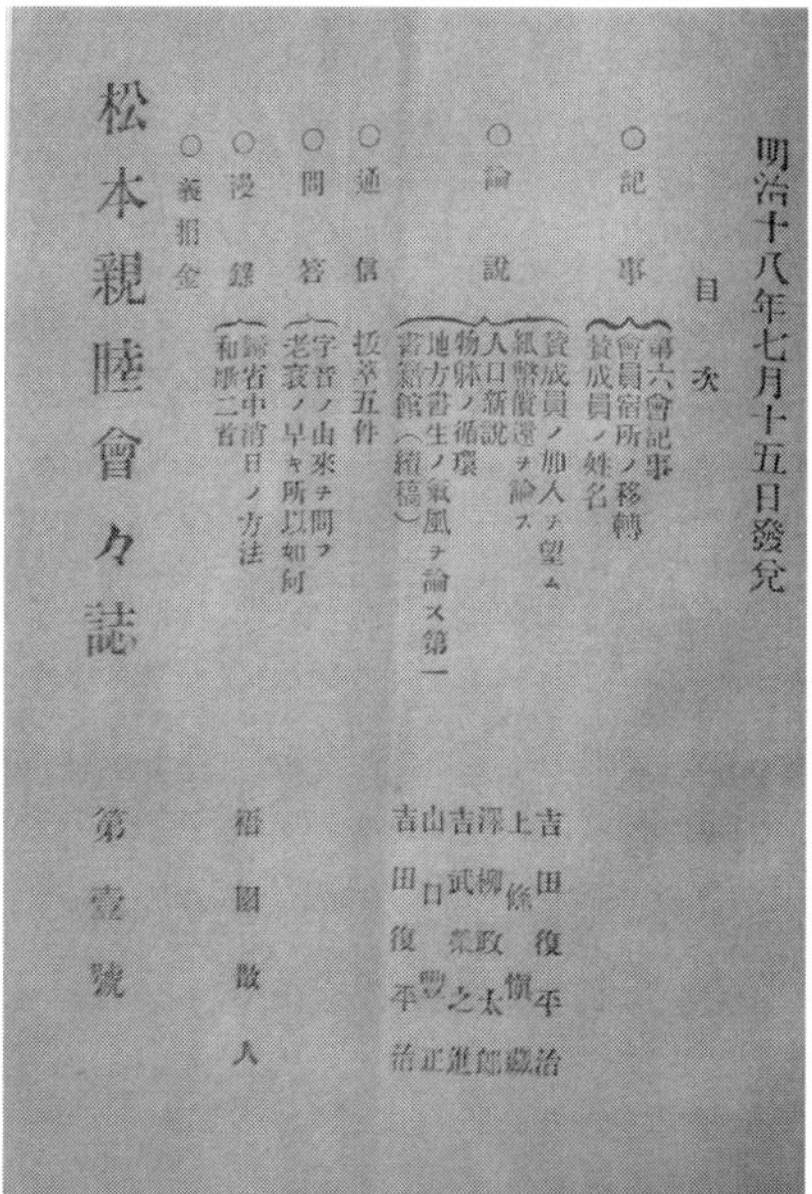
明治十八年七月十五日發兌

目次

○記事
- 第六會記事
- 會員宿所ノ移轉
- 賛成員ノ姓名

○論説
- 賛成員ノ加入ヲ望ム　吉田復平治
- 紙幣償還ヲ論ス　上條愼藏
- 人口新説　澤柳政太郎
- 物躰ノ循環　吉武榮之進
- 地方書生ノ氣風ヲ論ス第一　山口豐正
- 書籍館（縮稿）　吉田復平治

○通信　抜萃五件

○問答
- 字音ノ由來ヲ問フ
- 老衰ノ早キ所以如何

梧園散人

○漫録
- 歸省中消日ノ方法
- 和歌二首

○義捐金

松本親睦會々誌

第壹號

『松本親睦会々誌』第壱号（明治 18 年 7 月 15 日刊）の表紙（東京大学経済学部図書館所蔵）

「資性慈仁、郷里に大火あれば家財を売却して之を賑恤《しんじゅつ》するに努め、又よく後進を導くを以て、少年子弟の氏に依て職を得たる者、挙げて数ふべからず、氏の官にあるや、精励忠実、事務立《たちどこ》ろに弁じ、屡々《しばしば》政治家たるの技倆《ぎりょう》をあらはし、老政治家をして、顔色なからしめたることあり。官を退くに当り、属員皆元首を失ひたるの感を起しぬ、民間実業界にあるや、着実にして敏捷、老商皆舌を捲きて、其技倆に感服せりといふ」（「青木貞三氏岩倉右府に識られ其の英才を発揮す」松本尋常高等小学校編『松本郷土訓話集』第一輯・交文社・一九一二年）

# 1　政治青年から政治家へ

## 「邦語政治科」の系譜

降旗元太郎は、一八八五（明治一八）年七月に東京専門学校政治経済学科（後の邦語政治科）を卒業した。当時は卒業を「得業」と称した。大隈重信から、記念の書机が贈られたという（正編：41）。『早稲田大学校友会会員名簿　大正四年一一月調』によれば、元太郎と同期の卒業生（得業生）は邦語政治科二五名、邦語法律科四二名だった。元太郎の学年は一八八二（明治一五）年一〇月の開校とともに入った第一期生であるが、第二回の卒業生である。第一回の卒業生（明治一七年邦語政治科四名、邦語法律科八名）は開校時に二年次から編入学した斎藤和太郎や山沢俊夫（59）たちの学年だった。

元太郎が入学したときは政治経済学科だったが、校友会名簿では「邦語政治科」となっている。政治経済（学）科は、元太郎がいた頃から政治科や政治学科とも呼ばれ、その後も政学部への改組が試みられたりして、名称が安定しなかった。一八八八（明治二一）年度から、英語で講義する英語政治科の新設にともない、元の政治科は邦語政治科と改称された。こうした事情により、英語政治科以外の政治系は、遡及《そきゅう》的に「邦語政治科」として分類され、一九〇四（明治三七）年卒業生までこれが適用された。

それにしても、なぜわざわざ英語政治科なのか。これでは、高田早苗（60）ら東京専門学校の設立メンバーがあれだけ脱却しようとした洋学校時代の東京大学への「先祖返り」ではないか。『早稲田大学百年史』によれば、最大の理由は語学力の不足にあったという。

「創立以来六年余り、邦語による専門学の速成・普及に関しては、漸くその成果を自負しうるに至ったが、当局者の眼からは、（略）最高教育機関として、「彼の大学」、すなわち帝国大学との間になおかなりの逕庭《けいてい》の存するのを否定できなかった。その最大の原因が、外国語の力の不足にあると認め、従来の邦語による政・法両学科のほかに、十分の語学力の習得を前提とする英語による政・法両学科を新設しようというのが、この改正である。」（『早稲田大学百年史』一巻：564）

帝国大学は日本語による教育に切り替えていたとはいえ、予科に相当する教育機関で語学を習得してきたことを前提に、外国語の文献を使用して講義をおこなう。学問の独立は、日本語による教育を必要としたが、外国語（語学力）を排除しては成り立たなかった。とくに政治学や経済学などは、欧米の学問を摂取して最新知識を更新することが不可欠である。

それゆえ英語政治科は、同時期に新設された予科とセットで、大学部の原型となる。

一九〇二（明治三五）年、東京専門学校が早稲田大学に改称されると、邦語政治科（邦政）は専門部政治経済科（専政）、英語政治科（英政）は大学部政治経済学科（大政）となる。専門部の入学資格が中学校卒業程度だったのに対して、大学部は中学校卒業後に一年半の高等予科で学ぶ必要があった。校友会名簿では、一九〇五（明治三八）年の卒業生からこの分類が適用された。

さらに一九二〇（大正九）年に大学令に基づく大学となると、後者は政治経済学部（政経）となり、校友会名簿では一九二三（大正一二）年の卒業生からこの分類が適用された。他方、専門部政治経済科は、

| | 邦語政治科<br>専門部政治経済科 | | 英語政治科<br>大学部政治経済学科<br>政治経済学部 | |
|---|---|---|---|---|
| 時期区分 | 卒業生数 | 年平均 | 卒業生数 | 年平均 |
| Ⅰ期：1884～1890 | 207 | 29.6 | ― | ― |
| Ⅱ期：1891～1904 | 764 | 54.6 | 379 | 27.1 |
| Ⅲ期：1905～1922 | 2887 | 160.4 | 1498 | 83.2 |
| Ⅳ期：1923～1933 | 3083 | 280.3 | 2432 | 221.1 |
| 合計 | 6941 | | 4309 | |

表4-1　邦政と英政の系譜

出典:『早稲田大学一覧　昭和12年』附録「学科年別卒業生員数表」より作成。左列の「邦政」はⅠ・Ⅱ期が邦語政治科、Ⅲ・Ⅳ期が専門部政治経済科。右列の「英政」はⅡ期が英語政治科、Ⅲ期が大学部政治経済学科、Ⅳ期が政治経済学部。

一九四九（昭和二四）年に新制早稲田大学が設立されるまで存続した。

　したがって、厳密にいえば、現在の早稲田大学政治経済学部は、途中でできた「英語＝大学部」の系譜にある。建学時の筆頭科である政治経済学科の嫡流《ちゃくりゅう》は「邦語＝専門部」であるが、こちらは戦後廃止された。歴史的な経緯をふまえ、校友会名簿の序列は、邦政→専政→英政→大政→政経、の順である（大学一覧など対外的な説明では大学部→専門部の順）。

　この二つの系譜がどのような関係にあったのかは、本書の範囲を外れるが、なかなか興味深い。学歴的な序列でいえば大学部→専門部の順であるが、建学の精神を体現するのは専門部のほうだからである。卒業生数を比較してみても、「邦語＝専門部」が「英語＝大学部」をつねに上回っていた（表4‐1）。法科についても同様である。学生の出自や進路、意識等に関して、両者のあいだにどのような差異があったのか、またそれが早稲田の学生文化にどのような影響をもたらしたのだろうか……。

ちなみに、「近代日本メディア議員列伝」シリーズで取り上げる一四名のなかに早稲田出身は六名いるが、うち「邦語＝専門部」の系譜が四名——降旗元太郎（64）と関和知（70）が邦語政治科、三木武吉（84）が邦語法律科、西岡竹次郎（90）が専門部法律科——であるのに対して、「英語＝大学部」の系譜は二名——中野正剛（86）が大学部政治経済学科、橋本登美三郎（01）が政治経済学部——である。

英語政治科が新設されるきっかけは、もうひとつあった。一八八八（明治二一）年五月に公布された「特別認可学校規則」である。前章で述べたように、特別認可学校になれば、高等試験（奏任官）の受験資格と普通試験（判任官）の無試験特典が認められる。ただしそのためには、入学資格や修業年限、教育課程にわたる厳しい基準を満たさねばならない。私立専門学校を国家の監督下に置くためのアメとムチ政策だった。

東京専門学校はこのとき大学になるために、四年制の学部制（政学部・法学部）を模索していたのだが、この「規則」には素早く対応して、三年制の学科制に戻し、政治科・法律科（第一法律科）に加えて行政科（第二法律科）を新設した。国家の監督下に置かれるのをよしとしない政治科については認可申請を見送る代わりに（政治科の学生による反対運動があった）、法律科と行政科について認可申請するという対応をとったのである。政治権力からの独立と、学生募集を両立させる苦渋の策だった。なお、この認可後に、邦語法律科または邦語行政科に再度入学して二度目の卒業をした者が二〇名ほどいるが（真辺：208f）、官僚任用や徴兵猶予などの特典が目当てだった可能性が高い。

しかし、東京専門学校は大学になることを諦めたわけではなかった。学部制を取り下げる代わりに、英語政治科・英語法律科・英語行政科および予科を新設して、これを将来の大学部の布石としたのである。ただし英語法律科・英語行政科は学生が集まらずまもなく廃止されたので、英語政治科だけが存続した（学生数は邦語政治科の半分程度）。

在学中に改組があった学年は、卒業時に新しい科名になっている。

例えば木下尚江（69）は一八八六（明治一九）年四月に法律科に編入学、八八（明治二一）年七月に邦語法律科を卒業した。尚江の松本中学の後輩、相馬愛蔵（70）は一八八七（明治二〇）年九月に入学、九〇（明治二三）年七月に邦語行政科を卒業した。

愛蔵の入学時の科名は不明であるが、「英国王を審判《さば》いたクロムウエルの法律」を学ぶために上京した「政治青年」尚江と違って、英語が不出来だから松本中学を退学した愛蔵は、尚江先輩の後を追って、英語が不要な私立学校を選んだ「教養青年」である。実家からの仕送りもある（相馬黒光 1996：34）。愛蔵の学校時代の回想からは、尚江のような気負いはまったく見られず、友人に誘われて行った牛込教会に熱心に通い、そこから精神的な影響を受けた（相馬愛蔵：203f）。

**漸進・秩序・「ヂクニチー」**

元太郎たちは、東京専門学校で三年間とも正規のカリキュラムで学んだ最初の学年であり、またすぐ後に述べるように、小野梓をはじめとする建学の父祖たちが揃っていた最後の学年であった。彼らは早稲田の学風、学生文化の原型をつくり、また卒業後は各界で活躍しながら建学の父祖たちの記憶をもつ生き証人として早稲田を支え続けた。

　早稲田の学生に身体化された文化とは、どのようなものか。例えば一九二九（昭和四）年に刊行された高濱三郎『早稲田物語』には、専門部と大学部の両方を含む「政治経済科」の特徴として、次のように述べられている。

「早稲田学園中法律科と共に最古の歴史を有し、或意味に於て早稲田学園を代表してゐると言はれてゐる。頗る活気のある部科である。（略）過去の遺物？として或は古き伝統として、黒紋付きに紙こよりの羽織紐をつけ小倉の袴で往来を闊歩してゐる学生があるならば、それはこの科の学生か法科の学生と見て間違ひない。兎に角早稲田のローカルカラーの最も強く反映してゐるのは政治経済科（略）であらう。（略）兎に角未来の大政治家、大思想家の群在する科である。（略）過激な文章を好み、気狂のした様な言論を喜び、熱狂的気分に陶粋《ママ》する近代の青年学徒の気質はよりよくこの科の学生に反映してゐる。皆俺が俺がといふ様な気持ちで、未来の英雄偉人を夢見てゐるのだから、チームワークのとれないこと夥《おびただ》しい。」（高濱：30f）

　こうした「いかにも早稲田」的なステレオタイプは、多かれ少なかれ、現代にも受け継がれているので、つい元太郎たちの時代にもバンカラ豪傑風な文化を読み込みたくなる。

　『早稲田物語』より三〇年遡って、一八九九（明治三二）年に刊行された村松忠雄『早稲田学風』の記述も見てみよう。まず、見た目が「本郷の大学生」「神田の法学生」「三田の学生」とは違うという点では先の記述と似ている。黒紋付と袴のスタイルはこの頃からあった。

「粗末ながらも多く黒の紋付と袴を着け、意気軒然《けんぜん》、途上尚快弁を弄《ろう》し或は慎重なる態度を取りて過ぐるものは早稲田の学生なり。彼等は其歩行の態度より、衣袴《いこ》の着付き乃至は談笑の風采まで、能く一致して、一見他の学生と区別するを得べし。」（村松：38）

そして、弁論と文章を得意とする点も、先の記述と共通している。違うのは次の点である。「ヂクニチー」（dignity：威厳・品位）を保ち紳士を気取る、というのだ。これは先のバンカラ豪傑風のステレオタイプにおいては後景に退いてしまう要素である。「ヂクニチー」や紳士というあり方に己を近づけるには、むしろ「俺が俺がといふ様な気持ち」とは全く別方向への背伸び（気取り）が必要である。

「早稲田の学生の特風と云へば、今日都下官私立学校学生の間に在りて、最も弁論に長じ最も文筆に巧みに、且つ一種のヂクニチーを保つと称せらる。（略）是れ其演説議論及びヂクニチーなるものは、矢野小野鳩山島田尾崎高田等の諸先輩が、当時の政海にありて、軽佻豪放なる仏国流の壮士的行動を排して英国流の紳士を気取り、社会の上に一種の異彩を放ちて、所謂「改進党気取」を始めしものが、次第に学生を感化し、学生をして同一スタイルたらしめたるによる歟《か》」（同：39）

もともと大隈重信が英国に範をとった立憲政体を構想していたことを考えれば、何も不思議ではない。東京専門学校の開校演説でも小野梓は「人民自治の精神を涵養し、その活潑の気象を発揚するものに至ては、勢い英国人種の気風を推さざるを得ず」と述べていた（尾崎：241）。ドイツやフランスよりも、イギリスから多くを学ぼうとしていた。

「政治上に於ける彼等の理想が、完全なる英国主義にありしかは、其教育する方針も其講述する所の学科も、自然に英国流に傾き、且つ一方には大学派に対し、一方には三田派に対し、更に他方には過激なる空想に耽りて、国家を破壊せんとする仏国派の政論に抵抗して漸進と秩序を重んずる一種特有の学風を成すに至りしこと亦《また》止むを得ざることにして、創設者の意思も亦固《もと》より此辺に存するを観る。」（村松：37f）

重要なのは、「軽佻豪放なる壮士的行動」や「過激なる空想」「国家を破壊せんとする政論」がいずれも仏国流として退けられている点である。そこからすれば、三〇年後の『早稲田物語』に描写されたバンカラ豪傑風のステレオタイプは危うい。あくまでも「ヂクニチー」を保ち、漸進と秩序を重んずること。それこそが早稲田の本来の学風だったはずである。

そして、元太郎は、その「漸進・秩序・ヂクニチー」を体現する政治家だった、というのが私の仮説である。その原点は、東京専門学校時代の小野梓にあった。元太郎と同期で寄宿舎でも同部屋だった山田英太郎（62）は、当時の様子を次のように振り返っている。

「珍らしい程温和着実な人で、少しもネヂケたといふ様なところがなく、余程良家に生れた人だといふことが感ぜられた。私はこの人には油断してもいゝと思ってゐた。学生時代からよく演説をしてをつたもので、その時から小政治家を以て自ら任じてをつた。その時分小野梓先生の演説の身振りが早稲田の学生の間に流行つてをつて、君の演説の身振がをかしかつたことを覚えてゐる。そして年の割に大人びたことを言つてをつた。君の学問の目的は全く就職になく政治にあつたのである。

（略）君の此何とも言へない良い性格は君の最後の日迄君から離れなかつた事ゝ思ふ。そしてこの性格が君の長き政治生活中に君の支持者を反《そむ》かしめなかつた所以であらうと思ふ。」（山田英太郎：36）

山田の証言によれば、元太郎は当時から政治を志して、よく演説をしていたのだという。注目されるのは、小野梓の存在感である。東京専門学校の「建学の祖」は大隈重信（38）と小野梓（52）――それぞれ「建学の父」「建学の母」と並び称された――であったが、元太郎ら一期生たちにとって身近なカリスマは小野のほうだった。

元太郎にとって演説は珍しいものではない。一八七八（明治一一）年一月に豊科学校の武居塾に入塾した早々に経験したし（第二章）、松本では前年の七七（明治一〇）年から盛んに開催されていた。信州だけではない。西南戦争後の自由民権運動の活性化を背景とする演説ブームが全国で起こっていた。政治青年にとって、演説は最もわかりやすい政治活動だったのだ。けれども、元太郎が目の当たりにした小野梓の演説は、信州の民権家たちのそれとは異なるものだった。

小野梓の胸像（早稲田大学早稲田キャンパス27号館地下1階にて筆者撮影）

小野梓は、大隈の懐刀として立憲改進党と東京専門学校の運営実務を担い、良書普及のために東洋館書店（それを継承したのが冨山房）を創業するという超多忙ななか、自ら講義（「日本財政論」「国憲汎論」など）と著述をおこない、学生を前に演説をおこなっていた。

元太郎と同期の広井一(65)は次のように回想している。

「財政論と云ふても、学理ばかりでなく、先生が会計検査院長として、政府の枢機に参与し、日本財政の基礎を、大隈侯を補佐して、定められた人だけあつて、実際政治に触れて、其の大綱を説き、政治を断ぜらるゝので、非常に有益で、極めて趣味多く感じた。(略)先生は科外講義として、在学生全体を講堂に集め、先生の大著述国憲汎論を講義せられた。(略)次第に論歩を進められるや、思はず禁を破つてヒヤ〳〵と絶叫し叱られた学生もあつた。先生が勤王と立憲政治を結びつけて論断せらるゝ時など、学生も泣き先生も泣くと云ふ実に非常なる感動を与へられた。」(箕輪編:43f)

小野梓は、学問と政治が渾然《こんぜん》一体となった講義に己の魂を込め、命を吹き込んだ。法律科も含め在学生は、ほとんどみな小野の講義に出席して、そして感化された。

同期(邦語法律科)の森田卓爾《たくじ》(66)も、やはり山田や広井と同様の感想を述べている。

「小野先生の講義は、丸で政談演説のやうだ。財政の原理などはそち除けで、盛んに政談をせられる。かういふ風にして、学生の気風を政治弁論に導かれたのは実に非常なものである。(略)たとひ法律科に籍を置くものでも、政治家を気取つてゐる全校の生徒約二百人は、総《す》べて是れ年少気鋭の政治家であつた。其根元は外ではない、実に小野先生の亜流を汲んだのである。」(西村:188)

小野梓は官僚になる前の一八七二(明治五)年から七四(明治七)年にかけて米英両国に渡航・留学しているから、元太郎が小野を通じて学んだのは、「演説の身振り」だけでなく、立憲政治を担うための心構え、英国仕込みの「漸進・秩序・ヂクニチー」でもあったはずである。「珍しい程温和着実」で

「年の割に大人びたことを言ってをつた」という元太郎は、政治を志しながらも「俺が俺が」のバンカラ豪傑風とは対極にいた。

ところが小野梓のこうした姿はまもなく見られなくなる。もともと病弱だったところに肺の病が重なった。一八八四（明治一七）年七月の第一回卒業式で祝辞を述べたのを最後に定期的な来校が叶わなくなり（河野：99）、八六（明治一九）年一月、三三歳の若さで死去した。つまり東京専門学校で小野梓の謦咳《けいがい》に接することができたのは建学から二年間だけだった。あるいは、限られた時間を自覚すればこそ、二年間の教師生活に全精力を注入したのかもしれない。

小野梓が病に臥せる八四年秋頃から、立憲改進党では解党騒動、東京専門学校では移転騒動が起こった。そのなかで東大同期の鷗渡会メンバー同士で意見対立が激しくなり、元太郎たちの第二回卒業式の前後に、草創期を支えた四名の講師が相次いで辞めてしまう。山田一郎はジャーナリストに転じ、岡山兼吉・山田喜之助・砂川雄峻らは英吉利法律学校の創設に参画した。

もしも「建学の母」小野梓が健在であれば、ここまで内部対立が激化したかどうか……。つい「歴史のイフ」を想像したくなる。けれども、短命ゆえにかえって鮮やかに記憶された、ということもある。「学問の独立」を初めて説いた開校演説から、在学生を魅了した「演説の身振り」まで、さまざまな形で語り継がれたことだろう。「漸進・秩序・ヂクニチー」のような志向や態度は、とりわけ血気盛んな学生たちへの伝承は容易ではなく、時間の経過とともに忘れ去られていったのかもしれない。けれども元太郎たち「小野チルドレン」は、卒業後に全国各地に散って、各々の持ち場でさっそく実践し始めた。

## 早稲田大学の維持員として

元太郎にとって東京専門学校はたんなる母校というだけではなく、政治家人生におけるアイデンティティにもなった。

晩年の病床手記に「余の心血を注ぎたる苦衷の知られざるもの」として挙げた五項目の最後が「第五、早大の維持員としての余の天職」だった。

「余は故大隈伯が学問の独立を高唱して早大の萌芽たる東専を創立したる時、藩閥内閣が全力を注いで、且つ教授（講師）を辛辣に圧迫し、且つ周到非道にその水の手を切り、これでもか〳〵とたゝきつぶしをやつた事情を詳知するもの。而して之に対する故大隈伯の抵抗力の強烈さ「かげん」を目撃せるもの。

大隈家と早大とは、切つても切れぬ間柄也。乍併《しかしながら》総長は、総長の資格ある人でなければならぬ。現在は信常侯が名誉総長たり。此制度頗る佳し。外観にすき間のないようにさせねばならぬ。なに少し位の感情の齟齬《そご》くらいはあつたつてかまわぬ。

我々のくさびで大早稲田の総長及び名誉総長間、即ち学園と大隈家との間に、なつかしいくさびで、輝かしいしめくくりをつけておかねばならぬ。

母校の母とも見るべき小野梓先生の薫陶を受け、且つ小野先生に由て帝大在学中毎日曜に向島の小野先生別荘へ通はれたる高田（早苗）、天野（為之）、坪内（逍遙）、山田（一郎）、山田（喜之助）、小川（為次郎）諸君の鷗渡会の古を聞知しておる余の天職だと信ずるものなり。」（手記：30f）

元太郎が維持員を務めたのは、一九二九（昭和四）年六月二一日から三一（昭和六）年九月一五日に死去するまでである（『早稲田大学百年史』総索引年表：139）

維持員は、早稲田大学関係者にとって最も名誉ある役職であった。歴史を遡れば、それが早稲田の「建学の父祖たち」に連なる存在として位置づけられていたことがわかる。

明治民法施行により一八九八（明治三一）年に東京専門学校が社団法人化されたときの「社員」（大隈英磨・高田早苗・鳩山和夫・天野為之・坪内雄蔵・市島謙吉の六名）が原型となり、一九〇三（明治三六）年の定款改正により社員を「維持員」と呼び、維持員会を最高議決機関とした。最初の維持員は鳩山和夫・高田早苗・天野為之・坪内雄蔵・市島謙吉・大隈信常・田原栄の七名である。財団法人化を機に維持員は増員され、その後、「最初の六名の社員／七名の維持員」の名残りだった終身維持員の枠も廃止され、すべてが有期維持員となった（元太郎はこの時代の有期維持員である）。戦後の学校法人化を機に維持員は「評議員」と改称された。現在、「維持員」の名称は一億円以上の高額寄付者に贈呈される名誉称号として残っている。

「最初の六名の社員／七名の維持員」について補足しておこう。

高田早苗（60）・天野為之（61）・坪内雄蔵（59）・市島謙吉（60）の四名は東京大学文学部の同級生であり、草創期から学校を創り支えた最大の功労者として「早稲田四尊」と呼ばれる。ただし「三尊」と呼ばれた時代もあり、数え方も諸説あるようだ（高島：24）。

大隈家の人間が英磨（56）から信常（71）に変わっているが、どちらも大隈重信の婿養子である。初代校長の英磨が離縁となり大隈家を離れたため代わりに信常が入った。田原栄（58）は、山田一郎（60）と同じく広島英語学校から東京開成学校に入った「明治九年入学組」で、東京大学理学部に進学したが病により退学、帰郷していたところ、東京専門学校設立にあたり理学科講師として招かれた。理学科廃止後も幹事として学校経営を支えた功労者だった（『早稲田大学百年史』一巻：490f）。

鳩山和夫（56）は一八九〇（明治二三）年から東京専門学校第三代校長および早稲田大学初代校長を務めた（校長在職一七年間に及んだ）。しかし最も意外なメンバーではある。貢進生の最年少として大学南校に学び、第一回の文部省派遣留学生としてアメリカ留学後、一八八〇（明治一三）年八月に東京大学法学部講師になったところまでは前章で述べた。政府と東京大学は大隈系の政党や学校を最大限警戒していたはずである。

ところが鳩山は大人しく東大教授に収まる人物ではなかった。一八八一（明治一四）年七月の東京大学卒業式での「法律の効用」と題した演説が舌禍事件を引き起こした。問題となった演説は次のような内容だった。

「国家を発展せしめ、国力を充実せしむるには必ず人材を養成せねばならぬ、すなはち国民教育が第一である、然るに我が国の教育機関たるや実に極めて微々たるものではないか、これは文部省自身にも責任があるけれども、また教育事業に金を出さぬ大蔵省にもその責の大半はある、教育は時代より常に一歩を先んじ、何人の子弟と雖も教育を受けられる様に普及せしめねばならぬ、時代は人の知らぬ間に進む、油断をすると何時如何なる危険が発生せぬとも限らぬ、法律の効果といふものは、平生こそ左様には思はれぬが、一朝《いっちょう》何事かあれば直ちにその効果を発揮する（略）仏蘭西革命で凡てが破壊しつくされた時に初めて法律の有難味が解つた如きがそれである」（鳩山：40）

教育事業に金を惜しむ大蔵省を批判するだけならまだしも、フランス革命を引き合いに出して政府を恫喝《どうかつ》するかのように受け取られたのだろう。臨席していた大蔵卿佐野常民《つねたみ》の逆鱗《げきりん》に触れ、鳩山を即刻免官せよと迫った。文部省は鳩山に同情的だったらしいが、結局諭旨免官とすることに決めた（「大学の自治」以前の時代である）。

ただし「実際は此際教授の本職にする筈であつた処を見合せ、依然適当の代りのあるまで講師の名義で教へることを続け」、正式な辞令は翌八二（明治一五）年一月に下った（同：41）。こうした時間稼ぎには、一方の当事者である佐野常民も、明治一四年政変で大蔵卿を辞任するというドサクサも味方したはずである。だから次年度の『東京大学法理文三学部一覧』（明治一四・一五年）における学部スタッフ一覧からは鳩山の名前は消えているが、高田早苗らの学年は四年生の第一学期（明治一四年九月〜一二月）まで鳩山に教わっているのである。山田一郎の回想にも「最終学年の第一期にオースチンの法理論を、鳩山先生の講義で聞く事になりました」（薄田：46）、「翌年一月から三月まで第二学期となり、主任が穂積陳重氏と変り」（同：49）とある。

この間に鳩山は代言人試験を受けて合格、一八八一（明治一四）年一二月に代言人になっており、いつでも独立開業できる準備ができていた。文部省にとって鳩山は手放すには惜しい人材であったから、その後、帝国大学法科大学へ呼び戻されたこともあるが、衆議院議員や東京専門学校校長など活躍の場を実社会に求めた。一社会に限られた法律学では世界的価値のある研究が困難であることを悟った鳩山は、「日本の法律学者たらんよりは、寧《むし》ろ自己の学問を以て活社会に出で、より以上に活動したが宜《よろし》い」（鳩山：46）と思い定め、弁護士の地位向上、私学の増設と発展、立憲政治の発達と進歩という「三大理想」の実現に邁進《まいしん》したのである（同：34f）。

この鳩山和夫が、じつは元太郎を政治家にしたキーパーソンの一人なのである。第六章で述べるように、元太郎が総選挙に初出馬するときには、わざわざ松本まで出向いて（妻の春子が松本出身だった）、出馬に反対する元太郎の父親を説得することになる。

以下は鳩山舌禍事件の余波である。

東京大学の高田早苗たちの学年の卒業式（明治一五年）はコレラ流行のため九月に延期になっていた。その頃には東京専門学校の開校が広告に出始め、「大隈の私学校」の出現に政府が警戒を強めていた。文学部の卒業生総代は「ラートゲン教授排斥運動」の山田一郎であり（当時は同期生の互選で総代を決めていた）、高田や天野とともに東京専門学校に参画することがわかっていた。だから、外山正一文学部長は、一年前の鳩山のように、山田もきっと危険な雄弁を試みるのではないかと戦々恐々としていた。

ところが、山田の答辞は「只三行半許《ばかり》にて「生等は今人生の花にあり」といふ丈が要点」の簡素なものだった。拍子抜けした外山は、式後の宴会で山田のそばに来てニコニコしながらこう言ったという。

「君が〔総代として答辞を述べに〕出て行つたから、去年鳩山が仏蘭西革命を遣つた様に、露西亜《ロシア》のニコ《ママ》リズムでも遣り出すだらうと思うて、片唾《かたず》を呑んで控へて居つたが、失望させたわい」（薄田：55）と。

東京専門学校がまだ過激派の拠点と思われていた頃のエピソードである。

## 2　青木貞三の仲介――太政官文書局と同郷四天王

### 地元新聞の継承と信陽日報の創刊

東京専門学校を卒業した後の元太郎の経歴については、徳弥による伝記に「松本に帰って新聞事業に携わった」とある（正編：44）。一八八六（明治一九）年八月に創刊した『信陽日報』の経営に、元太郎が参画したのである。

メディア政治家への第一歩がここから始まる……といいたいところだが、この信陽日報は、信飛新聞に始まり松本の自由民権運動を牽引してきた由緒ある地元紙『松本日々新聞』の後継紙である。いくら元太郎が浅間温泉の名望家の跡取り息子でも、学校を卒業したばかりで何の実績も経験もない青年にいきなり任せてよいのだろうか。当然の疑問である。

じつは、元太郎が地元の新聞事業を引き受けるに至った背景を調べていくと、将来政治家になる条件が揃い始めていることに気づく。それは東京と地元をつなぎ、政治的な力の源泉となるネットワークのことである。

地方の青年が上京遊学する際に、東京にいる親戚や知人、それに紹介された第三者を頼るのは以前か

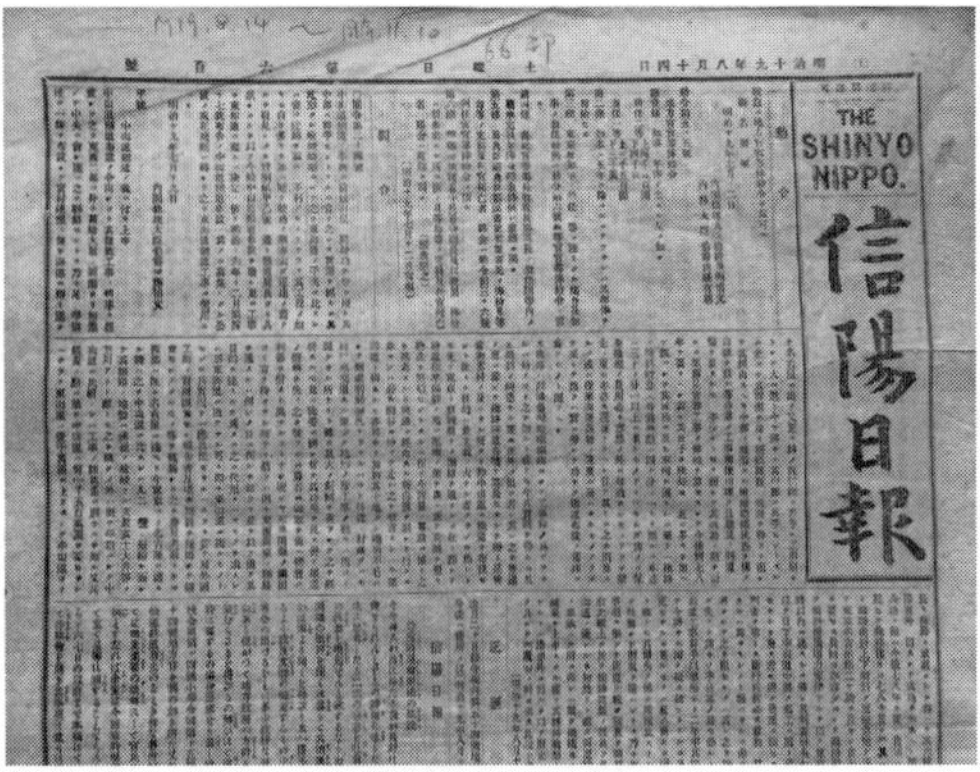
THE SHINYO NIPPO.
信陽日報

創刊されたばかりの『信陽日報』（明治19年8月14日付）の紙面（松本市中央図書館所蔵）

らあった。ただ、それが個人間の縁故にとどまる限り、広がりをもたない。それに対して、元太郎が東京専門学校で学んだ明治一〇年代後半には、東京と地元をつなぐ同郷者団体「松本親睦会」が組織され始める（後で述べる）。個人的な縁故とは明らかに異質なこのネットワークの中心にあったのが、青木貞三(58)と東京専門学校である。

伝記でも「この新聞界入りは松本出身の青木貞三らの勧誘による」（同上）として、病床手記の次の部分を引用している。

「余の此新聞に関係し始めたのは、明治十九年、余と黒川九馬、岡田庄四郎が東京専門学校を卒業し同校幹事室勤務の吉田復平治《またへいじ》と共に青木貞三——

（青年二十六にして岩倉具視卿に見出されて、西本願寺財政整理を担当し、後、官報局長となり、高橋健三を次長とし、大志を天下に行はんとして俊髦〔俊髦《しゅんぼう》〕を召集しつゝある時に、同郷出身の故を以て余等四人も共に左右に抜擢したるなり。高橋の弟分に陸實《みのる》〔羯南〕あり。陸實の弟分に三宅雄次郎〔雪嶺〕あり。余等は年少の生意気な盛りにて、青木邸に於ては陸實氏を凌駕《りょうが》したものだつた。青木氏は後、局長を辞し、欧米を漫遊し帰朝して米商会所頭取となる。当時の米商会所は今の兜町蛎殻《かきがら》町を一つにしたようなものであつた）

――の計画に参加し、先づ東京に商業電報（これは陸實が管理した）、名古屋に扶桑《ふそう》新報、大阪に内外新報、長崎に鎮西日報を興し、而して松本には松本日々新聞社の伊藤久蔵、江橋厚《えばしあつし》、波多腰《はたこし》八九郎、三人と協議成つて、其発行所、発行権を継承し、余と吉田復平治とで信陽日報を発行することゝなれり。」（手記：32f）

この部分はかなり情報量が多いので、丁寧に読み解いていこう。

まず、地元紙の経営を東京帰りの青年が引き継ぐべく、関係者との協議を取りまとめたのが青木貞三である。手記にある経緯は『松本市史　下巻』（一九三三年）には次のように記述されている。青木が申し入れたのは再建のための協議だったことがわかる。

「明治十九年五月、青木貞三其四天王（岡田黒川吉田降旗）を率ゐて帰省す、青木に新聞の計画あり、松本日々の不振なるを見、合同新刊を協定し、吉田復平治・降旗元太郎の二人を留めて事に当らしめ、八月信陽日報を創刊す、爾来早稲田系たり。」（松本市編：720）

岡田庄四郎・黒川九馬・吉田復平治・降旗元太郎が「四天王」と呼ばれている。青木貞三の信頼の厚い実力者四人組として周囲からも認知されていたのだろう。以下で（同郷）四天王と呼ぶのはこの四人組のことである。

信飛新聞の系譜を継ぐ地元新聞は、筑摩県廃止後に『松本新聞』（一八七六年）と改称されて以降、自由民権運動を牽引してきたが、それゆえに筆禍による弾圧と財政難に苦しみ、ほぼ毎年のように廃刊と再建を繰り返していた。すなわち、『松本新聞』は一八八一（明治一四）年に廃刊、同年『信陽日日新聞』

として再建、翌八二（明治一五）年に廃刊、同年『信中新報』として再建、翌八三（明治一六）年に廃刊、翌八四（明治一七）年に『松本日日新聞』として再建……という具合である（正編：45f　松本市編：716f）。

それに対して、同じく県庁の御用新聞として出発した北信の『長野新報』は、信飛新聞とは対照的な展開を辿る。御用新聞のまま自由民権運動期を迎えたので、民権派寄りの『信濃毎日新報』が登場して激しく争った。そこで地元の有力な実業家だった小坂善之助（53）らが社主グループに入り経営体制を立て直し、競合紙を吸収合併、一八八一（明治一四）年には『信濃毎日新聞』と改題して、御用新聞から次第に報道主義に転換、政治勢力から一定の距離を保ちながら、商業新聞として発展していくのである。

松本日日新聞時代になっても、筆禍による弾圧と財政難に苦しむ状況は変わっていなかった。そこに青木貞三が再建策を持ち込んだ。財政的な裏付けの詳細は不明であるが、ともかく発行所と発行権を譲り受け、同郷四天王のうち吉田復平治と降旗元太郎の二名を実務担当とした。残りの岡田庄四郎と黒川九馬は、信陽日報には関与していないが、後で述べるように、同年末から青木の指示の下、甲信鉄道敷設計画の実働部隊として働くことになる。

さて、その青木貞三と同郷四天王の関係である。

第二章でも少し触れたように、青木貞三は、松本出身の上京組にとってのキーパーソンの一人であった。経歴については『松本市史　下巻』に記載された人物情報が詳しい。まずは一八八〇（明治一三）年、二二歳で東京に塾を開いて以降の部分を引用する。

「十三年克己塾を東京湯島天神町に開き苦学生を収む。松本出身澤柳政太郎・黒川九馬・吉田復平治・岡田庄四郎・岡田正美等皆其誘掖提撕《ゆうえきていせい》〔導き助け励ますこと〕に出づと云ふ。」（松本市編：758）

克己塾を開いて青木が世話をした同郷の学生のうち、澤柳政太郎（65）と岡田正美（71）は東京大学（帝国大学）である。黒川九馬・岡田庄四郎・吉田復平治は東京専門学校であり、松本の新聞継承の協議に、青木と同行した四天王の三名であることが注目される。黒川は邦語法律科、岡田は邦語政治科で、元太郎と同期である。

吉田復平治については、病床手記に「同校幹事室勤務」とあるように学生ではなくて職員であり、『早稲田大学百年史』には二か所に登場する。

第一に、一八八三（明治一六）年九月時点の幹部職員として「校長大隈英麿、議員鳩山和夫・成島《なるしま》柳《りゅう》北《ほく》・小野梓・矢野文雄・島田三郎、幹事秀島家良《いえよし》、副幹事小川為次郎、補幹谷清瀬・秋元兼思、会計委員門馬《もんま》尚経《たかつね》・山本治郎兵衛、書記吉田復平治・山上吉蔵・萩原此吉」と吉田の名前が見られる（二巻：67）。

第二に、一八八四（明治一七）年一二月に朝鮮で起こった親日派のクーデター事件（甲申政変）を受けて、東京専門学校の寄宿舎生を中心に強硬論を唱える上申書を参議伊藤博文に対して提出するのであるが、元太郎と同期・同部屋の山田英太郎を筆頭に連署した一一九名のなかに「吉田復平治や門馬尚経のような寄宿舎に関係ある職員達」も含まれていた（一巻：619）。

つまり、吉田復平治は、東京専門学校の草創期からの職員であり、寄宿舎に関係する業務もおこなっていた。しかも学生たちの政治的な上申書に一緒になって署名までしており、彼らとの距離の近さがうかがわれる。いったいどんな人物なのか。『信濃毎日新聞』一九二二（大正一一）年二月二六日夕刊「信州教育界の人（四）」に重要な経歴情報が含まれている。

「筆剣を生命として、新聞に従事する者が、其主義主張を異にして論陣を張るは、其例少くないが、常年信濃日報に於ける、吉田復平治と、信濃民報に拠る石塚北巌との筆戦の如きは其侃々諤々《かんかんがくがく》の議論に於て、互に譲らざる点蓋《けだ》し、罕《ま》れに観る処であつた、（略）吉田は「七八」と号し、明治十一年の、師範学校出身で田中救時、森本省一郎、太田伯一郎と、同期生である。当時の師範の空気は、現在の師範の如く、職を求めんとする者が入学するのではなく、苟《いやしく》も学問に志し、天下の民人を憂ふるの士は、悉く此の門に集まつた、故に学生は、政治を云々《うんぬん》し、自由民権を口にし、宛《えん》として、政治家志士の養成所に異ならなかつた、此の環境中に恵まれた吉田が、教職を弊履の如く捨てゝ、騒壇に走せたのは、何等怪しむに足らない。」

長野県師範学校松本支校の卒業年は、田中救時《ひらとき》（50）と同期なら一八七八（明治一一）年（上田市誌編さん委員会編：138）、森本省一郎（61）や太田伯一郎（62）と同期なら一八七九（明治一二）年である。第二章でも述べたように、当時松本の師範学校は、豊科の武居塾と並んで自由民権思想の培養器だった。森本も太田も小学校長に奉職しながら、松沢求策（55）らが一八八〇（明治一三）年に結成した奨匡社に参画、国会開設運動に奔走する筋金入りの民権派教員だった（村澤編：74,444）。

吉田復平治も、森本や太田らとともに、自由民権運動に参加していた。一八七九（明治一二）年から翌八〇（明治一三）年にかけて政談演説を七回やり、奨匡社社員名簿（明治一三年八月）にも名前が記載されている（有賀・千原編：112,170）。「教職を弊履の如く捨て」とあるから、一度は小学校教員になりながら一、二年で辞めたのだろう、その後は師範学校の先輩である青木貞三を頼って上京したのではないか。今さら学生として私立学校に入り直す気はなかったのであろうが、どうやって東京専門学校に入り込めたのかは謎である。

それはともかく、吉田復平治は青木貞三の後輩であり、かつ森本省一郎や太田伯一郎らと同期、という師範学校・自由民権運動のネットワークをもち、東京専門学校の寄宿舎に職員として関わる立場から、同郷の在校生である黒川久馬や岡田庄四郎、そして降旗元太郎らと親しく交わる位置にいた。年齢的には、青木と元太郎たちの中間ぐらいと考えられる。

## 青木貞三と太政官文書局

なぜ青木貞三に地元新聞継承の仲介が可能だったのだろうか。

それを可能にした条件は二つあったと考えられる。ひとつは民間の新聞に対して指揮監督しうる役職（内閣官報局長）に就いていたこと、もうひとつは東京と地元をつなぐ同郷者ネットワーク（松本親睦会）において指導的役割を果たしていたことである。後者については後で述べるとして、まずは前者の政府内での役職から見ていこう。

「偶《たまたま》岩倉右大臣の知遇を得、其抜擢を蒙《こうむ》り元老院に奉職し、翌年正七位に叙せられ累遷《るいせん》数回、後宮内省編纂局に入り大政紀要を編纂す。会右大臣薨去《こうきょ》・彼慟哭《どうこく》特に甚し。終《つい》に官を辞す。次で京都大谷本願寺財政整理の委托を受け、拮据《きっきょ》勉強年を越えて其功を奏す。十七年五月再び官界に入り、太政官少書記官となり尚数職を兼任す。翌年文書局長より内閣官報局長に進む。後政事上の意見に附き当路《とうろ》上官と合はざる所あり、乃《すなわ》ち官を辞し、十九年六月東京米商会所頭取に推選せられ経略頗る多し。」（松本市編：758f）

その具体的な足跡は、官員録によってある程度まで捕捉することができる。官員録における初出は一八八一（明治一四）年三月版の元老院御用掛準奏任である。七月版で元老院権少書記官（正七位）に昇格しているが、八月版から一〇月版には元老院には名前がない。ちなみに政変前の官員録には太政官会計検査院に小野梓（52）（権大書記官・正六位）、太政官統計院に矢野文雄（51）（権大書記官・正六位）や犬養毅（55）、尾崎行雄（58）（二人とも権少書記官・正七位）らの名前が並んでいる。この時点で青木は二三歳、矢野の推薦で仕官した犬養や尾崎と同格の少壮官僚だった。翌八二（明治一五）年一月版では太政官第二局権少書記官（正七位）となり、その後八三（明治一六）年一二月まで同じ官名である。

この間、官僚として手掛けた仕事としては、一八八三（明治一六）年四月に設置された宮内省編纂局での「大政紀要」の編纂だった。明治一四年政変を機に動き出した立憲体制に対する危機感を募らせた岩倉具視が、国体擁護を目的とした日本歴史の編纂事業を企てたのである（大久保 1954＝1975：10）。政府内から集められた九名の編集委員のなかに二五歳の青木貞三がいた（同：11）。結局、同年七月に岩倉が病死したことで、この編纂事業は同年末に終了、編纂局も閉鎖する。このタイミングでいったん官界から離れ、西本願寺の財政整理に携わったとされるが、詳細は不明である。

その次に官員録に青木貞三の名前が確認できるのは、一八八四（明治一七）年七月版の太政官文書局少書記官（正七位）である（六月版には名前はない）。前年までの権少書記官（正七位）から少書記官（八月から従六位）に昇格した。一年後の一八八五（明治一八）年八月版では太政官文書局長（少書記官・従六位のまま）になっている。同年一二月の内閣制発足にともない、青木の役職も内閣官報局長となった。このとき二七歳である。

太政官文書局は、官報発行を主たる任務として一八八三（明治一六）年五月に設置された（官報は同年七月に創刊）。当時の官報は、政府からの通達や告示の掲示にとどまらず、内外情報の提供・啓蒙も兼ねた「報道新聞」でもあった（有山：73）。したがって文書局の任務も、官報発行以外にも、新聞の指揮監督、全国の新聞紙や著書翻訳書の検閲、さらには「緊要ト認ムル者」や「政策ヲ妨ケ治安ニ害アル者」の政府内での情報共有などが含まれていた（同：75f）。反政府言論に対抗して世論工作する情報機関（intelligence services）である。建議したのは参事院（後の法制局）議長だった参議山縣有朋（38）である。発足当時は自ら文書局監督に就任し、局長には平田東助（49）、幹事に小松原英太郎（52）と山縣閥で固めた（同：71）。

こうした言論統制的な機能をもつ一方で、文書局の実働部隊として集められたのは、新聞記者経験者や外国語習得者など言論を生業とする青年たちだった。一八八四（明治一七）年五月に文書局に勤務することになった川田徳二郎は次のように振り返る。

「当時局員中には新聞記者たりし者若《も》しくは書生上りの者多く為に其行為自から磊落《らいらく》粗放庶務会計の事を通するよりは寧ろ高談放議以て新聞の論説又は演説の批評に巧《たくみ》なり窃《ひそか》に他日政界に雄飛するの抱負を存せるもの〻如し而して英学派あり仏学派あり独逸学派あり君〔高橋健三〕は英学派を以て推さる」(川那辺：203f)

政府や東京大学がドイツ学へ転換している時期であるから、主流から外れた英米仏系の官僚たちの待機ポストだった可能性もある。ともかく、任用が人物本位だったこともあり、この時期に文書局に集められた人材は多様性に富んでいたようだ。

司法省法学校の放校組である原敬(56)と陸羯南《くがかつなん》(57)も、この時代の文書局に御用掛として在籍している。一八八三(明治一六)年六月に陸が、翌七月に原がそれぞれ太政官文書局御用掛になっている。同僚となったのは偶然である。どちらも司法省法学校で学んだフランス語が武器になったが、陸が翻訳生活が苦しくなり知人を頼って紹介してもらったのに対して、原は外務省公信局翻訳部で翻訳や調査の業務を担当した経歴を買われて太政官文書局に異動(外務省と兼務)してきた。原敬は地方の視察調査中の同年一一月に中国の天津領事に任命され外交官になったが、陸はその後一八八八(明治二一)年まで五年間勤めた後、依願退職して新聞を創刊、以後言論界で活躍する。

青木貞三が太政官文書局少書記官に任命されたのは、文書局が設立されて一年後であるが、その一年後にはもう局長に就任している。かつて自分を抜擢してくれた岩倉具視はもういない。青木は己の実力で情報官僚として頭角をあらわしてきた。

青木が太政官文書局＝内閣官報局の局長の地位にあったのは、一八八五（明治一八）年六月二四日から翌八六（明治一九）年六月七日までの約一年間である（有山：280）。つまり、元太郎が東京専門学校を卒業して松本で『信陽日報』を始めるまでの時期は、青木が情報官僚として最も勢いのあった時期とちょうど重なるのである。

ここまでの経緯をふまえて、再度、病床手記に戻ろう。

「官報局長となり、高橋健三を次長とし、大志を天下に行はんとして俊髦〔俊髦〕を召集しつゝある時に、同郷出身の故を以て余等四人も共に左右に抜擢したるなり。高橋の弟分に陸實〔羯南〕あり。陸實の弟分に三宅雄次郎〔雪嶺〕あり。余等は年少の生意気な盛りにて、青木邸に於ては陸實氏を凌駕したものだつた。青木氏は後、局長を辞し（後略）」（手記：32f）

青木貞三局長（少書記官・従六位）の次席が高橋健三幹事（少書記官・正七位）である。その前の平田東助局長体制では、青木は局内の序列五位、高橋は序列一〇位だった。文書局の監督が山縣有朋から外務卿井上馨（36）に代わるタイミングで（陸：2）、大幅な人事異動がおこなわれた可能性がある。こうして誕生した青木局長と高橋幹事の体制は、一年続いた。このとき陸羯南は、局内では末端の御用掛准判任にあった。

そして、青木局長は高橋幹事とともに「大志を天下に行はんとして」文書局の新規事業の計画を練っていた。当時文書局で彼らの部下だった陸羯南は「君〔高橋健三〕は青木と謀《はか》りて官報拡張の計画を立て資料の精選并《ならび》に印刷の改良を実行せんとしつゝあり」（川那辺：3）と振り返っている。この陸のいう

「官報拡張の計画」は、元太郎のいう「先づ東京に商業電報（これは陸實が管理した）、名古屋に扶桑新報、大阪に内外新報、長崎に鎮西日報」という具合に各地に新聞事業を起こす計画と何らかの関係があったと思われる。

青木貞三の「計画」がどのような構想に基づくものであったのかは想像するしかないのだが、一方で政府の新聞として官報を発行し他方で民間の新聞を監督指導する、というそれまでのあり方から、民間の新聞全体について質の向上を積極的に図っていくという方向へ転換することを考えていたのではないだろうか。

故郷松本でも既存の地元新聞の経営を引き継ぐというのもその一環だった。松本の実働部隊として「抜擢」されたのが、同郷四天王こと黒川久馬・岡田庄四郎・吉田復平治、それに元太郎だった。元太郎がなぜこのメンバーに入ったかはともかく、他の三人はそれ以前から青木邸（克己塾）に親しく出入りしていたと考えられる。

そして青木局長＝高橋幹事体制の頃に、新規事業計画について相談するために、しばしば青木邸に元太郎ら四天王と高橋・陸が集まったのだろう。ときには陸の弟分の三宅雪嶺（60）も同席したかもしれない。

「余等は年少の生意気な盛りにて、青木邸に於ては陸實氏を凌駕したものだつた」とあるが、年少なのは元太郎たちだけではない。上司の青木貞三（58）自身、部下の高橋健三（55）や陸羯南（57）より年少だった。高橋は明治初めの貢進生として大学南校に学び、陸は司法省法学校（放校）、その弟分の三宅は東京大学文学部で学んだ最高学歴グループであったから、いくら「生意気な盛り」とはいえ、彼らを「凌駕」する松本・東京専門学校グループの得意な様子が目に浮かぶようである。

ただし、当時、陸羯南は井上毅から語学力と法学知識を高く評価されて、憲法起草準備のために宮中に設けられた制度取調局御用掛を兼任したり、文書局とは別の翻訳業務に携わっていた。ビュフォン著・井上毅訳『奢是吾敵論《おごりはこれわがかたきろん》』やド・メストル原著・陸羯南訳述『主権原論』を刊行したのは、一八八五（明治一八）年九月のことである。有山輝雄によれば、陸羯南は『主権原論』の翻訳を通じて「国民精神」を発見し、西欧思想を突き詰めた先に到達する保守主義の可能性に気づいたという（有山：84f）。学校を卒業したばかりの青年には見えにくい仕事だったに違いない。

青木貞三は一八八六（明治一九）年六月、内閣官報局長を辞任して、東京米商会所の第五代頭取となった。米の先物取引を扱う会社である。

官報局長辞任の理由は「政事上の意見に附き当路上官と合はざる所あり」（松本市編：759）とある。太政官文書局は前年末の大々的な組織改編によって内閣官報局となり、「此に於て官報局は主ら官報の編輯及発売に関する事務を掌理するの官庁と為り其他の事務は尽《ことごと》く他に移され」（川那辺：204f）たという。青木が構想していた「官報拡張の計画」（陸）が官報局の新しい業務内容からは逸脱するために、自ら官を離れ民間で実行しようとしたのかもしれない。

青木辞任後の官報局は「長」が空席のまま次長に高橋健三、それに次ぐ編輯課長に陸羯南が就いた。一八八七（明治二〇）年の「文官試験試補及見習規則」により、翌年から官僚の試験任用が始まり、太政官文書局のような人物本位で多様な人材をプールできた時代は終わる。

## 3　松本親睦会から地方政治へ

### 地元の有力者を中央に取り次ぐ

青木貞三に地元新聞継承の仲介が可能だったもうひとつの条件は、松本親睦会という同郷者ネットワークにおいて指導的役割を果たしていたことである。

これに関しては、徳弥による伝記では次のようにわずかに言及されるのみである。

「このころの父は『松本親睦会雑誌』によると、新聞社長、指導者として地元の重大問題には常に関与し、「松本親睦会」東京会員の有力者、戸田康泰《やすひろ》子爵や辻新次、沢柳政太郎らと連絡をとり、地元の発展に努めたようである。」（正編：47f）

こうした同郷者ネットワークを独自に創りだし、それを活用して「地元の重大問題」に取り組むお手本を示したのが、青木貞三と彼の同郷四天王だった。重要な先行研究としては、有賀義人『信州の啓蒙家　市川量造とその周辺』（一九七六年）の第四章「「松本振起策」と市川量造」がある。市川量造（44）は、第二章で述べたように藤森寿平（35）や窪田畔夫（38）らとともに開明的な名望家であり、新聞発行や下問会議を筑摩県に建言して自らそれに関与した、いわば近代松本の建設者のひとりである。有賀の研究からは、その市川が地域課題のために中央に働きかけようとする場合に、まず青木貞三が頼みの綱であったことがわかる。それとの関連において、松本親睦会の成立と初期の活動についても頁を割いているのである。

市川量造は、第一期の県会議員に選出されると、新しい地域課題に取り組み始めた。その背景には、筑摩県廃止（長野県への統合）以後、松本が衰退の一途を辿っている、信州全体の発展から取り残されているという問題意識があった。当時松沢求策を中心に進行中だった奨匡社の国会開設運動よりも、松本の発展を優先した市川の姿勢について、有賀の評価は「筑摩県（時には松本）中心主義」と手厳しい（有賀 1976：509f）。

松本振起策の近道は、長野にある県庁を松本に持ってくるか（移庁）、または統廃合前に戻して筑摩県を復活させるか（分県）、そのいずれかである……というのが「当時一般に非常に強く叫ばれていた共通の意識であった」（同：537）。県会議員として市川は、一八八〇（明治一三）年と翌八一（明治一四）年の二度にわたって「県庁移転ノ建議」を提出したものの不調に終わった。そこで一八八二（明治一五）年五月、長野県令大野誠（34）を動かして、内務省に対して県庁移転の請願を試みた。

この県令に託した請願が中央でどのように受け止められたのか。その状況を報告する手紙を市川に書いているのが、青木貞三なのである（同：520）。

「分県の事は九分九厘成就せり。先頃大野出京之際、彼れ内閣に知人なきにより、只管《ひたすら》小生に移の事を取成し呉れる様に迫られ殆んど困り入れり。小生も御存知之通り素《もと》より移を好むものなれども、先に分の建議に就て意見を当路に開申せし事なれば、変説は快よからず。去《ママ》れども大野の意も哀れなれば、小生建議文を草して移をなす方可然を論じ、之を大野に与へ、之を大野より信濃人某の意見なりとて山田（顕義）、山県（有朋）等に示させて、小生も一、二の人には其事の可なるを論じたり。この訳故に今日迄分ノ事が実施せられぬなり。大野の釘は此外になし（下略）」（同上）

青木の手紙の通りなら、分（分県）か移（移庁）か不統一だったために、政府当局者を惑わせてしまい不成功に終わったということになる。

ただ、ここで重要なのは請願の成否そのものではない。当時太政官第二局権少書記官（正七位）だったとはいえ、二四歳の青木貞三が、四八歳の長野県令（従五位）大野誠を山田顕義（内務卿）と山縣有朋（参事院議長）という二人の参議に取り次ぎ、さらに大野の意を汲《く》んだ建議文案をつくって会談のお膳立てまでしたことであり、その詳細を報告する手紙を、三八歳の地元選出の県会議員市川量造に書いて寄越しているということである。

「小生も御存知之通り素より」云々とあるように、青木と市川はお互いをよく知る関係にあったこともわかる。県会議員の市川量造にとって、県庁移転の請願を託す相手は県令の大野誠だったが（表ルート）、県令を二人の有力参議に取り次ぎ首尾よく事が運ぶよう支えたのが青木貞三だった（裏ルート）。おそらく市川は青木と事前に打ち合わせたうえで、県令を動かしたものと考えられる。

この分県移庁運動に並ぶもうひとつの松本振起策が、甲信鉄道の敷設であった。これらの運動の推進母胎として、有賀は松本親睦会に注目しているのである（同：537f）。言い換えれば、市川量造→青木貞三→同郷四天王という地元と中央をつなぐルートが有効に機能した好事例が甲信鉄道敷設計画だった。

もともと東京と京都を結ぶ鉄道として「中山道幹線」の敷設計画があった。それが実現すれば松本から東京まで鉄道でつながるはずだった。そうなれば、松本を孤立させている地理的な課題はかなり解消される。一八八四（明治一七）年には東京上野から群馬県高崎まで、翌八五（明治一八）年には横川まで開通した。しかし、横川から碓井峠を越えて長野県軽井沢まで延伸する工事が難航、さらに筑摩山地を含む中部山岳地帯の実測調査により工事期間が当初想定を大きく上回ることが判明したため、一八八六（明治一九）年七月に中山道幹線を断念、東海道幹線へと計画を変更したのである。

それを受けて、市川量造が中心となり甲信鉄道敷設計画が構想される。すなわち松本から諏訪を経て山梨県甲府に至る私設鉄道である。当時、山梨県側でも東海道線へ連絡する鉄道敷設を考えていたことから、共同で甲信鉄道をつくろうとしたのである（同：547f）。

中山道幹線の工事中止決定から五か月後の同年一二月、市川量造は具体的な行動を開始した。有賀が紹介する市川の日記からは、甲信鉄道実現のためにどんなネットワークに頼ったのかがわかる。

「十二月十三日、出京の用意整ひ、浅間泊りに夕刻出発
十二月十六日、横川より汽車にて午後一時上野着、直ちに青木貞三氏訪問、不取敢《とりあえず》鉄道の事を談ず。予が取調べたる書類等を見せ、大いにこの事を賛し、共に企てんことを約せり
十二月十七日、黒川九馬、岡田庄四郎、石川巌等集合共に談ず
十二月十八日、信州のみならず甲州を貫通させせん事を発意し、駿州《すんしゅう》御殿場より甲府を経て諏訪を

貫通、松本に達せしめん事を評決す

（略）

一月三日、上京の為出発、小諸泊

一月十七日、黒川九馬と大隈前参議に面謁、甲信鉄道の事を談ず

（略）

二月十七日、東京を発し甲州路に向う。是れは甲信鉄道事件に付、山梨を経て信州松本迄赴く、岡田庄四郎及び測量のため雇入れたる工科大学生佐分利《さぶり》一嗣《かずつぐ》は道を御殿場にとり、十八日出京甲府にて待合せの積り。」（同：551f）

つまりこういうことだ。市川が上京後、真っ先に青木貞三を訪ねて計画を打ち明ける。翌日青木は市川を黒川九馬と岡田庄四郎に引き合わせ、おそらく彼らを実働部隊の中心に据えた。そのため年が明けると黒川は市川を大隈重信に引き合わせ、さらに岡田が実地調査をサポートしているのである。その後は、青木が表に出ることはなく、黒川と岡田が市川の両腕となって、東京長野山梨の有力者をまわり発起人名簿と盟約書の調印に奔走している。黒川から岡田に宛てた手紙（明治二〇年四月二五日付）からもその関係性がうかがえる。

「市川氏と兄（岡田庄四郎）と小弟（黒川九馬）とは同く発起人惣代となり、仮令《たとい》事情の為請願書へは調印せざるも、東京の長野方有志惣代として、万般の全権を取扱ふ事となし、何処《どこ》迄も此事業に就て幹根となるべき運びは充分に整へおけり」（同：553）

同年五月には資本金四五〇万円で甲信鉄道株式会を創立して、御殿場から甲府を経て松本に達する鉄道を敷設するための免許を申請する請願書を山梨県知事から内閣に提出、七月には仮免状を下付《かふ》された。市川が青木・黒川・岡田に計画を持ちかけてからここに至るまで、わずか半年である。学校を卒業したばかりで何の実績も経験もない黒川と岡田が単独でできることではない。おそらく青木が細かく指導助言を与えていたのだろう。

鉄道計画が進行中の一八八九（明治二二）年二月六日、青木貞三は三一歳の若さで病死した。『松本市史　下巻』の青木貞三の人物情報には次のように書かれている。表には出ていなくても、同郷四天王のうち黒川と岡田を指導しつつ背後からこの事業を支えていたのが青木であることは、周知の事実だったのだろう。

「此歳〔明治一九年〕廟議《びょうぎ》あり既定の中山道鉄道建設を廃し東海道に変更せり。松本人士之を憂へ、貞三に就て方略を諮る。貞三即ち大隈重信に説き其力を仮り京坂及甲州の巨富を連結し、甲信鉄道株式会社を創立し官許を得、後年貞三病没し事業渋滞し終に其事成らずと雖も、郷土の為めに苦衷斡旋の功没すべからざる者あり。廿一年一月欧米各国を歴遊し著く内外貿易商事を見学し帰来大に計画する所あり、然るに急性肺患に罹《かか》り廿二年二月六日溘焉《こうえん》として逝く、年僅に三十二。」（松本市編：759）

その後の詳しい経緯については省略するが、結論からいえば、一八九二（明治二五）年六月に公布された鉄道敷設法で規定された官設「中央線」に甲府松本間も含まれることになったので、私設の甲信鉄道については敷設計画を放棄し、免許は返納された。

青木貞三亡き後も、黒川九馬は、政府の鉄道拡張政策について己の役割を見いだし、甲信鉄道にとどまらない独自の活動をおこなっていたようである。鉄道敷設法が公布される二か月前の四月、黒川は鉄道期成同盟会理事の肩書で『鉄道期成同盟会報告』（一八九二年）という小冊子を刊行している。大隈重信・板垣退助という二大民党の領袖《りょうしゅう》と内閣総理大臣松方正義に直接取材して、その問答を再現して論評を加える、というものである。

甲信鉄道計画が途絶した翌九三（明治二六）年、市川量造は「突如としてこの松本の地を去って横浜に移った」。量造の長男・憲次によれば「甲信鉄道敷設計画に手をつけて以来出費が多く、それがために一家が経済的に潰滅的な打撃を受けたから」（有賀 1976：4）というのが表向きの理由のようだが、地域の発展のために力を尽くしてきた名望家がまだ五〇歳手前で地元を離れるのはよほどの事情である。有賀は「もっと大きな精神的な打撃を受けていた」可能性も含め、多角的に松本退去の原因を考えるべきだと指摘している（同：653）。

ちなみに、横浜移住後も度々市川邸に泊まって量造と深夜まで語り合った同郷人として、量造の長男は、近代松本建設の同志・窪田畔夫と並んで、この甲信鉄道計画の同志・黒川九馬の名前も挙げている。黒川は、一九〇八（明治四一）年一二月に量造が胃癌を宣告された翌朝に駆けつけ、帝国大学病院での外科手術を受けられるよう手配するなど、最期まで量造に寄り添ったのだった（同：656f）。

市川量造が取り組んだ分県移庁問題は、元太郎や木下尚江が地方政治に関わるようになる明治二〇年代に再燃する。また鉄道拡張問題については、明治三〇年代に元太郎が衆議院議員として最初に取り組んだ課題のひとつである。

## 同郷者ネットワークとしての松本親睦会

松本親睦会については、先にも述べたように有賀義人『信州の啓蒙家　市川量造とその周辺』（一九七六年）の第四章が重要であるが、雑誌が定期刊行されており、有賀もこれに依拠している。

『松本親睦会々誌』『松本親睦会雑誌』は、大学図書館では東京大学経済学部図書館と同大学法学部附属近代日本法政史料センター（明治新聞雑誌文庫）、それと公益財団法人日本近代文学館の三か所に、一八八五（明治一八）年五月の創刊号から一九〇四（明治三七）年の二一〇号まで、欠号はあるものの所蔵されている（CiNii）。それ以降の号についても松本市中央図書館や松本市歴史の里の蔵書検索によって、三八三号（刊行年不明）までの所蔵が確認できる。

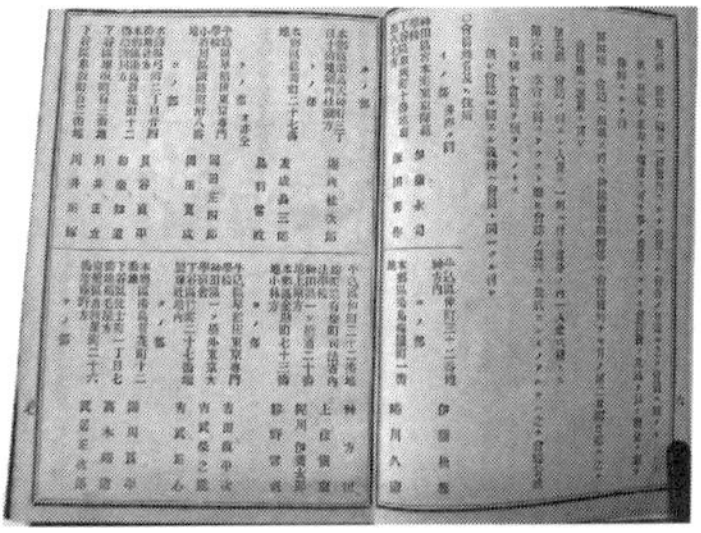

**写真：松本親睦会最初の会員名簿**
『松本親睦会々誌』創刊号（明治 18 年 5 月）、東京大学経済学部図書館で著者撮影

これらの雑誌を通読することで組織と活動の実態を大正期半ばまでの三〇有余年にわたり追跡することが可能だ。中信地域の情報や同郷者の動向が記載されているので、郷土史研究では個別の関心に応じて参照されてきたが、会の全体像に迫る研究というのは未だ手つかずではないかと思われる。

以下では、主に有賀の研究を参照しつつ、雑誌で適宜補いながら、松本親睦会の初期の組織と活動の様子を捉えてみる。

上京遊学する同郷の者同士で定期的に会合をもとうという話が出てきたのは、一八八三（明治一六）年の頃である。翌八四（明治一七）年夏頃からその同志は一〇名前後になり、同年一〇月、神田玉川亭に五〇名余りを集めて第一回会合が開催された。そこで大綱を定めて最初の幹事三名を選出した。その三名が東京専門学校の岡田庄四郎、黒川實司（九馬）、吉田復平治である。岡田と黒川は三年生、吉田は同校職員であり、これに元太郎が加われば青木貞三の同郷四天王となるが、元太郎はこのときは何の役職にも就いていない。

ここに集まったのは、松本出身で東京大学や司法省法学校、東京専門学校ほか私立学校などに通う学生生徒、および就職したばかりの若い卒業生たちだった。一八八五（明治一八）年一月に幹事の満期改選がおこなわれ、岡田・黒川・吉田は新幹事に交代するが、松本親睦会規則を創案したのは彼ら三名だった。

松本親睦会は、松本出身者が「相会シテ親睦ヲ厚フシ互ノ利益ヲ図ルヲ目的」（第一条）として、隔月一回第一日曜日に会合を開くことを基本的な活動とする。会費は毎回一〇銭（欠席の場合は維持金三銭）である。会の目的を拡張するために会誌（雑誌）を発刊する。最初の会誌掛三名が、吉田栄之進（東京大学学生）、吉田復平治、岡田庄四郎だった。一八八五（明治一八）年五月から『松本親睦会々誌』がほぼ隔月で刊行されている（明治一九年三月から『松本親睦会雑誌』と改称して月刊となる）。

会費のほかに義捐《ぎえん》（寄付）を拠出した会員のなかに「四天王」が顔をそろえているが、岡田黒川吉田が五〇銭なのに対して、元太郎は三〇銭だった（創刊号および公許第一号には「一円」とあるが第二号で訂正されている）。

この義捐拠出者のなかに、上條愼藏（64）と澤柳政太郎（65）がいる（いずれも五〇銭）。上條愼藏は松本の開明的な名望家である上條四郎五郎の三男で、当時は司法省法学校に在学中で、帝国大学法科大学を卒業後に官僚となり、日本法律学校（日本大学の前身）創立に参画した人である。澤柳政太郎はこのとき東京大学予備門の生徒である。

会合や行事であればその都度の会費でまかなわれるが、出費が大きいのは定期刊行される会誌の維持である。公許第一号（明治一八年七月）で会誌掛の吉田復平治が「賛成員ノ加入ヲ望ム」という論説を寄稿している。

賛成員の筆頭には文部官僚の辻新次（42）の名前を挙げて、同郷の先輩たちに援助を訴えた。青木貞三の名前も、次の第二号（九月）に記載されている。

このとき辻新次は文部省内で、大木喬任《たかとう》文部卿（従三位・伯爵）、森有礼《ありのり》御用掛参事院議官（従四位）に続く序列三位の大書記官（従五位）である。この後、森有礼大臣のもとで初代文部次官となる。澤柳政太郎は、この後、帝国大学文科大学に進学してから青木貞三の経済的な援助を受けており、同大学哲学科を卒業後は辻新次の誘いで文部省に入省する。まさに松本親睦会のネットワークが有効に活用された事例である。

また青木貞三が誌面に登場したとき、ちょうど太政官文書局長に就任していた。情報官僚として最も勢いのあった時期であるが、先輩の辻も文部省大臣官房兼学務局長から文部次官になる時期である。有賀によれば、会誌（雑誌）への寄付は、辻新次の一円五〇銭（毎回）に対して青木は四円五〇銭（毎回）、六～九号までの寄附金総額は、辻の六円に対して青木は二八円〇八銭、という具合に青木の財政的な貢献は際立っていた。これにはたんなる義務感を超えた積極的な姿勢がうかがわれる。

すでにここまでの内容で、松本親睦会の基礎をつくったのが、青木貞三と東京専門学校の同郷四天王だったことがわかるだろう。とはいえ、四天王のなかでの存在感でいえば、いまのところ元太郎はまだ最弱である。

年長で職員だった吉田復平治はともかく、黒川九馬と岡田庄四郎とは同期の学生同士である。なかでも黒川九馬は早稲田大学校友会（同窓会）を設立した初期メンバーの一人として知られる。卒業してすぐの一八八五（明治一八）年の冬に東京専門学校の当局者と相計り、一二月に有志五〇余名を集めて校友会発会式を開催、そこで初代幹事四名（講師一名・卒業生三名）に選ばれた。一八九〇（明治二三）年七月には東京専門学校評議員に初めて校友代表として選出された。

黒川九馬の存在は、木下尚江においても元太郎よりも先に認知されている。尚江が専修学校を辞めて東京専門学校の法律科に転学する際に世話をした同郷の先輩が、じつは黒川だったのである。尚江には、青木貞三と同郷四天王がどのように見えていたのか、柳田泉による評伝はかなり率直な書き方をしているので引用しておく。

「幸い尚江の同郷の知人の中に専門学校の法律科卒業生（明治十八年）で黒川九馬（九万とも書いた）というのがいたので、これに頼んで改めて専門学校の法律科に入学することにした。それは十九年の四月のころであった。」（柳田：27）

尚江が黒川と面識を得るのは、三か月前の一八八六（明治一九）年一月、尚江が松本中学を卒業する直前のことである。後で述べるように、黒川は元太郎とともに、松本親睦会の地方会員募集の宣伝のため、年末から松本に帰省していたのである。

編入学の世話をした縁で、黒川と尚江の関係はその後も続く。

「尚江の先輩黒川九馬も、そのころは米穀取引所の頭取（松本出身でもとの官報局長、伊藤博文の四天王の一人である）青木貞三にくっついていて、青木のやっている商業電報というものに働いていたから、寄宿舎にきて、尚江に会うたびに、卒業したらおれのほうへ来い、もう天下の実権は実業家の手中にあるのだから、政治に出たければ万事よいようにしてやるぞとすすめた。」（同：31f）

青木貞三が内閣官報局長を辞めて東京米商会所頭取になるのが、尚江が東京専門学校に入ってすぐの六月である。九月には『商業電報』を創刊している（有山：87）。青木が所有するこの新聞で黒川九馬は記者をやっていたのだろうか。母校の校友会を立ち上げて初代幹事となり、他方で青木の指示のもと地元の市川量造の片腕として甲信鉄道計画の実働部隊として奔走するなどということが可能だったのも、すべて青木が仕事と生活の面倒を見ていたからとすれば辻褄《つじつま》が合う。そして黒川九馬もどうやら言論と実業の世界で力を蓄えて、政治家になる野心を秘めていたようである。

いや、黒川だけではない。同郷四天王を指導しながら、さまざまな事業に手を出してきたのは、すべては青木貞三自身が政界に乗り出すための壮大な計画の一環だったともいえるのである。

「元来をいえば、この信陽日報は前にいった元官報局長青木貞三の持ちもので、青木自身、松本を地盤にして二十三年の総選挙に出る腹づもりであった（青木は当時東京米穀取引所の頭取で下谷区選出の府会議員であった）。それで後輩の降旗元太郎（今の松本市長徳弥氏の父）を社長に、吉田又平《ママ》治を編集長格にし（ともに信州人）、相当の資金をつぎこんで、この新聞を盛大に出直させようとした。ところが、この降旗は専門学校出身、吉田も同じ学校で勉強した関係で、尚江のことはよく知っていたから、卒業早々彼をも仲間に引き入れたものであった。」（柳田：37）

第五章

# 取次役・世話役・顔役

## ――地方名望家の条件

松本の近代化を推し進めた開明的な名望家・市川量造（有賀義人『信州の啓蒙家　市川量造とその周辺』より）

「余輩は本月を以て各学校を卒業する諸子に向ひ、三個条の勧告を為さんと欲す、曰く成るべく官吏たる莫れ、曰く成るべく地方に往け、曰く立身出世を急ぐ勿れ」

「各地方は今が即ち開拓時なり、諸秀才にしてこの際開拓を怠らずんば、小にしては県会議員大にしては国会議員の地位必ず諸秀才の有に帰せん」(高田早苗「諸学校の卒業生に告ぐ」『同攻会雑誌』六・一八九一年八月)

# 1　新しい公共圏の創出

## 松本親睦会の地元進出

一八八五（明治一八）年七月に東京専門学校を卒業してから、翌八六（明治一九）年八月に『信陽日報』を創刊するまでの約一年間、元太郎はなにをしていたのだろうか。

一八八五年九月の会誌旧二号に黒川九馬、降旗元太郎、岡田庄四郎の三名が「東京専門学校本科ノ全業ヲ卒《お》へ得業ノ証ヲ受得セラレタリ」と報じられた。同じ号に吉田復平治「経済ニ関スル競争ヲ論ス」、岡田庄四郎「貨幣本位論」、黒川實司（九馬）「約因論」と並んで、元太郎の「論道徳之大本」と題する論説も掲載されている。活字になった元太郎の文章としては、おそらく最も初期の部類に入ると思われる。内容は「道徳力ノ消長ハ社会存亡ノ起因ナリ」として道徳と宗教の関係を論ずるもので、卒業記念に学術的な文章を寄稿したのだろう。ただ、吉田と黒川が旧四号（明治一八年一二月）まで、岡田が旧五号（明治一九年三月）まで同題の論説を連載したのに対して、元太郎は一号限りだった。

同年九月の例会で委員（幹事）の改選がおこなわれ、吉田復平治と岡田庄四郎の二名が当選、会誌掛はそのまま継続となり、吉田と岡田は会の運営と雑誌編集の両方を受け持つことになった。

結局、この年の松本親睦会では、四天王の他の三名の存在感に比べると、元太郎は記録に残るような目立った活動はしていない。

一二月の末、元太郎は黒川九馬とともにある重要な任務のため松本に帰省した。松本親睦会の松本在住の会員（以下、在郷会員）を増やすことである。結論からいえば、この任務は成功する。さらに当初の目的を越えて、松本の代言人や新聞人、教育者、実業家などが集い、新知識に触れて地域の課題を議論する公共圏（Public sphere）を創り出すことになった。

これが青木貞三の指示によるものだったかどうかはわからない。けれども、前章終わりで触れたように、青木はいずれ松本を地盤に中央政界に乗り出すと見られていた。太政官文書局長だった頃から、松本親睦会に対する財政的支援の程度は、たんなる同郷の後輩への義務感を明らかに越えていた。東京在住の同郷学生の親睦団体に飽き足らず、松本在住の有力者を取り込みたい。市川量造のように個別の信頼関係だけでなく、松本の有力者を網羅するようなネットワークをつくりたい……。ともかく、松本親睦会における彼の同郷四天王の働きぶりは、結果として、青木の将来の政治的地盤を確実にするものだった。

そして四天王のなかでも最弱だった元太郎が、己の役割を見いだし飛躍するきっかけになったのが、今回の地元進出の活動だった。

『松本親睦会雑誌』の記述から、出来事を時系列順に整理してみよう。黒川九馬によれば、上京して七年も経過して地元とのつながりはほとんど切れていたので、勧誘活動は手探りで始めたという。

「余の郷里を出たるは明治十二年の末にありて既に七年前のことなれば今回帰省して見れば種々面目を一新し往時竹馬の友垣も農となり商と変して是ぞとて日頃所感の談話を聞き呉るゝ者もなく殆

んど一の知友とてもなかりければ如何なる手段に依て地方会員の募集に従事すへきか茫乎《ぼうこ》として其着手する所を知らざりし」（旧五号：4）

帰省後、二人はまず、前年に面識のあったという代言人の伊藤久蔵と江橋厚（54）、『松本日日新聞』主筆の片瀬洋篤のもとを訪れ、会の趣旨を話し、在郷会員勧誘への協力を求めたところ、大いに賛同を得て自分たちも尽力周旋すると約束してくれた。

年が明け、一八八六（明治一九）年一月五日に浅間温泉で開催される郷友新年会にて発言の機会を与えられた。会場に向かう途上、松本日日新聞社を訪ねるとたまたま県会議員の小里《おり》頼永《よりなが》（55）がいたので今回の来訪の趣旨を説明すると小里も大いに賛同し会員となって尽力すると約束してくれた。新年会では黒川が在郷会員の加盟を呼びかけると、その場で三〇余名の同志者を得ることができた。なお、元太郎は病気のため新年会を欠席したので、この日は黒川が一人で奮闘した。

ここで新年会の前に接触した伊藤久蔵・江橋厚・片瀬洋篤・小里頼永は、いずれも『松本日日新聞』の経営・編集を担う中核メンバーであるだけでなく、信州の国会開設請願運動を牽引した松本の民権結社・奨匡社（明治一三年）の後を継ぐ信陽立憲改進党（明治一五年）の幹部でもあった（大隈重信の立憲改進党とは無関係）。それゆえ最初の接触相手に彼らを選んだのは大正解だった。地元とのつながりが希薄になっていた黒川らの土地勘は頼りにならない。だとすれば、これは青木貞三による深謀遠慮の策であってもおかしくない。

その一方で、『松本日日新聞』を拠点に活動する彼らにとっても、松本親睦会の地元進出は「渡りに船」だった可能性は高い。実際、江橋と小里は、第一回総選挙（第四区・定数二）で当選しているからである。青木貞三が健在であればまた状況は違っていただろうが、いずれにせよ、少なくともこの時点では東京在住者と松本在住者の双方にメリットがある話だった。元太郎の存在価値が、地元に拠点を移した後に急激に高まっていく背景には、こうした力関係があったと考えられる。

一月八日、黒川は学術上の演説会に招かれて、浅間の新年会と同趣旨のことを繰り返し述べた。中学五年生の木下尚江もここに参加して、自らも演壇に立ち、会員になっている。この会合でも元太郎の出席は確認できない。しかし尚江は卒業と上京を控えた将来有望な中学生ということで、このとき黒川から認知されたはずだ。第四章で述べたように、黒川は尚江が東京専門学校法律科に転学する際に同科卒業の先輩として世話をしただけでなく、その後も自身の関わる『商業電報』への就職の誘いもした。

一月二四日、元太郎は黒川とともに地元有志による商業演説会に招聘された。後に松本商業協会の設立につながる演説会である。次に引用するように、実業関係者のあいだで「一致結合の会合」の気運が高まっていたところ、黒川と元太郎が帰省したのを好機として、実現させたのである。これ自体は松本親睦会とは独立した動きであるが、東京から来た黒川と元太郎による勧誘活動が刺激になったのだろう。

「従来松本の商業社会中には一致結合の会合ありしを聞かす親睦とか団結とか云へば官吏社会若くは書生間にのみ限るものゝ如き感覚を懐《いだ》き居りし有様なるか（略）同業の一致を計りて定期の会合を設け専ら経済上の講演を聞て実地の現状に応じ旁《かたわ》ら春秋に富めるの徒は英学の講習に従事し他日内地雑居の実施ある場合に至るも敢《あえ》て不都合なきに至らしめんとの考察より是等の機関として一の

会合を思立ち」（旧五号：9）

黒川は松本商業論、元太郎は経済学の要旨と府県債の弊害についてそれぞれ講演した。その後「会則を議し爾後《じご》毎月一定の日を卜《ぼく》して降旗君の当分在郷なるを幸ひ同君を聘して経済上の講談を開き英語の講習は小室君に嘱託して益々其盛大を計らんことに決したる」。小室重弘（58）は漢英学会という私塾を主宰するジャーナリストであり、この日黒川と元太郎とともに招聘されて登壇し、英語の講習についいて演説している。

黒川と元太郎の勧誘活動により、松本で新たに獲得した在郷会員は四七名、雑誌賛成員は八名に上った（旧五号：8f）。

これまでの松本親睦会は東京在住者が中心であり、地方在住者は雑誌購読のみ（賛成員）だった。しかし在郷会員が大量加入したことで、彼らのあいだで自分たちが地元で親睦するための組織「郷友会」設立の気運が高まった。二月二八日の集会で規約を定め、最初の掌事（幹事）として小室重弘・百瀬正賢・堀江浪治の三名が選出された。この集会の出席者一二名のなかに、元太郎と尚江の名前が見える（旧五号：33）。

尚江は、この一月から二月にかけて、黒川だけでなく元太郎とも面識を得ていた。尚江は二月一三日には長野県中学校松本支校（松本中学）を優等で卒業しており、翌月には上京して英吉利法律学校に入学する。東京で新生活を送るうえで、松本親睦会の存在は心強かったに違いない。

三月二一日の例会は文部次官に就任した辻新次の祝栄会とインド渡航を控えた陸軍大尉福島安正

（52）の送別会を兼ねる重要な会合であった。ここに四天王のうち黒川は「松本青年者の一人として一席の演説」を、また岡田吉田の両名は「本会の総代として祝辞と別辞を朗読」しているが、ここには尚江も元太郎も出席していない（二号：1f）。

四月刊行の第二号（旧六号・前号から『松本親睦会雑誌』と改題され号数が改まる）には元太郎が「長野県東筑摩郡浅間村」に、五月刊行の第三号には尚江が「牛込区早稲田東京専門学校」に、それぞれ転居したことが記されている。尚江は四月に東京専門学校法律科に編入学し、寄宿舎生活が始まっていた。松本親睦会の行事では五月二日の飛鳥山《あすかやま》での運動会から参加している（三号：3）。

## 東京と松本、知識層と実業家をつなぐ地元の世話役へ

元太郎は、上京した尚江とは入れ違いで、その活動拠点を松本に構えていた。

一八八六（明治一九）年一月二四日の商業演説会のあと黒川九馬が東京に戻ると、元太郎は小室重弘とともに松本商業協会設立準備に向けて動き出した。元太郎は主意書と規約書を起草し、五月の発起人総集会では最初の世話役三名のひとりに選出された（四号：12f）。

元太郎は、松本商業協会とともに郷友会でも存在感を発揮し始める。

四月三日、郷友会は遠足会を開催した。北深志《きたふかし》町《まち》の天白《てんぱく》神社に五〇余名が集合、「ゼ、スチユーデント」と英字で大書したフラフ（旗）を打ち立て浅間の東山に登って運動会をおこなった。東京在住者が飛鳥山で毎年開催している運動会を真似たものである。また移動途中の浅間村での休憩場所に元太郎の

実家「金田屋《かねたや》」が使われていることから、青年たちの娯楽行事の企画運営にも積極的に関わっていたことがうかがえる（二号：14）。

四月一二日、郷友会の学術演説会で、元太郎は「東洋学と西洋学との関係を解析す」と題する演説をおこなった（四号：7）。

そして、五月終わりから六月初めにかけて、会のあり方を左右する重要な出来事が幾つか起こっている。『松本親睦会雑誌』第四号（明治一九年六月）の記事の配列だと場所と時間の関係が読み取りにくいので、これを時系列順に並べ直してみるとこうなる。

五月三〇日、元太郎の呼びかけによって、松本の郷友会の会合が招集された（四号：8f）。郷友会はもともと松本親睦会と「同一体」として発足したが、この三か月の間に急成長したため両者の関係が曖昧になっていた。そこで「在松本々々親睦会員全体に向て一致結合の方法を協議するか為め」の会合を発議したというわけである。二二名が集まり、郷友会の名称を廃して松本親睦会（在郷部）と改めることに決定し、在郷部の幹事として小里頼永（一三点）、降旗元太郎（一二点）、小室重弘（一〇点）を選出した（括弧の数字は得票数と思われる）。

この段階で元太郎は、松本商業協会と松本親睦会在郷部という二つの地元組織において、それぞれ世話役と幹事という役職に就いたことになる。両方の役職に同時に就いたのは元太郎だけだった。すなわち、一八八六（明治一九）年一月から五月にかけて、松本に新しい公共圏が創出され、元太郎はその要となる位置に身を置くことになったのである。

そして、このタイミングで、青木貞三が吉田復平治・岡田庄四郎・黒川九馬をともなって松本に帰省している。

表向きの目的は「元来洋行の素志を果たすに先たつて墓参兼留別の為め」（四号：13）とされたが、次に述べるように松本商業協会と松本親睦会、二つの宴会の主賓となって一月以来の地元進出の総仕上げをおこなっている。この後、東京に戻ってすぐの六月七日には内閣官報局長を辞職しているから、今後の活動の地ならしという意味もあっただろう。あるいは、この帰省によって今後の活動の展望に確信が持てたから、辞職に踏み切れたという可能性もある。

なお、青木が実際に洋行したのは翌八七（明治二〇）年一月から六月にかけてである。東京米商会所頭取に就任して「先物市場の新しい方向について模索を始め」（石田：162）、イギリスとアメリカを視察することにした。長期の洋行になるため頭取辞任を申し出たが、他の幹部から慰留され辞任を思いとどまった。帰朝後に頭取を辞任し、同年八月に農商務省から東京取引所委員を命ぜられた。東京米商会所と東京株式取引所を統合して新しい取引所を設置する準備に取り掛かったが、これは不成立に終わった（同：163）。

話を一八八六（明治一九）年六月に戻す。

青木および吉田・岡田・黒川の帰省を受けて、まず六月三日、松本商業協会は四名を招いて宴会を開催した（四号：10f）。青木は会の主意に賛成し、同会に五〇円を寄附していた。出席した会員は一三名。元太郎は会員総代として「開宴の主旨と共に深く青木君が我松本の利害に注目せらるゝの忝《かた》じけなきを謝し会員共は誓《ちかっ》て本会の主意を拡充して以て其厚情に答ふ可き由」を述べた。黒川はここでも松本親睦会への加入を訴えた。「青木君の寄贈金及四氏の席上演舌及談話は協会員に余程の激動を与へたるものと謂《い》ふ可し」（同：11）。地元の実業家たちに与えたインパクトの大きさが伺われる。

六月四日、今度は松本親睦会在郷会員が青木吉田岡田黒川の四名を招いて松本大懇親会を開催した（同：13）。在郷会員有志（中学校教師や郡書記など五名）が希望し、在郷部幹事の元太郎と小里・小室の三名が発起人に加わった。発起人総代として開会の主意を述べたのは小里頼永だった。青木はここでも発起人を介して五〇円を寄附した。出席した会員は約一〇〇名、とりわけ「種々の資格ある上流の人々」が多く集まった。すなわち、医師や代言人、郡役所官吏、教師、新聞雑誌記者、銀行家や実業家などである。

『松本親睦会雑誌』誌上では報告されていないが、青木貞三と四天王が松本日日新聞社と経営再建について協議したのもこの帰省中だと考えられる。ここまでの経緯をふまえると、前章でも紹介した『松本市史』の次の記述はまた違ったふうに見えてこないだろうか。

　「明治十九年五月、青木貞三其四天王（岡田黒川吉田降旗）を率ゐて帰省す、青木に新聞の計画あり、松本日々の不振なるを見、合同新刊を協定し、吉田復平治・降旗元太郎の二人を留めて事に当らしめ、八月信陽日報を創刊す、爾来早稲田系たり。」（松本市編：720）

正確にいえば、青木が帰省にともなったのは四天王のうち三名（岡田黒川吉田）だった。元太郎はこの五か月のあいだに地元組織の世話役に選ばれる程度には信頼関係をつくっていた。青木らの帰省にあわせて開催した懇親会では、ゲストではなくホスト側だった。

元太郎の存在は、青木がこれから地元で活動する際の橋頭堡《きょうとうほ》になる。松本商業協会と松本親睦会在郷部に対して五〇円ずつという高額の寄附金を出す際に、青木は元太郎を介したはずで、それが地元における元太郎の――東京＝中央とのパイプ役としての――存在価値をより高めることになった。

松本日日新聞社側にとっても、青木の提案する経営再建策は悪くなかった。少なくとも資金面での心配は少なくなる。青木の配下が二人送り込まれて経営の実権を握られるものの、吉田は師範学校・自由民権運動の仲間であるし、後は二二歳の元太郎をうまく取り込んで味方につければよい……。

後から振り返ってみると、新聞経営を通じた地元への定着という点で、青木のこの差配はまことに適材適所だった。元太郎と一緒に新聞に関わった吉田復平治のその後の足跡については、山田貞光による次の記述が詳しい。

「明治三三年頃から『信濃日報』主筆の地位にあり、『信濃民報』の石塚北巌（略）と対立してはなばなしい言論戦を展開したのは有名である。明治三五年石塚と図って『松本新聞』を創刊し、明治三七年また日報にかえり再び健筆を振《ふる》ったが、酒量がたたって明治四〇年六月没した。数え年四七歳であった。彼は明治一八年の松本親睦会結成当時からの、初期親睦会の主要メンバーの一人であり、『信陽日報』、『信濃日報』の記者、さらに中村太八郎、木下尚江らの松本普通選挙同盟会の会員として、中央での委員も尚江と一緒であるなど、相当接触した面がみられる。」（山田貞光：181）

前章でも少し触れたが、吉田復平治は経営者というよりは、やはり最後まで己に忠実に生きた言論の人なのである。尚江と似たタイプといってよいかもしれない。

黒川九馬に関しては、まとまった人物情報はないが、断片的な履歴からうかがえるのは、言論以上に組織化の人（organizer）だったということである。松本親睦会の勧誘のため元太郎と帰省する直前、東京専門学校の校友会を発会させていた。青木は、黒川の組織化のセンスとフットワークを見抜いていたのだろう。地方新聞に張りつけるよりも、自分の手元（商業電報）に置いて使った。

実際、黒川の才能は新聞記者には収まらなかった。青木は、一八八六（明治一九）年一二月以降の甲信鉄道敷設計画の実働部隊として、岡田庄四郎とともに市川量造のサポートをさせた。黒川はここでその能力を開花させ、青木亡き後も、組織化の要として重宝された。例えば、一八九一（明治二四）年には全国組織である鉄道期成同盟の理事（松下：35）として、一九一四（大正三）年には大隈伯後援会の常任委員（季武 1998：169、佐藤能丸 1991：147）として、早稲田騒動のときには憲政会書記長（『早稲田大学百年史』二巻：905、四巻：753）として名前を残している。一九一八（大正七）年に死去するまで、憲政会代議士となった元太郎を党の裏方で支えていたと思われる。

岡田庄四郎についても断片的な情報しか残っていない。『松本親睦会雑誌』によれば、一八八六（明治一九）年二月（六号）と一二月（八号）に黒川と同じ住所に移転しており、翌八七（明治二〇）年二月（一〇号）に『商業電報』の寄附者が黒川と岡田の連名であることから、当初は黒川とともに『商業電報』と甲信鉄道に関与していたと考えられる。ただしその後の足跡は不明である。『早稲田大学百年史』

によれば、一八九一（明治二四）年七月の校友大会で商学科設立を提案（二巻：82）、また一九〇六（明治三九）年一月の校友大会で校友中央事務所特設を提案したとある（別巻Ⅱ：1176）。没年は不明であるが『早稲田大学校友会名簿　大正四年一一月調』には死亡を示す「×」印が付されている。

青木の「幻の国政進出構想」は、おそらく松本事務所については元太郎と吉田復平治、東京事務所については黒川九馬と岡田庄四郎にそれぞれ任せ、地元と中央で縦横自在に活動する態勢を考えていたのではないだろうか。国会開設の前年に病死してしまったので、虚《むな》しい「歴史のイフ」ではあるが……。

元太郎は、鋭い言論や派手な行動で目立つタイプというよりは、関係や利害を調整する世話役として周囲の信頼を獲得していった。元太郎と東京専門学校の同期・同部屋だった山田英太郎の言葉を再び引用しておこう。「珍らしい程温和着実な人で、少しもネヂケたといふ様なところがなく、余程良家に生れた人だといふことが感ぜられた」。地元での地道な活動のなかで力を蓄えたのは、四天王のなかで元太郎だけだった。

### 実業家へのアプローチと実業者政治論

松本での一連の用事を済ませて、青木は東京に戻った。

六月七日、青木貞三は内閣官報局長を辞職した（有山：280）。

六月一二日、青木貞三は東京在住会員に呼びかけて宴会を開いた。六〇名が集まった。この場で青木は「自分がこのたび辞職せし所以と過般帰省せし際感ぜしことなどを述べて尚ほ松本親睦会に望むところを演説」した（四号：6）。岡田は出席したが、黒川と吉田は松本滞在のため欠席した。ここで青木が示した「松本親睦会に望むところ」とは何だったのか。翌日招集された臨時会に関する次の記述から、青木の意図が推察される。

「従来本会は其規則の始に明言して「松本地方の人は其資格の何たるを問はす来りて加盟することを得」となせしも自然の勢会員となる者は書生のみにて間々《まま》実業家のなきにあらさるも是等は非常の熱心家にあらされば敢てせず殊《こと》に賛成員なる者を設け置きしを以て少しく実業に従事する人は多くは皆之に加りて運転上不都合の事のみ多かりしは会員全体の常に遺憾《いかん》とせし処なるが」（同：1）

つまり、松本親睦会の在郷会員は、これまでほとんどが中学生や師範学校の生徒（書生）だったが、今後は実業家へのアプローチを強化したい。雑誌限定の賛成員から、東京でも松本でも同等の資格をもつ会員にしたい……ということである。

こうして六月一三日の臨時会で確認された方針は次のようなものだった。すなわち「第一　本会の規模を拡張し賛成員を廃し広く実業者の加入を計る事」「第二　在松本の親睦会と一身同体《ママ》となりて在東京の会員松本へ帰れば直ちに松本会員となり在松本会員東京に来れば直に東京会員となりて共間の権利義務毫《ごう》も異ならさると」などである。具体的方案については臨時取調委員に委ねることになった（三名の委員のなかに岡田庄四郎が入っている）（同：11）。

松本親睦会では元太郎の活動実績に依拠して新方針を示したとしても、青木貞三にとって実業家へのアプローチはもっと先を見据えたものだったと思われる。つまり、たんに地元の有権者の支持拡大、というだけでなく、実業家の政治的主体化と議会政治の発展をも考えていたということである。

青木は官報局長を辞職後、七月に東京米商会所の第五代頭取に就任し、九月には『商業電報』を創刊して黒川九馬と、おそらく岡田庄四郎もここに配置した。相場関係者から出資を受けて、当日の商況を速報する夕刊新聞としてスタートしたが、青木は言論・政治記事の拡充を目論《もくろ》んでいた（有山：93f）。それは、政治と経済が密接に結びついている現実を認識させるため、というだけでなく、来るべき第一回総選挙をにらんで政治的主体の自覚を実業家に促すためでもあっただろう。

欧米社会における実業家の地位と役割を目の当たりにしたことも関係しているかもしれない。青木が帰省前に計画していた洋行が実現するのは、半年以上後の一八八七（明治二〇）年一月から六月にかけてであった。東京米商会所頭取に就任して「先物市場の新しい方向について模索を始め」（石田：162）、イギリスとアメリカを視察することにした。帰朝後に頭取を辞任すると、同年八月に農商務省から東京取引所委員を命ぜられた。東京米商会所と東京株式取引所を統合して新取引所を設置する準備に取り掛かったが、これは不成立に終わった（同：163）。それ以外にも、青木は翌八八（明治二一）年にかけて製鉄会社の設立や、下谷区から東京府会議員に選出（一九号：37f, 40）、私立東京商業学校（後の東京学園高等学校）の設立など多面的に活躍した。

『商業電報』は、「条約改正反対運動などで自己の機関紙を求めていた」谷干城（37）や三浦梧楼（47）らの「不平将軍」と、杉浦重剛や高橋健三らの乾坤社同盟《けんこんしゃどうめい》が合流することになり、一八八八（明治二一）年四月、陸羯南を迎えて改題、『東京電報』として創刊した。ただ資金提供者が増えたことで異なる利害関心が同居することになった。

『東京電報』の第一面冒頭には社説が置かれた。無署名なので陸本人が単独で執筆したかどうかは判別ができない。みすず書房版『陸羯南全集』の第一巻には創刊から翌八九（明治二二）年二月の終刊まで一〇か月分の社説を収録しているが、その文責の所在について編者は次のように留保を付している。

「無署名の社説のうちにも羯南以外の人が書いたものがあるかも知れないが、後身の『日本』における社説欄の慣行から考えて、大多数が羯南のものと判断される。もしそうでないものがあるとしても、少くとも羯南が発行前に目を通し自らの責任において掲載したものと考えてよかろう。」（西田・植手編：700）

陸羯南の研究でも当然この留保が前提とされているが、「陸羯南以外の関与」をどの程度見積もるかについては判断が分かれる。例えば、政治思想史の松田宏一郎は「主張の内容や引用している文献の傾向から羯南であろうと判断したものを羯南の議論として引用する」が「今後研究が進むにつれて羯南の筆とはされないものが混入する可能性は排除できない」としている（松田：viii）。それに対してメディア史の有山輝雄は「陸羯南以外の関与」の程度を多く見積もっている。

「前述の創刊号社説がいう通り『東京電報』社説が「専門学者及実業家」と相談しながら意見をまとめていったとすれば、彼の執筆だとしても厳密な意味では彼個人の意見とはいい難い。むしろ、『東京電報』社説は決して単色ではなく、あくまで二つの出資グループと陸羯南という三者の相互関係のなかで生み出されたものと見るべきであり、その葛藤を探る方が、羯南の実際に迫ることが

できるはずである。」（有山：98）

これは重要な指摘である。というのも、社説から陸羯南の思想のみを抽出することが困難である一方で、逆に、青木貞三の思想が社説に反映されている可能性も出てくるからだ。

そもそも商況報道のなかに政治言論の要素を入れようとしたのが青木であり、その目的が実業家の政治的主体化にあったとすればなおさらである。陸からすれば、青木は文書局＝官報局時代の上司であり、高橋健三とともに青木邸で民間新聞の事業計画を画策した「同志」でもあった。なにより、同時代の地方政治や実業家に関する知識・関心・経験のいずれにおいても、青木が陸を上回っていたのではないだろうか。

有山輝雄が執筆者を特定せずに『東京電報』社説が論じたテーマの第一に挙げているのが、実業者政治論である。これについては、松田宏一郎もこの時期の陸羯南の重要な論点として取り上げ、それを「「実業」は時代の思潮を表現するキーワードとして浮上してきており」という同時代の大きな文脈のなかに位置づけている（松田：51）。『商業電報』『東京電報』が刊行されたのは、ちょうど第一次企業勃興期に重なり、物価の安定と低金利政策によって会社設立と投資が盛んになった時代であった。

有山によれば、実業者政治論とは、第一に「実業者の実益の主張こそ議会政治のもとでの最も正当な政治的発言である」という政治論であった。それは「実業家の個別的な利害の代弁」というだけでなく「西欧議会政治をモデルにした議会政治の提唱」でもあった。有山はそこに「政治観の大きな転換」、もっといえば「新世代知識人による自由民権運動への決別宣言」を見いだしている。では実業家がどのように政治観を転換させるというのか。

「自らの私益、時には家財までうち捨てて政治活動に奔走した自由民権期の活動家達の論議は「悲《ひ》憤慷慨《ふんこうがい》、革命騒乱など云へる粗暴の言語」「粗大思想」と切り捨てられる。政治は、もはや思想をめぐる争いではない。実業者の「利弊」の取引なのである。それは政治言論観の転換でもある。

（略）

要するに、かつての言論は、西欧の政治論をあたかも絶対的真理であるかのごとく天降り的に「演繹」していた。その言論戦はルールもなく、決着する制度もない、いわば野戦場での入り乱れた乱戦、消耗戦にすぎない。それに対して、現実的条件のなかで相対的に有効な方策を考案する「相関的議論」が「価値ある言論」であり、それは、国会議場での論戦によって、互いに利害を妥協調整することが予定される。（略）

根無し草的「壮士」言論、すなわち〈理〉の過剰によって感情激発に陥る〈情〉の言論に代る、〈利〉に立つ言論、実業家の利にたつ合理的討論に新しい新聞言論の機能を求める主張は、明治二二年に予定されている憲法発布によって成立する国家機構のなかに言論を制度化しようとする狙いであることは明らかである。」（有山：99f）

一八八九（明治二二）年二月六日に青木貞三が死去すると、その三日後の九日に『東京電報』は終刊し、さらに二日後の一一日に『日本』が創刊された。『東京電報』時代に同居していた二つの要素のうち政治言論に特化して、国民主義を積極的に展開するようになった。

陸羯南が、その後、実業者政治論を自身の思想としてどのように展開したのかはわからない。それに対して元太郎は、具体的な政治活動のなかで「〈利〉に立つ言論、実業家の利にたつ合理的討論」を実践していくことになる。むしろ、青木貞三が実業者政治論に確信を深めていく根拠のひとつに、一八八六（明治一九）年以降の元太郎をはじめとする同郷四天王の現場での活動実績があったのではないか、とさえ思えてくるのである。

## 2　新しい名望家の誕生

### 五人目の高弟

青木貞三について、ここまで同郷四天王を中心に見てきたが、五人目の存在も忘れてはならない。澤柳政太郎（65）である。松本親睦会の草創期の中心メンバーである。

前章で触れたように、澤柳は大学予備門時代から青木貞三の経済的援助を受け、松本親睦会の先輩である初代文部次官・辻新次の誘いで文部省に入ったのだった。澤柳自身も文部次官を経て東北帝国大学初代総長と京都帝国大学第五代総長を歴任、七教授に対する退職勧告に端を発する「京大澤柳事件」と、下野してから成城学園の創設者として取り組んだ「大正自由教育運動」で教育史に名を残した。

青木にとってその「才能と人柄を愛し、自分の理想を受け継ぎ発展させてくれる人物」こそ澤柳だったという見方もある（新田：33）。青木は澤柳が望むなら海外留学の費用も出そうとまでいってくれ、自らの死期が迫ると澤柳に後事を託した。

「澤柳は青木の葬儀の世話をし、残された財産で遺族の生活が立ちゆくように取り計らった上、青木の侍妾《じしょう》の身の振りかたまで諸事万端欠けるところなく処理した。青木の侍妾はかつて新橋に名をはせた芸妓《げいぎ》であったが、青木の死後は政界の要人のもとに縁付いて、その正妻となったという。」（同：39）

青木から託されたのは家族だけでなく、「雲照律師《うんしょうりっし》のこと」も含まれていた。雲照律師（27）は明治期の仏教界刷新運動の指導者として活躍し政界の有力者たちからも慕われた名僧であり、臨終の場面に家族以外で居合わせたのは、雲照律師と澤柳の二人だけだった（澤柳：80）。

明治 22 年（24 歳）頃の澤柳政太郎（新田義之『澤柳政太郎』より）

そもそも雲照律師が東京での活動拠点として目白の新長谷寺を建立して、戒律学校（後の目白僧園）を開くことができたのは、青木の手厚い経済的援助のお陰だった。最大の後援者たる青木が亡くなったため、澤柳がその運営資金を確保するべく奔走することになった。

澤柳はこのとき二三歳、半年前の一八八八（明治二一）年七月に帝国大学文科大学哲学科を卒業して文部省で働き始めたばかりだった。正式の見習いである試補を経て書記官（奏任官）

となるのは二年後の九〇（明治二三）年八月である。「文官試験試補及見習規則」（第三章）によって生まれた学士官僚第一世代であり、上田萬年《かずとし》（67）や岡田良平（64）とともに「我が国で最初に、本格的に教育学を専攻した」専門官僚第一世代として文部行政の中枢を担っていくのであるが（新田：86f）、このときはまだ総務局雇という半端な身分で何の実績もない。

けれども、澤柳は見事このミッションをやり遂げる。真の課題は、青木に代わる篤志家を確保することよりも、持続可能な資金調達の仕組みをどう構築するかにあった。澤柳は試行錯誤のなかでそれに気づき、課題を設定し直して、行動した。澤柳の次男・礼次郎による伝記から、その具体的方法を引用する。

「此処に於て、彼〔政太郎〕は先づ故青木氏の友人であつた鳥尾小弥太、中村道太、天野為之、高橋健三、宮部襄等の諸氏とその友人数人を糾合して、各自から毎月十円の寄附を募る計画を立てた。彼はつまり僧園の世話人であり、その弟菊三は寄附金の集金人になつた。最初の一年は滞りなく集金出来たが二年目から、次第に集金高は悪くなり、菊三叔父が四度も五度も足を運んでも集金出来ぬやうになつた。

こゝに於て彼はこのやうな消極的な方法では到底僧園を永久的に維持することは出来ぬことを悟つて、従来の諸氏から寄附を仰ぐことを廃止し、十善会を再興して一般会員を募集し毎月一回仏教十善に関する「十善宝届〔窟〕」なる雑誌を発行し、之を会員に頒布して会費を集めその利益に依つて僧園を支持することにした。即ち明治二十三年四月には、久邇宮《くにのみや》〔朝彦《あさひこ》親王〕殿下を十善会の上首に仰ぎ三浦梧楼将軍を評議員長とした。

　幸にもこの計画は意外の大成功を博し、忽《たちま》ち多数の会員を集め得た。中には特〔篤〕志家も現はれ会費以外の寄附もあつたので、僧園を維持することは容易になつた。」（澤柳：83）

　青木の友人だった資産家に寄附を仰ぐという「消極的」アプローチは持続可能ではない。それに気づいた澤柳が採用した「積極的」アプローチは、十善会という信者の拠り所となる組織の再興と、『十善宝窟』という雑誌の刊行であった。遠く離れた人びとを結びつける雑誌は「想像の共同体 imagined community」の拠り所となる。運営側からすれば、薄く広く継続的な集金を可能にする仕組みである。この仕組みを育てていけば、特定の資産家に頼らなくても、目白僧園を維持できるようになる。

　計画の成否は組織の「顔」にかかっている。顔役＝評議員長を引き受けてくれた三浦梧楼は当時陸軍を予備役編入となり学習院長になっていたが、陸羯南の『東京電報』にも関与する「不平将軍」として、立場や思想の垣根を超越する存在だった。雲照律師と出会った経緯について、三浦は『観樹将軍回顧録』で述べている（三浦：232f, 480f）。具体的な紹介者は明かされていないが、三浦は初対面で雲照律師に感化されて、すぐに弟子入りした。その後、井上馨と引き合わせたりしているから、三浦は雲照律師が各界の有力者とつながるうえで重要な役割を果たしたと考えられる。

　十善会の評議員には、青木貞三の文書局＝官報局時代の同僚で、やはり『東京電報』に関与していた高橋健三も名を連ねているから、高橋が澤柳を三浦に紹介したのかもしれない。そして高橋と澤柳を仲介しうる位置にいたのは「四天王」黒川九馬と岡田庄四郎だった。黒川と岡田の関与はそれだけではあるまい。資産家や有力者をまわっての評議員の就任依頼から雑誌刊行に至る裏方仕事において、何らかの形で澤柳に協力していても不思議はない。

澤柳がつくったこの仕組みが日本の宗教史のなかにどう位置づけられるのかは別に検討する必要があるが、松本親睦会の運営経験はおそらく大きなヒントになったと考えられる。

松本親睦会は例会や行事と並んで、雑誌刊行を組織運営の軸に据えてきた。ただし雑誌の維持には費用と労力がかかる。だから青木は経済的援助を惜しまなかったし、四天王や澤柳など高弟たちが運営を支えた。雑誌刊行が軌道に乗れば、会員も増えて収入が安定し、ノウハウも蓄積されて運営体制が再生産される。こうして、青木の援助や高弟が離れても、松本親睦会の組織は長きにわたって存続することになった。澤柳が再興した十善会も同様で、「明治三十年頃には十善会の支部が全国で二十カ所を超え、会員数が七千人に達した」（新田：42）という。

澤柳は雲照律師とはもともと青木を介して面識があったが、この十善会再興事業のためにより密接に関わるなかで信仰と戒律の意味を深く理解するようになったという（同上）。この事業は、澤柳研究では仏教思想に傾倒していくきっかけという意味合いをもたされてきたが、各界の有力者に渡りをつけながら仕組みを構築した経験がその後の物事への取り組み方に及ぼした影響についても、もっと注目されてよいと考える。青木貞三の先見の明や深謀遠慮、これまでの四天王の使い方などをふまえると、「そこ」まで見越して、二三歳の澤柳に六二歳の老僧を託したのではないかと、つい穿った見方をしたくなる。

澤柳は多くの著作を残したが、国土社版『澤柳政太郎全集』（一九八〇年）の総索引と年譜（第一〇巻）には「雲照律師」や「十善会」はあるのに、「青木貞三」も「松本親睦会」も出てこない。二〇歳代前半の経験については本人の著作以外で補う必要があるだろう。

新田義之によれば、澤柳の特徴は「理を尊び非理を糾《ただ》す姿勢」にある。この姿勢は「個人的な感情に左右されず、また相手の役職地位の上下に拘《かか》わらず、一貫して常に変わるところがなかった」（同：81）という。それが発揮された例として、一八九三（明治二六）年、文部大臣井上毅《こわし》がおこなった演説の誤りを本人宛書簡のなかで指摘したことがある。

「要点は、井上が「学制発布後二十年経っているのに、小学校の就学率がようやく五〇パーセントにしか達していないのは問題である。教育の普及率を上げるのが目下の最重要課題だ」と述べたのに対して、その認識不足を突き、「就学率五〇パーセントは学制発布十年にして達せられているが、それ以後ほとんど変化していない。決して就学率を上げる努力を関係者が怠っているわけではないにも拘らず、増加しないことにこそ問題がある。また就学率が高くなれば教育の効果が上がると思い込むのも、大きな間違いである」とし、その根拠を実例を挙げて指摘しているところにある。」（同：80）

尋常小学校の就学率は関係者の努力にもかかわらず五〇％で頭打ちになっており、就学率が高くても出席率が低い県がある。この現状を鑑みると、今は普及の努力を重ねて求めるよりも教育の改良をこそ優先すべきではないか……と事実にもとづいて指摘したのだ。

教育の普及は後回し、ということではない。その実現には条件整備が必要なのである。澤柳はその五年後（明治三一年）に普通学務局長に就任すると、文部次官を退官（明治四一年）するまでに義務教育の無償化と施設の整備、就学年齢児童の雇用禁止、義務教育年限の延長など、まさに国民国家の基礎工事に相当する仕事に粘り強く取り組んだ。

青木貞三が経験した明治一〇年代半《なか》ばの官界は「文官試験試補及見習規則」ができる以前の人物本位の世界であり、登用される人材の能力や専門性のバラつきが大きく、流動性も高かった。それだけに、青木はこれから帝国大学で学問を修め高度な専門性を身につけた学士官僚が中心となっていくことの意味もよく理解していたはずである。澤柳政太郎の「理」を尊ぶ姿勢、個人的な感情や相手の役職地位によってブレない姿勢を、政治から独立した行政官僚に求められる重要な資質として見抜いていたのではないか。

では、地域社会に根差して実業家の「利」と向き合う政治家に求められる資質とは何だったのか。元太郎には「それ」がある。青木がどこまで明確に意図していたかはともかく、その差配に元太郎は見事に応えて、「それ」を開花させていくのである。

青木貞三の高弟のなかでも、最も息の長い活動をしたのが澤柳政太郎と降旗元太郎であった。彼らは大正期の高等学校招致運動において、ふたたび相まみえることになる。

## 「旧《ふる》い名望家」の活躍と限界

繰り返し述べてきたように、元太郎は青木貞三の四天王（五人衆）のなかでおそらく最弱と見られていた。吉田復平治・黒川九馬・岡田庄四郎の三名は、言論や演説、組織化などで優れた力量を見込まれ、松本親睦会の内外の事業で活躍する機会をさまざまに与えられた。青木の秘蔵っ子だった澤柳政太郎は、名僧・雲照律師をその仏教界刷新運動まで含めて託されるという最高難度のミッションを課され、期待以上の結果を出した。

彼らに比べれば、元太郎が置かれた場所は大変に地味である。わかりやすい「成果」がすぐに出るわけでもない。では、元太郎が地元に戻ってから蓄積しつつある政治的な力とはどのようなものなのだろうか。ここまでの議論を振り返りながら、改めて検討しておきたい。この「力」は外から見えにくく、また単体で取り出すことが難しい。松本親睦会とそれを実質的に回していた青木貞三と四天王（五人衆）を詳しく取り上げてきたのも、元太郎が地元での活動を通じて獲得した「力」については、それらとの関係のなかで評価すべきと考えるからである。

第一章では、浅間温泉で土地と家業をもつ降旗家は、地域社会で名望家たりうる地位にあったと述べた。名望家とはただの地主や資産家ではない。そこには尊敬や名誉、社会的威信といった「名望」を元手にさまざまな資源を調達しうる「政治的な力」が含意されている。名望家が活躍するのは、身分制社会が揺らいで、新しい統治や秩序の原理が確立していく過渡期においてである。なぜか。塩原佳典は「知識や情報を媒介する役割」に注目した。もういちど引用しておこう。

「ここでいう媒介とは、地域社会の外部と内部の境界（あるいは結節点）に位置し、内外を行き交うさまざまな知識や情報を、内部へと取り次ぐ営みを指す。時代が大きく変化するなかで、外部から流れ込む知識や情報を媒介する力量こそ、地域社会の現実を新たに創出する力の「源泉」であったと考える。」（塩原：17）

こうした媒介者になるのに、ある程度の身分は必要だとしても、それだけでは十分ではない。むしろ高すぎる身分はかえって自由を束縛する。塩原の研究によれば、明治初年において名望家として活躍したのは、村役人層のなかでも格式のそれほど高くない家の出身者たちである。第二章で見たように、中信地域の開明的な名望家ネットワークの「ハブ」的存在となる藤森寿平や窪田畔夫、市川量造らは、いずれも、生活に困らないだけの家産と、家業に縛られない自由を兼ね備えた存在だった。

彼らは自由民権運動の中心的な担い手となった。一八八〇（明治一三）年の国会開設運動では、明治初年に再編された名望家ネットワークが最も有効に機能した。すなわち、地域をまたいで有力者をつなぎ、新聞や結社を活用してその力を集め、政治的な要求にまとめ上げることができた。

しかしまた、それは大きな挫折経験をもたらした。国会開設の請願は各地から集まり全国的な運動に発展するが、政府が請願書の受け取りを拒否し、それへの対応をめぐり再請願や私立国会や政党結成などで各派の路線対立が浮き彫りとなった。信州代表として派遣された松沢求策が全国組織の世話役を引き受けて奔走したが、東京で活動を継続するには地元からの経済的支援に頼らざるをえない。先の見通しが立ちにくい状況のなか、次第に地元から孤立するようになる。厳密にいうと、松沢を支持する急進派である師範出の若い教師たちから、多数派を占める穏健な豪農商（名望家層）たちが離れていったのである。

「奨匡社の社員構成をみると、豪農商と代言人（いまの弁護士）、それに教師であったが、この師範出の教師たちを「急進派」とすれば、その他の豪農たちは「改良派」といってよかった。そして前者の代表が松沢求策なら、後者の代表が市川量造であった。」（中島：152）

松沢求策を追って、急進派の教師たちが何人も上京した。吉田復平治もそのなかの一人である（同：202）。

市川ら改良派の豪農商たちはその後郡長や県会議員などの公職に就いて地域課題に取り組んでいくが、明治一〇年代半ばの地方政治においても、県の管轄を越える政策については中央政府に請願するしかなかった。第四章で述べたように、市川が中心となって関わった分県移庁の請願運動については地方長官である長野県令にそれを託すところまでしかできず、歯がゆい思いをした。

市川量造や藤森寿平らの次に地方政治の担い手として台頭してくるのは、かつての自由民権運動の急進派だった知識層である。教師の小里頼永や代言人の江橋厚らが「知識や情報を媒介する役割」を引き受け、信飛新聞＝松本新聞という民権メディアの系譜を受け継ぐ『松本日日新聞』を刊行し、また奨匡社に代表される民権結社の系譜を受け継ぐ信陽立憲改進党を設立した。「政治の季節」の後の喫緊《きっきん》の地域課題は、何よりも地元の経済発展、地域振興である。この課題では改良派も急進派もない。ところが「実業の季節」を呼び込むには至らず、新聞は慢性の経営不振のまま改題を繰り返し、模索が続いていた。

　この閉塞状況をよく理解する人物が他にもいた。分県移庁の請願を携えた県令を政府高官に取り次いだのは、市川量造と個人的なつながりのあった同郷の少壮官僚・青木貞三だった。青木が右大臣岩倉具視の知遇を得て登用された最初のポストが元老院御用掛準奏任だったことを想い起してほしい。元老院とは「立憲政体樹立の詔書」（明治八年）にもとづいて設置された立法機関であり、建白（公益に関わる意見や要望）を受理・審査・処理する役割も担っていた。国会開設とともに廃止された。

　そこでの経験から、青木は地方の要望が中央で処理される政治過程の勘所《かんどころ》を熟知しており、また高官との人脈を築いていた。市川が青木に取り次ぎを依頼した最大の理由はそこにある。青木が取次役となった事例は他にもあったと思われるが、青木自身も個人頼みの限界を痛感していたはずである。

　その後、情報官僚として頭角をあらわしていく青木は、来るべき立憲政治において地方と中央の関係はもちろん、政治・実業・教育・言論などの関係がどのように再編されていくのか、見通しをもつようになった。それはたんなる客観的な情勢分析にとどまらない。青木は官界から飛び出して、その再編の流れに自ら掉さしていく。東京米商会所頭取に就任して創刊した『商業電報』を陸羯南を迎えて『東京電報』へと発展させるなかで、政治と言論の関係について実業を媒介として再編しようと試みた（実業者政治論）。

　青木が松本親睦会を熱心に育成・支援したのもおそらく同じ文脈に位置づけられる。すなわち地方と中央の関係について教育を媒介として再編すること、である。これまでの上京した同郷者との個人的な支援の取り組みを脱属人化して、同郷の先輩後輩関係を軸に地方と中央をつなぎ、その力を結集できるような仕組みをつくれないか。在学中だった四天王（五人衆）を中心に発足した松本親睦会に対する経済的支援において、青木が突出していたのは、彼が同郷の後輩たちへの同情や義務感だけでなく、そして自身の国政進出の野望だけでもなく、こうした地方と中央の関係再編への見通しがあったからと考えられる。

## つながりを媒介する「新しい名望家」

こうした再編のなかで、地方名望家を取り巻く条件や期待される役割も自《おの》ずと変わってくることになる。

元太郎は最初から名望家だったわけではない。降旗家が広大な土地をもち旅館業や蚕種製造業を営んでいたとしても、窪田や市川や藤森のような地域自治に根差した世襲的な身分的資源までは、なかったかもしれない。その代わり東京専門学校の一期生として学問を修めた。地元に戻ってきてから、求められて学術演説会に登壇することもあった。東京専門学校時代の恩師・天野為之が旅行で訪れた際には懇親会を企画したこともあった。しかしそれだけである。上京遊学ブームの当時、東京の学校で学んだ経験やそこでの師弟関係がそのまま「知識や情報を媒介する力量」に変換されるほど、地方政治は甘くないはずだ。

青木貞三と松本親睦会の活動からわかるのは、元太郎が地元に戻ってから蓄積しつつあったのが「人のつながりを媒介する力量」にあったということである。

元太郎は、地元の代言人や役人、新聞人、教育者、実業家など「種々の資格ある上流の人々」が集い、新知識に触れて地域の課題を議論する「新しい公共圏」を創り出し、その世話役のポジションに収まった。けれども、元太郎に最初からそうした能力が備わっていたわけではない。まずは、上京した同郷者が集う松本親睦会があり、その地元進出計画に松本の有力者たちが乗ったのだ。元太郎は、初めは東京からの使者として黒川九馬とともに帰省したが、自身の活動拠点を松本に移すと、東京との取次役を兼ねる地元の世話役として重宝された。松本商業協会は設立から世話役まで引き受けた。地元メディアを継承して『信陽日報』を創刊、吉田復平治とともに編集と経営に関与するようになる。

二二歳の元太郎が一八八六（明治一九）年の最初の半年間でここまで到達できたのは、繰り返し述べてきたように、青木貞三や地元有力者たちのさまざまな思惑が合成された結果という側面が大きい。元太郎の「人のつながりを媒介する力量」はその過程で開花し、周囲からも認められ、初めて小さな名望を手にした。そして「最初の名望」を元手に、いくつもの新しい組織に世話役として関わり、地道に名望を増やしながら、次第に地元の顔役へと成長していく。地位が人をつくるのである。

降旗徳弥による伝記から引用する。

「父〔元太郎〕は新聞経営と並行して、青年会（当時は青年団ではなく青年会と称した）活動にも情熱を燃やした。明治十九年（一八八六）地元に「浅間青年会」をつくり、自ら会長になって会の育成、指導に努めた。二十一年、松本に結成された「信陽青年会」にも参加、翌二十二年には同会の会長に、さらに二十四年に発足した東筑摩郡連合青年会の会長を二期（二十六、二十七年）、二十八年一月に松本・神道公会所で開かれた東筑南安連合青年会大会の議長も務めている。

当時県下における青年の動向は、町村外へ出て教育を受けたり、また受けている青年と、在町村の青年たちとのつながり、交流が深かった。町村を出て勉強した若者は、地元に残っている友人、後輩に外で学んだ新しい知識を教え、地元の青年、若者はそれを積極的に吸収した。青年会はその交流の場であり、学習・研修の場でもあった。東京専門学校で新しい知識、学問を身に付けて帰った父は、地元の青年たちにとってちょうどよい教師、指導者であったろう。それが政治運動に関係しようとも、地元では父の知識を必要としていたように思う。」（正編：47）

青年会とは一般に、村単位で組織されていた伝統的な年齢集団である若者組が明治期に再編されたものとされる。その後、青年団となり、日清・日露戦争後に内務省や文部省が育成に乗り出して全国を網羅する。つまり歴史的には、青年会は若者組から青年団への過渡的形態ということになる。

そのうえで、元太郎が関わった青年会は、東京で学問を身につけた先輩が地元の後輩を教え導く場であり、地域共同体内部で完結していた若者組とは明らかに異なる組織原理をもつ。松本親睦会の実践を地元在住者向けにカスタマイズしたのが元太郎の青年会だった、あるいは松本親睦会自体がもともと上京遊学者向けにカスタマイズした青年会だった、という見方もできるだろう。

こうして元太郎は、東京と松本、学生と社会人、知識層と実業家、さらには学問知識を介して地域の青年たちをつないでいく。彼の地域でのあり様は、市川量造や藤森寿平のような「旧い名望家」とは異なる条件のもとで生まれ、異なる役割を果たしうるという意味で「新しい名望家」と呼ぶにふさわしい。「旧い名望家」が村役人層を出自として「知識や情報を媒介する力量」を発揮して地域の開化事業の要となる人びとだったとすれば、「新しい名望家」は世話役・取次役として「人のつながりを媒介する力量」を発揮して地域の公共圏の要となる人びとであるといえよう。

そして「新しい名望家」として存分に働くには、「旧い名望家」と同様に、生活に困らないだけの家産と、家業に縛られない自由を兼ね備えていることが必要である。この点、元太郎は、村役人層のような世襲身分はなくても、土地と家業をもつ家の長男で両親も健在だったから、生活のために働かねばならない者よりも有利である。教師や代言人というだけでは、いくら「知識や情報を媒介する力量」に長けていても「人のつながりを媒介する役割」との兼業は難しかったのではないだろうか。

## 3　東京帰りの青年たち

### 武居用拙と松沢求策のその後

元太郎が上京してから帰ってくるまでの四年間で、松本安曇野は大きく変容していた。かつて自由民権思想の培養器だった、松本の師範学校と豊科の武居塾はともになくなった。

まず、師範学校（長野県師範学校松本支校）は一八八三（明治一六）年に支校としては廃止、本校が松本に移転してくるが、三年後の八六（明治一九）年には長野に再移転した（長野県尋常師範学校）。その代わり、松本中学（長野県中学校松本支校）が長野県尋常中学校となり長野の本校と他の支校が松本に統合される（一府県一中学校）。第一章で述べたように、結果として、松本と長野の間で師範学校と中学校を交換する形になった。これ以降、師範学校が長野で県庁との指導関係を軸に発展するのとは対照的に、中学校は県庁から離れた松本で自由と自治の校風を育てていくことになる。

母校である豊科学校の変則科＝武居塾も、一八八四（明治一七）年に廃止された。元太郎の人格と思想の形成に大きな影響を与えた武居用拙先生と松沢求策先輩もいなくなった。

入学当時の舎監で民権活動家の若きリーダーとなる先輩・松沢求策は、その間に栄光と挫折を味わった。一八八〇（明治一三）年に国会開設請願運動の信州代表として東京にとどまり、全体の運動方針に関与し政党結成の準備に向けて活動した。翌八一（明治一四）年三月には自由党機関紙を標榜する『東洋自由新聞』を創刊、西園寺公望（49）を社長、中江兆民（47）を主筆に迎え、自らも編集委員として創刊号から「民権鑑嘉助面影」という故郷の農民一揆の物語を連載するなど、民権活動家としてはここがピークだった。先にも述べたように、東京での活動が長引くほど地元支援者から孤立していった。

新聞創刊の翌月に西園寺が突然社長を退任すると、それに憤怒して檄文《げきぶん》を配布したことで懲役七〇日の判決を受け、石川島の牢獄に入獄。その後、八丈島で事業を起こしたが倒産。一八八三（明治一六）年に県会議員に当選して県立中学校設立に尽力するなど活動していたが、代言人試験問題漏洩事件に巻き込まれ、八七（明治二〇）年に懲役一年の判決を受け、再び石川島の牢獄に入獄、服役中の同年六月に病死した。三二歳だった。

国会開設の請願書を受け取るよう政府高官をまわっていた松沢が、唯一面会できたのが右大臣岩倉具視だった（明治一三年七月）。その場で、国会は日本全体に関わることだから、一部地方の人民から願い出ても受け取れないと明確に拒否された。この言質《げんち》を得て、松沢たちは運動の全国展開に力を入れていくことになる。そして皮肉なことに、請願書受理を拒否した岩倉に見いだされたのが青木貞三だった。翌年、青木は元老院御用掛準奏任に登用され、松沢が牢獄で服役中に、元老院権少書記官（正七位）に昇格した。一八八一（明治一四）年を境に松沢と青木の明暗が分かれた。

策士として知られた岩倉具視は民権家の動向を細かく探らせ、その懐柔《かいじゅう》に力を注いだ。岩倉との面識を得た松沢求策も懐柔対象になった。「井上馨がよく行ったのは、民権家の官吏への抜擢であったといわれる。求策自身どの場面であったかわからぬが、元老院権少書記官への誘惑があったが、きっぱり拒絶している」（中島：189）。もしその誘惑に乗っていたら、青木貞三のポジションにいたのは松沢求策だったかもしれない。

松沢求策と青木貞三は、ともに元太郎の人生に影響を与えた偉大な先輩である。元太郎の政治家人生の原点という意味では東京専門学校時代の恩師小野梓も加えてよいだろう。彼らは、もしも健在であれば犬養毅や原敬、加藤高明ら大正政治の黄金世代に伍して活躍したはずであるが、いずれも立憲政治が始まる前に三〇歳代前半の若さで亡くなった。元太郎は、志半ばで斃《たお》れた三人の無念を引き継いで、地方政治に関わっていくことになる。

武居用拙は、豊科学校変則科が廃止されると松沢求策の勧めで上京、姪の婿である吉村忠道の家に世話になった。すでに七〇歳になっていた。当時の吉村家には、偶然、島崎藤村（72）も身を寄せていた。小学生だった藤村はここで用拙から「詩経」などの素読を教わった。自伝的小説『桜の実の熟する時』（一九一九年）には次のような記述がある。


「おじさんの親戚にはまた郷里《くに》の方で人に知られた漢学者もあったが、その人のひげがまっ白になるころに親子して以前のおじさんの家の二階にわびしげな日を送っていたこともある。実際、おじさんの周囲にある人たちで、学問や宗教に心を寄せるものの悲惨《みじめ》さを証拠立てないものは無いかのようであった。」（島崎：121）

小学生の藤村にとって、その老漢学者の「わびしげ」で「悲惨さ」を湛《たた》えた姿からは、かつて豊科で青年たちに演説や文章の指導を通して民権思想を注入し、松本安曇野の自由民権運動の精神的支柱となった姿は想像もできなかっただろう。

ここで「親子して」とあるのは、武居の末子・正次郎（好典）のことと思われる。千原勝美によれば、武居正次郎は「父に従つて安筑の学校に学び、豊科ではかの変則科に修学、一九・二〇年重野博士に学び、後小学校教員を経て二六年上田中学に勤め、三五年から大正九年にかけて横浜商業にあり、再び上田中学に帰り昭和三年退職。一四年六月八日七四歳で上田で死んだ」（千原 1962：112）とある。正次郎は松本親睦会の初期からの会員であり、一八八五（明治一八）年一二月刊行の会誌旧四号の移転情報に、

「銀座四丁目四番地吉村方」に転居したとある。父用拙と吉村忠道宅に寄寓していたときであろう。また「一九・二〇年重野博士に学び」（千原）とあるが、東京のどこで学んだかまではわからない。

武居用拙と吉村家および島崎藤村の関係については、千原勝美の研究が詳しい。千原は、用拙の息子・好典（正次郎）の文書に「父に従ひて東京に赴き初は銀座、後は蛎殻町《かきがら》一丁目三番地といふ相場師の本拠に住みました」とあるのを紹介している（同：111）。銀座にあった吉村家は一八八六（明治一九）年七月に日本橋区浜町に引っ越しており、このタイミングで武居親子は吉村家から離れて同じ日本橋区の蛎殻町一丁目に移り住んだ。ここには東京米商会所があり、ちょうど青木貞三が頭取に就任したばかりだった。したがって、この「相場師の本拠」に住処を世話したのは青木だったのではないか。

武居用拙が上京した時期は、元太郎が東京専門学校に在学していた時期と重なる。少なくとも松本親睦会で息子・正次郎を通して父用拙の様子は伺っていただろうから、元太郎は東京の寄寓《きぐう》先を訪ねたはずである。それどころか、青木貞三に正次郎を介して武居用拙を紹介できる立場にあったのは、元太郎だけなのである。だとすれば、武居親子の蛎殻町への転居のタイミングは元太郎が松本に戻った後と考えられるが、武居親子の生活支援に元太郎と青木が絡んでいた可能性は高い。

武居用拙は、愛弟子の松沢求策の死後、一八八七（明治二〇）年六月に松本に戻り、豊科の藤森寿平の世話で寓居を構えたが、翌八八（明治二一）年一月の大火災で被災して蔵書二千巻を焼かれ、故郷の木曾福島に帰ることになった。同年五月に「知友門弟子たる窪田畔夫・上條謹一郎・中沢良作・藤森寿平・降旗元太郎等の発起になる送別会」が開かれたという（同：110）。元太郎は発起人のなかでは最年少であったが、武居用拙はかつての教え子が地方政治の担い手に成長しつつあることを頼もしく思ったに違いない。

## 中村太八郎と木下尚江

元太郎の少し下の世代に、元太郎と同じように、地元で「知識や情報を媒介する力量」と「人のつながりを媒介する力量」を発揮した東京帰りの青年たちがいる。中村太八郎と相馬愛蔵である。彼らは名望家になりうる資質を備えていた。それに比べて、木下尚江は彼らとは仲が良かったが、その資質は名望家のそれとまったく異なっていたことがわかる。

安曇野の穂高に戻ってきた相馬愛蔵が「人のつながりを媒介する力量」をどのように発揮したのかについては、まさに臼井吉見の大河小説『安曇野』で詳しく描かれているとおりである。元太郎が組織した「青年会」の雰囲気を知る参考になる。自分が主張するよりは、場の主宰者としてメンバーを包摂する。元太郎は、そんな愛蔵と似たタイプではなかったかと想像される。

以下では中村太八郎について、上京遊学経験を中心に、木下尚江と資質の違いを際立たせるように取り上げてみる。太八郎の出自は本来的な意味での地方名望家（旧い名望家）であるが、上京遊学から戻ると、元太郎や愛蔵とは異なり、「青年会」活動をすっ飛ばしてまっすぐに政治活動に飛び込んでいく。目的志向が強い組織化の人であり、青木貞三の四天王のなかでは黒川九馬と似たタイプである。

先回りして言えば、組織化の人である太八郎は、言論の人である尚江とは相互補完的な関係にあり、

明治22年（21歳）頃の中村太八郎（平野義太郎編『普選・土地国有論の父 中村太八郎伝』より）

元太郎は包摂の人として彼らを支えたのではないだろうか。

中村太八郎は、筑摩郡大池村（後の山形村）で代々名主を務めてきた豪農の出身である。太八郎は元太郎や相馬愛蔵と比べても、とりわけ分厚い親戚ネットワークをもっている。まず、第二章でも述べたように、太八郎の名付け親は窪田畔夫である。窪田家は山形村と隣接する和田町村（後の和田村）でやはり代々名主を務めてきた豪農であるが、畔夫は祖父が従兄弟同士という関係で、太八郎の名付け親になった（瀬戸口：12）。

また、後で述べる上條信次（46）と吉江久一郎も、太八郎にとって重要な親戚である。上條家は南和田村（後の和田村）でやはり代々名主を務めてきた豪農であり、中村・窪田・上條の三つの旧家は、中村家を主とした親戚関係にあった（千原 1961.11：32）。吉江家は塩尻長畝村でやはり代々名主を務めてきた酒造業も営む豪農であり、久一郎と上條信次とは従兄弟同士だった（瀬戸口：37）。太八郎は、南北に長い松本盆地において塩尻寄りの南部にあるこの四つの旧家のネットワークの恩恵を存分に受けて育つことになる。

さて、太八郎は、大池学校では武居用拙の木曾の菁莪館時代の弟子・小野徳次郎に教わった。小野は松本に自由民権の奨匡社が結成されるとすぐに加入したほどの民権派教師だった。大池学校で初等教育を修めた後も、豊科学校のような「変則科」に引き続き在籍したかどうかはわかっていない。

太八郎と尚江はほぼ同年齢（一歳差）で、どちらも自然に自由民権思想に親しむ環境で育ったが、初等教育後の思想形成のされ方には興味深い差異が見られる。第三章で述べたように、尚江は松本中学への通学途中に国事犯を目撃したり万国史の授業でクロムウェルを知ったり、といった断片から観念的に閃《ひらめ》いて法律学を志したのであった。他方、太八郎は一四歳から『東京日日新聞』を購読し、一五歳で小野梓の『国憲汎論』やスペンサーの翻訳書を読んでいた（瀬戸口：16）というから、まず基礎的な教養が違う。

『国憲汎論』といえば小野梓が米英両国への渡航・留学後に書き始め、死の四か月前に完結した渾身の立憲政治論である。当時発表された多くの私擬憲法論のなかでも群を抜く水準で、明治一四年政変のもとになった大隈重信の意見書から、その後に設立された立憲改進党や東京専門学校まで、それら一連の出来事を貫く理念がここに展開されている。三分冊のうち上巻・中巻が刊行されるのは一八八二（明治一五）年一二月から翌八三（明治一六）年四月だから、太八郎は刊行とほぼ同時に取り寄せて読んだことになる。

またスペンサーの社会進化論は、東京大学文学部のフェノロサの政治学講義でも中心的に取り上げられていた当時最先端の流行学説だった（ただし明治一四年政変前まで）。尚江がスペンサーを知ったのは、東京専門学校の高田早苗の講義においてである。

したがって、太八郎は同世代ではもちろん周囲の大人と比べても「才能もさることながら政治的にもかなり早熟な少年であった」（同上）といえる。信州の田舎だから余計にそう見えるかもしれないが、ここではそれを可能にした条件に注目したい。尚江は松本城下の開智学校から松本中学校に進学して、ずっと最優秀の生徒だった。他方、太八郎が住む山形村は松本城から南西一二・五キロ（徒歩で二時間半）も離れた地方である。そこの情報環境が、明治の新教育の粋《すい》を集めた松本城下のそれよりも充実していたのはなぜか。下級士族の尚江になくて豪農の太八郎にあったのは、土着の村役人層ネットワークであり、旧い名望家が有する「知識と情報を媒介する力量」である。

尚江は自身の観念的な閃きに知識情報の獲得が追いつかないアンバランスさを抱えていた。すなわち「英国王を審判《さば》いたクロムウエルの法律」を学びたい一心で（早まって）英吉利法律学校に入り、同郷の先輩黒川九馬の勧めで東京専門学校に入り直すも、結果として期待外れに終わってしまう。それでも在学中は勉学に励んで邦語法律科を成績優等で卒業、大隈夫人賞としてマコーレーの『論文集』を賞品にもらった（山極：40）。

太八郎はどうだったか。私たちはつい、小野梓の主著を刊行と同時に読むほどに意識が高ければ、上京して東京専門学校に入学するのではないかと期待してしまうが、旧い名望家の強みは、流行の知識情報を獲得するだけでなく、それを相対化しうるネットワーク資源を利用できた点にある。またネットワーク資源をただ使うだけでなく、それを育てる術《すべ》も太八郎は知っていた。

太八郎は一八八三（明治一六）年秋に松本地方に遊説に訪れた漢学者・岡鹿門《ろくもん》（33）と出会い、東京の彼の私塾（岡塾）で一年半学ぶ。岡塾の先輩には、後に普選運動で合流することになる片山潜《せん》（59）がいる。

岡塾をやめた後、一年ほど郷里で過ごしてから、一八八六（明治一九）年五月に再び上京して専修学校に「員外生」として入学、法律科と経済科の二科を受講した（瀬戸口：25f）。員外生は自由な聴講が許される身分で、定期試験がない代わりに卒業資格もない。しかしこれは気楽な教養青年を謳歌するためではなく、早くに祖父と父を亡くし、家長の務めを果たすためにたびたび郷里に戻らねばならなかったからである。

専修学校時代に下宿した上條信次は先に述べたように太八郎の親戚である。

上條は開成所・大学南校で英学を修め、郷里で筑摩県学（後の開智学校）の英学教授に迎えられるも、退職して再び上京、一八七六（明治九）年頃から『東京曙新聞』論説記者となった。一八八〇（明治一三）年に国会開設請願の信州代表として上京した松沢求策を取材して意気投合、自らも奨匡社社員となった。また同年秋、一〇年に及ぶフランス留学から帰国した西園寺公望の知遇を得て「現千代田区神田駿河台の西園寺邸に賓客として迎えられ、甚だ厚遇されていた」（窪田：39）という。最高学府で英学を修め、自由民権思想を解し、国会開設運動の内部事情にも通じた新聞記者として、西園寺の信頼を得たのだろう。

上條が松沢求策と西園寺公望を結びつけて、翌八一（明治一四）年三月に『東洋自由新聞』の創刊に至る。発刊趣旨も上條が書いた。『東洋自由新聞』廃刊後の上條は、政府寄りの御用新聞に関わるなど「変節右傾化」、太八郎が下宿していた時期は新聞記者を辞めて外国貿易に手を出していた（瀬戸口：28f）。

尚江が自由民権運動について国事犯やクロムウェルの連想から観点的に捉えていたのに対して、太八郎は自由民権運動の意義と限界について最前線で闘って挫折した上條信次から直《じか》に学び、上條を介して西園寺公望をはじめとする民権系の有力者ネットワークにもアクセスできる位置にいた。

例えば太八郎は、板垣退助と並ぶ「土佐三伯」の一人、後藤象二郎（38）の知遇を得ていた。大同団結当時の高輪《たかなわ》の後藤邸内のことを熟知していたことから、その懐《ふところ》に深く入り込んでいたことが察せられ（同：36f）、その後も一八九三（明治二六）年に松本米取引所の設立準備の際には農商務大臣だった後藤に面会して力添えを依頼している（同：49）。

専修学校で学んだ後、地元で待っていたのは上條信次の従兄弟、吉江久一郎（号は槻堂《きどう》）だった。武居用拙に招かれて成新学校の雇教員をつとめた後、東京高等師範学校に学ぶが、父の死去により教職に就かずに吉江家を継いだ。以後、塩尻を拠点として在野政治家として活動し、地元に戻った太八郎を政治の世界に引き込んだ。窪田空穂によれば、木下尚江も太八郎を介して吉江家に出入りしていた時期がある。

「木下尚江と中村太八郎とは、この吉江家へ頻繁に出入して、槻堂から当時仏学と呼ばれていたフランスの自由民権の説を注入され、鼓吹されていたのである。（中略）槻堂の従兄弟に上条信次という人があり、この人がいわゆる仏学に堪能《たんのう》で、自由民権論に精通しており、その蘊蓄《うんちく》を傾けて槻堂に教えたのである。」（窪田：38）

興味深いことに、地元で太八郎を迎えた吉江久一郎は谷干城らが提唱した「国粋保存主義」に共鳴しており（瀬戸口：38f）、下宿先の上條信次が「変節右傾化」していたことを併せて考えると、太八郎は自由民権運動をくぐり抜けた先の国粋主義・保守主義に親しんでおり、その点でも尚江とは思想的に相当隔たっていたことになる。

専修学校でも重要な出会いがあった。瀬戸口勝義が挙げる三人は、後に普選運動の「仲間」になった。補足しながら紹介してみよう。

まず鳩山和夫である。鳩山は当時外務省取調局長兼翻訳局長と帝国大学法科大学教授を兼任していたが、専修学校の創立者のひとりであり、ここで講師として法学政治学関連の講義を担当していたのである。鳩山は後に教え子の太八郎が中心となって結成した社会問題研究会（明治三〇年四月）の評議員になる。

一級上の今村力三郎（66）は長野県下伊那郡飯田村出身で、在学中に代言人試験に合格して卒業後しばらく判事を務めたあと弁護士として日比谷焼打事件から五・一五事件までさまざまな社会的大事件の弁護に関わった。太八郎が組織した普通選挙同盟会の役員にもなり、幸徳秋水事件（いわゆる大逆事件）では普選運動の同志でもあった幸徳秋水の弁護のため太八郎と協力した。専修大学第五代総長（戦後最初）を務めた。

一級下の松本君平（70）はアメリカ留学後に『東京日日新聞』記者、『東京新聞』主筆などを経て衆議院議員となったメディア政治家である。一九〇四（明治三七）年の第九回総選挙から一九二八（昭和三）年の第一六回総選挙までの通算五期を務め（第一一～一三回を除く）、立憲政友会所属ではあったが終始太八郎の普選運動を支えた。瀬戸口によれば、松本君平は「一八九〇年専修学校理財科を卒業」（瀬戸口：27）とあるが、各種人物伝や回顧録等を見るかぎり、松本自身が専修学校に言及しているものは見当たらず、また太八郎と松本が知り合ったのが在学中だったかどうかも確認できていない（平野編：203f）。

上京した尚江の人脈形成は、一貫して松本親睦会頼みだった。東京専門学校は「成績優等」で卒業したが、在学中に同郷以外の仲間を獲得できたかどうかは疑わしい。他方、太八郎は松本親睦会には入っておらず、しかも専修学校は「員外生」であったが、親戚や学校を介してネットワークを広げ、未来の仲間を何人も獲得したのである。

第六章

# 地方新聞と地方政治

——メディア政治家の誕生

大正時代、神道祭のときの信濃日報社（『図説・松本の歴史』下巻より）

「松本の親分どもに恨まれたのは、それだけじゃない。僕がどうも我慢できなかったのは、分県の請願が政府によって否認された後も、この事実を伏せて、ひきつづき運動資金を集めていたことなんだ。これはゆるせないと思った。社長降旗の上京中、新聞に事実をぶちまけて、攻撃を加えるとともに、これまでの費用の明細を明らかにした上で、足らぬ分は、どこから、どんな方法で集金すべきか、実際に即しての具体案を論じたてたもんだから、親分ども、あわてふためいたのさ。郷里の敵とばかり、家へ石を投げられる羽目になったのは、おもにそれさ。松本を逃げ出すような目に遭った、いちばんの原因はこれなんだ」（臼井吉見『安曇野』第一部・筑摩書房・一九六五年）

## 1 「政治の季節」再来——大同団結から分県運動へ

### 大同団結運動の時代

一八八六（明治一九）年から八九（明治二二）年は、経済史的には企業勃興の時代だったが、政治史的には大同団結運動の時代と呼ばれる。「政治の季節」の再来である。

元太郎が地元に拠点を移して『信陽日報』と青年会で活動しているときで、県会議員になる前である。中村太八郎（68）と木下尚江（69）にとっては上京遊学と重なる。三者はそれぞれのやり方で政治的に目覚めていく。

激化事件を機に自由党は解党し、改進党も組織改革をめぐる内部対立で休止状態となっていた。一八八六（明治一九）年一〇月、星亨（50）や中江兆民（47）ら旧自由党有志が発起人となり東京で全国有志大懇親会を開催、そこで星は「小異を捨てて大同を旨とす」と民権派の再結集を訴えた。四年後に開設される議会で多数派を占めるためである。

このタイミングで超党派が結集できる政治課題が持ち上がった。条約改正問題である。

第一次伊藤博文内閣の外務大臣は、一八七九（明治一二）年以降、外務卿として一貫してこの問題に取り組んできた井上馨（36）だった。井上は条約改正交渉を有利に運ぶために、欧化政策を積極的に進めてきた。それは生活や文化のさまざまな改良運動を後押ししたが、他方で政府の鹿鳴館外交に対する国民の不信不満も溜まっていた。欧化主義は、その反動として国粋主義を生みだした。一八八六（明治一九）年五月に始まった条約改正会議が翌八七（明治二〇）年四月に終了すると、日本が各国と合意した改正内容が政府内で問題となった。閣内でも国権派の谷干城（37）が反対意見を提出して農商務大臣を辞任するに至り、改正交渉は延期、その責任を取って井上馨も九月に外務大臣を辞任した。

一八八七（明治二〇）年一〇月、自由民権運動の大御所・後藤象二郎（38）が超党派の連合体として丁《てい》亥《がい》倶楽部を設立すると、三大事件建白運動（地租軽減・言論集会の自由・外交失策の挽回）と合体して、強力な反政府統一戦線が誕生した。ちなみに同年五月に板垣・大隈とともに伯爵に叙せられていた後藤を担いで積極的に運動を支えた改進党幹部には、犬養毅（55）と尾崎行雄（58）がいた。

三〇歳前の若手知識人を中心に論壇も活発化した。一八八七（明治二〇）年二月に徳富蘇峰（63）が雑誌『国民之友』を創刊、翌八八（明治二一）年四月には三宅雪嶺（60）や志賀重昂（63）らが政教社を設立、雑誌『日本人』を創刊した。下野した谷干城に三浦梧楼（47）や杉浦重剛（55）らが合流して、内閣官報局を退職した陸羯南（57）を主筆に迎えて『東京電報』（後の『日本』）を創刊したのもその頃である（第五章）。

大同団結運動は信州にも波及した。

一八八七（明治二〇）年一一月二〇日、長野の城山公園にて信濃全国大懇親会が開催され、県内全域から三〇〇余名が結集した。

出席者名簿のなかに松本の小里頼永（55）、江橋厚（54）と並んで降旗元太郎の名前も見える（丸山：

上巻194）。出席しただけでなく、元太郎はこの大舞台で華々しく演壇デビューするのである。

「東京からは特に中江篤介も来会し、盛んに政府攻撃の気勢を揚げたが、当日の花形とも云ふべきは東京専門学校を卒業して間もない降旗元太郎が、熱弁を振つて満場を感動させたことで、本県に於る民間有志の全県的会合は此の時を以て抑々嚆矢《そもそもこうし》とするのである。」（同：179）

この場で信濃全国大懇親会の第二回は翌八八（明治二一）年五月に松本で開催すること、次回の委員は現在の委員（七名の発起人）のほかに松本の江橋厚と元太郎に託することなどが議決された。中江兆民は演説で次のように大同団結の精神を説いた。

「併し今晩の様子を見るに、帝政党も在り自由党も在り共和党も其の他色々あるやうである。元来兄弟喧嘩は妙なものである。ロシヤが一朝にして函館を取らんとする、イギリスが巨文《こむん》嶋を取らんとする、此の大事の場合に於て兄弟喧嘩をする時ではない。明治政府は善良の政府に違ひないが万々一明治政府が悪い事をすれば、互に兄弟喧嘩を止めてこれを差止めねばならぬ。」（同：192）

太八郎は、上京遊学中に大同団結運動に関わったとされるが、具体的に何をしたのかはわかっていない。ただ、前章で述べた塩尻の親戚、吉江久一郎によれば次のように、とにかく人と会って話すことをしたようである。

「其後民権論が沸騰し全国の志士が東京に集り政論熾盛《しせい》の際、君は各派政客の間を縦横に交遊し当時知名の士にして交友ならぬは始《ママ》んど稀なりし。故に、君の政見は一党一派に偏せず、其長を賛し短を排し自由党、進歩党の別なく各幹部と親交せり。」（平野編：214）

「全国の志士が東京に集り」というのは、一八八七〈明治二〇〉年一〇月から一二月にかけてと思われる。一九歳の太八郎はこの政治熱のなかで「各党政客の間を縦横に交遊し」「一党一派に偏せず」「各幹部と親交せり」といった具合で党派ではなく人物本位で有力者たちと付き合う経験を積んだ。後藤象二郎の知遇を得ることができたとすれば、この時期と思われる。上京遊学を終えて地元に戻った後、一八八九〈明治二二〉年一月に地方遊説中の後藤象二郎が松本に立ち寄り演説会をおこなう。太八郎はこのときにも後藤と接触した可能性があるとみられる〈瀬戸口：36〉。

それから四〇年近く経った大正末年、太八郎は、吉野作造（78）らの明治文化研究会の機関誌『新旧時代』に「大同団結の時代」と題する談話を寄せている〈中村太八郎 1926〉。聞き取りと筆記を担当した吉野の弟子、奥平武彦（00）は「先生の御記憶の清新さ、複雑な情勢を解剖されていく御頭脳の明晰さに感嘆の意を禁じ得なかつた」と振り返り、また太八郎が当時の高輪の後藤邸内のことを熟知していたこともあわせて、奥平の報告を聞いた吉野作造も「中村先生の政治運動に身を投ぜられたのは幾歳の御時のことであつたらうと、御驚愕の色を示された」という〈平野編：154f〉。

その後、太八郎は明治文化研究会の常連となり、「先生は我が同人の長老たり、同人先生を待《たい》するに別格を以てす」と年下の研究者たちから慕われた〈同：218〉。

大同団結の時代の太八郎は二〇歳前後である。けれども吉野作造を驚かせたというその談話は、たんなる傍観者では知りえない関係者の機微に踏み込んでおり、「各党政客の間を縦横に交遊し」云々という吉江久一郎の証言を裏付けてもいる。太八郎が後に社会問題研究会設立の際に発揮する、異なる思想や立場の者をつなぐ組織者（organizer）としてのセンスは、この大同団結運動のただなかで磨かれたのであろう。

### 政治青年と基督青年

さて、「政治の季節」のなかで水を得た魚のように生き生きと動き回る太八郎に対して、尚江はどうしていたか。じつは大同団結運動がこれから盛り上がるという一八八七（明治二〇）年一〇月に父親を亡くして以来、心に穴が開いたような精神的な危機に陥っていた。

そんな折、反政府運動として過激化することを警戒した政府は、同年一二月二五日に保安条例を公布・施行した。秘密の結社・集会を禁止するだけでなく、内乱の陰謀・教唆または治安妨害の恐れがある者は皇居から三里（約一二キロ）外に退去させられた。退去の該当者には星亨や中江兆民、尾崎行雄も含まれていた。

「予が心の空洞は依然其の儘《まま》であつた、然しながら目前人界の現実の事変は、此の空洞の上に板を架《わ》たし土を盛りて、強ひて眼を政治界の艱難《かんなん》に転《う》つさせた」（木下：288）

この年末の大弾圧が尚江に活を入れたのである。次のような東京専門学校の学生たちの「満身に燃え上がつた」熱血は、尚江自身のものでもあった。

「予め準備されたる警察力は聯合軍の有力者を捉へて之を都門の外三里の地に放逐し、之を聴かざる人々をば直に監獄へ投げ込んだのである、人心恟《きょうきょう》々として全国実に鼎《かなえ》の沸くが如くに騒ぎ立つ

た、

当時世界の最近世史に於てナポレオン三世のクーデタアを圧制の模型として論難して居た予等は、今ま自国に於けるクーデタアを親しく見たのであるから青年の熱血は満身に燃え上がつた、『我等は速に憲法を握つて仕舞はねばならぬ』『我等は速に国会へ代議士を送らねばならぬ』『否な、我等自ら速に代議士となつて国会へ行かねばならぬ』『然り、我等は速に国会多数の勢力に拠りて民主党の内閣を組織せねばならぬ』——是れが実に教室に在つても、寄宿舎に在つても、下宿屋に在つても、寝ても醒めても、予等が唯一の談柄《だんぺい》であつた」（木下：288）

ただ、東京での政治活動は厳しく制限されていたから、尚江自身に何ができるわけでもない。教室や寄宿舎や下宿で悲憤慷慨するしかない「遅れてきた政治青年」であった。

尚江が卒業を控えた翌八八（明治二一）年五月に「特別認可学校規則」が公布され、東京専門学校では学校当局の認可申請の方針に学生たちが反対運動を起こした。その結果、政治科については認可申請を見送る（政治権力からの独立）代わりに、法律科と行政科について認可申請する（官僚任用の特典享受）という苦渋の対応をとったことは、すでに第四章で述べた通りである。学生たちの反発の背景には、「学問の独立」という建学の精神だけでなく、前年末の保安条例による反政府感情の高まりがあったのである。

政府は保安条例による弾圧だけでなく、在野の政治指導者たちを取り込むことで、運動にくさびを打ち込んだ。一八八八（明治二一）年二月、大隈重信が外務大臣として入閣、引責辞任した井上馨の後を継いで「外交失策の挽回」を図った。反政府統一戦線として大同団結できたのは条約改正問題があったからである。大隈は改進党総理の地位を離れても事実上の党指導者であったので、大隈を支持する改進党は反政府運動からは離脱した。その後、大同団結運動は旧自由党系を中心に展開するが、一八八九（明治二二）年三月、後藤象二郎が黒田清隆内閣に逓信大臣として入閣したことで求心力を失い、路線対立から分裂していく。

太八郎の回顧談によれば「陸實、三宅雄二郎、志賀重昂、辰巳小次郎等の国粋派」が運動から離脱するのは後藤入閣のときである（中村太八郎：4）。同年二月に新聞『日本』を創刊し、八月には谷干城が三浦梧楼、浅野長勲《ながこと》（42）らとともに日本倶楽部を結成するなど、国粋保存を掲げる保守主義勢力が台頭してくるのもこの頃である。

ところで、同時代に上京遊学した者がみな政治青年になったわけではない。尚江の後輩である相馬愛蔵（70）は英語が不出来なために松本中学を三年で退学して上京、一八八七（明治二〇）年に東京専門学校に入学して邦語行政科を卒業したのが九〇（明治二三）年である。「政治の季節」の真っただなかで、愛蔵が在学中に最も影響を受けたのは、牛込区市ヶ谷の牛込教会だった。友人に誘われて訪れた教会に、愛蔵は衝撃を受け、「基督青年」となる。

「十三歳の春に始まつた私の寄宿舎乃至下宿屋生活はまことに殺風景で、いま思へば私はこの間にかなり人間としての自分を枯らしたやうに思ふが、その反対に教会ではうるほひゆたかな雰囲気にいゝいゝいゝ浸ることが出来た。（略）こゝでは年長者は父母の如く、或は兄姉の如く、若き者は弟妹の如くで、

実に和気藹々《あいあい》たるものがあつた。」（相馬愛蔵：203f）

愛蔵はここで押川方義《まさよし》（50）や植村正久（58）、内村鑑三（61）といった著名なキリスト者と交わり、教えを受けた。東京専門学校を卒業後、「月給取りになるのがいやで、開墾最中の北海道なら何か面白い仕事があるだらう」（同：205）と飛び込んだ札幌で彼を助けてくれたのも、妻となる星良《ほしりょう》（76）（相馬黒光）と出会うのも「教会の縁故」による。一八九一（明治二四）年秋に郷里に戻ると、蚕種製造家として養蚕研究に携わりつつ、同年一二月に東穂高禁酒会を設立した。年明けにおこなわれた最初の禁酒演説会には尚江も応援に駆けつけた。ここが臼井吉見『安曇野』第一部の舞台となる。

愛蔵は当時を次のように振り返る。

「私の周囲には自然近傍の青年達が集つて来るやうになつた。都会に憧れ、新しい知識を求めてやまぬ田舎の若者達にして見れば、私が東京の学校を卒業して帰つたといふだけで充分興味があつたのであらう。私はこれ等の青年に基督の話をし、禁酒をすゝめた。若者達はみなよく聴いてくれて、彼等は遂に畑仕事の間にもふところには聖書を入れてゐるまでになつた。」（同：209）

愛蔵は禁酒会を通して「人のつながりを媒介する力量」を発揮して地域の公共圏の要となる。全国の基督教信徒数は一八八六（明治一九）年の一万三千人から九〇（明治二三）年には三万四千人まで増加した（山極：44f）。その後、信徒数は数字上は頭打ちとなるが、愛蔵のように、地方を拠点に時間をかけて周囲に影響を及ぼした基督青年もいたのである。

## 中南信が大同団結した分県移庁問題

尚江は一八八八（明治二一）年七月に邦語法律科を卒業した。大隈信者が多い東京専門学校では珍しく、卒業まで一度も大隈邸に足を踏み入れなかった。それは前年五月に伯爵を授与され華族に列せられた大隈重信に失望したからだったとされる（柳田：28,31）。もしそうなら、外務大臣となり藩閥政府に対抗する在野の政治指導者ではなくなっていたから、という理由も追加してよいかもしれない。こうした尚江の観念的な反権威主義もまた、爵位や党派と関係なく有力者に近づき交流した太八郎との大きな違いである。

尚江は一〇月に松本に戻り『信陽日報』記者となる。

「予が郷里の小さき新聞紙に筆を執ることとなつた、仮令《たとえ》小さきながら一地方に取りては木鐸《ぼくたく》でもあり灯台でもある、あゝ未だ丁年にもならぬ黄口児《こうこうじ》が日々何事を書きなぐつたかと思へば、今も背に冷汗を催すのであるが、予は窃《ひそ》かに予が他日国会へ行くべき道の門の眼前に開かれたるように勇ましく思つた、予は又た土地の先輩有志の間に周旋して地方だけの政治団体を組織することゝなつた、法律は未丁年者の政社に加入することを許可しないので、予は年齢を偽つて会員名簿を届出した、又た予が新聞紙に関係すると同時に最も人気ある地方問題が湧き上つた、其れは予の郷里に取ては十余年の宿題なる県庁移転論が時の県会に上つたのだ」（木下：288）

就職に際して松本親睦会と東京専門学校の先輩である元太郎や吉田復平治の世話になったはずであるが、それには触れずに「小さきながら一地方に取りては木鐸でもあり灯台でもある」「他日国会へ行くべき道の門の眼前に開かれたる」云々と表現するあたり、己の言論への並々ならぬ自負がうかがえる。

この「小さき新聞紙」で民衆を啓蒙しながら力を蓄え、将来は代議士になる……。そう意気込む尚江にとって自らを飛躍させる格好の機会が訪れた。当時の「最も人気ある地方問題」、すなわち分県移庁問題である。

中南信地域では、一八七六（明治九）年の筑摩県廃止のショックがくすぶり続け、松本への県庁移転（移庁）または筑摩県の復活（分県）を求める動きが繰り返し噴出する。すでに明治一〇年代半ばに市川量造を中心として移庁または分県に向けた運動が起こされ挫折していた（第四章）。大同団結運動の勢いのなかで、それが再び起こった。

「『県庁の回復』と云ふことは実に予の郷里に於ける十年曾《かつ》て消えざる所の一大感情で、其れが予の帰郷と同時に燃え上つたのである、『立脚地の発見』と云ふことに熱心して居た予に取ては、真に天の恩寵である、予は新聞と云ふ倔強の機関を握つて居る外に、尤も有用なる煽動の弁士であつた」（木下：289）

新聞記者としての仕事のほか「土地の先輩有志の間に周旋して地方だけの政治団体を組織する」とあるように、地元の有力者のネットワークに積極的に食い込もうと努力している。千原勝美によれば、尚江が帰郷後すぐに関わった地元組織として、信陽青年会（七月設立・松本中学校生徒が中心）、松本倶楽部（八月設立・非政治結社）、松本衛生会（一二月設立・発起人）などがある（千原 1961：114f）。

なかでも松本倶楽部は、信濃全国大懇親会の第二回松本大会の後の六月に、元太郎らが中心となり政治結社として警察に願い出たものの不許可となったため、非政治結社として発足したものである。尚江は帰郷早々に会員となり、政治結社とするべく画策し、翌八九（明治二二）年四月に許可された。幹事は代言人の伊藤久蔵・江橋厚に元太郎を加えた三名で、会員には小里頼永や上條謹一郎、翠川《みどりがわ》鉄三（60）ほか松本地方の有力者たちが顔を揃える「自由改進両系の呉越同舟であり」、まさに大同団結を体現していた（同：116）。

このとき尚江は一九歳であった。未成年者の政治結社への加入が禁止されるのは集会及政社法（明治二三年七月公布）からなので年齢を偽る必要があったかどうかは疑問であるが、最年少ということへの引け目は感じていなかった。それどころか、自分も松本の有力者の一員であるという自負があったはずである。

一八八八（明治二一）年秋の通常県会に県庁移転建議書が提出された。尚江は新聞紙上で移庁論を支持する記事を書いた。「単に文章で応援したばかりでなく、演説でも応援し、ないしは煽動さえしたという。尚江の活動は土地の有志から大いに高くかわれ、一時は運動委員のメンバーにも選挙された」（柳田：38）。

県庁移転建議書は、県会で否決された。移転先を松本と上田のいずれにするかは内務大臣の裁定に待つとしたため、意見が分かれたという（正編：52）。一二月の県会終了後、帰路にあった中南信選出議員が松本の青龍寺に集まり、分県請願運動を起こすことを決めた。こうして、明治二〇年代の分県移庁運動は新たな局面を迎える。「この運動は中南信七郡に波及し、松本の商人層を中心に分県運動に発展した」（同上）。

筑摩県廃止により松本から県庁が取り上げられた恨みが、そもそもの発端であり運動の根底にあればこそ、移庁と分県という本来別の問題が連続的になる。けれども、潔癖な言論人である尚江にとって、両者はどう考えても論理的に両立不可能だった。

「此の運動方針の一変は予に取て甚だ困却の一条であつた、行政区域は今後合併するとも分割すべきもので無い、又た現在県庁の所在地が北端に偏して居ると云ふのが移転論の第一理由では無かつたか、然るに分県論の方で云ふ時には、予の郷里は又た新県地域の最北端になつて仕舞はねばならぬ、予が郷人の衷情は『何れであつても兎に角自分の郷里へ県庁を持つて来れば可い』と云ふのであるが、言論を以て立つ予に取ては、何とか正当な理論を見出すで無ければ、此の郷人の私情を代弁するの力が湧かないのである」（木下：289）

代議士になるための「立脚地」をここに見出していただけに、「郷人の衷情」からの期待と「正当な理論」への良心の板挟みに身動きが取れなくなる。まことに尚江らしい苦悩である。元太郎や太八郎のような名望家は、こういう悩み方をしない。

一八八九（明治二二）年二月一一日の憲法発布の際、松本で開かれた記念奉祝会では尚江が開会の趣意を述べた（木下：411）。尚江が明確に分県運動を批判し始めるのは、後で述べるように一八九〇（明治二三）年七月からなので、それまでは代議士になるための「立脚地」を温存する努力を続けていたと思われる。

降旗徳弥による伝記と『長野県政党史』によれば、分県運動は次の通り推移した。

一八八九（明治二二）年九月、松尾千振《ちぶり》（下伊那）、小里頼永（東筑摩）、森本省一郎（南安曇）の三名の中南信選出議員が上京、元老院に分県建白書を提出し、元老院議官や内務省高官への陳情に努めた。「建白書は長野県成立の由来、県庁偏在の不便さ、南北の行政格差を説いたもので、添えられた署名者名簿は中南信一万二千人余りにのぼっ」た（正編：52）。建白書を受理した元老院では議官四六人中正副議長を含む三八人が筑摩県復活に賛成した。

元老院での賛成に力を得た分県派は、引き続き、内務省高官への陳情を続けた。これに対して東北信の非分県派も上京したり長野で演説会を開催したりするなど、分県反対運動を展開、分県派と非分県派の対立はエスカレートしていく。

こうした状況のなかで、元太郎は県政に進出する。

一八九〇（明治二三）年二月の県会議員選挙（半数改選・定数四五人）において、元太郎は東筑摩郡から選出された。府県会規則（明治一一年）によれば、選挙権は年間地租五円以上納付の満二〇歳以上男子、被選挙権は同一〇円以上納付の二五歳以上男子であった。元太郎は前年に二五歳になっていたから、満を持しての出馬である。元太郎は、一八九三（明治二六）年七月までの三年五か月、県会議員を務めた。

元太郎が県会議員に当選した三か月後の五月、府県制と郡制が公布された。これにより、県会の権限は地方税の予算と徴収方法の審議だけでなく県政全般に及ぶようになったが、その代わり、議員の選出方法は直接国税一〇円以上納付の二五歳以上男子のなかから、郡会・郡参事会の構成員が無記名投票で選ぶ「複選制」となった。長野県では一八九一（明治二四）年七月から府県制が施行され、それにともなう改正選挙でも元太郎は最高点で東筑摩郡から選出され、さらに議員の互選により名誉職参事会員に選出された（正編：50）。名誉職参事会員というのは、県知事・高等官とともに参事会という執行部を構成する役職である。

元太郎が地元の有力者たちの圧倒的な支持を得て、青年政治家としてデビューできたのは、一八八六（明治一九）年以降の活動が高く評価されたからである。そして同時に、現在進行中の分県運動での活躍も期待されていた。

元太郎は、当然のようにその期待に応えていく。県会議員となった元太郎は、さっそく分県請願委員総代に選ばれ、小里頼永、森本省一郎とともに南信の上下伊那郡懇親会に出席したり、上京して中央政府の有力者への陳情活動をおこなった（正編：52）。

「此の時に於る分県派の運動は、殆ど決死的にして、小里、松尾、森本の三委員は、約一年に亘りて滞京し、其の運動費の如きも、松本町民は進んで此れが寄附に応じ、松本地方五個村有志百余名が、浅間温泉桐の湯に於て相談会を開きたる際など、酒席を斡旋したる芸妓等迄、熱心に此の運動を援《たす》けんとして、若干の寄附金を申出たるほど、真に白熱化したのである。」（丸山：下巻563）

政府高官に対する陳情運動を継続するための最大のネックは資金である。一〇年前、松沢求策が国会開設請願のために信州代表として上京して、東京での活動が長引くほどに地元支援者から孤立していったのは記憶に新しい。今回も頼みの綱は地元有力者たちである。

ところが、分県派による内務省高官への陳情はじつは挫折していた。「元老院が如何なることを議決するも、内務省の関知する所にあらずと、委員の陳情を拒避したのである」（同上）。陳情活動の失敗が確定した時期については特定できていないが、尚江の回顧によれば、分県派は地元ではしばらくその事実を伏せたまま運動費を集めようとした。

そして一八九〇（明治二三）年七月、その結果への対応をめぐり、ついに尚江は地元有力者たちと衝突する。

「郷里の方では今にも政府が分県を許可するように吹聴して、切り《ママ》に運動費を寄せ集めて居る、——やがて政府の内部で之れを否決したとの報知を得た、そこで予は郷里の有力者と喧嘩することになつた、予は其事を新聞に書くと主張するのである、彼等は其れを書かれては困まると云ふのである、彼等は尚ほ一般郷人に希望を持たせ置きて運動費を調達しなければ、負債弁済の道が絶ゆることを心痛する、予は又た其のような詭計で郷人を欺くのは甚だ不埒《ふらち》な所行であると激論した、予は遂に政府の方針が分県の希望を容れないことに決定した由を新聞に書いて仕舞つた、且つ多くの集会で、郷人の虚偽と私慾と懶惰《らんだ》との攻撃を始めた」（木下：289）

喧嘩の相手について「有力者」「彼等」と具体的な名前はぼかしているが、そのなかに、県議会議員として分県派の先頭に立ち、新聞社の上司である元太郎が含まれていたことは、おそらく間違いない。尚江が分県運動の内幕を新聞で暴露したのは、元太郎が上京して不在のときだった。一人で責めを負うつもりだったのだろう。尚江は「愛郷心なし」と批判を受けて、『信陽日報』は休刊となる。

「新聞社は潰れて仕舞つた、予は『悪人』と云ふことに決まつて仕舞つた、予が郷里を立場にして他日必ず国会へ行かうとの希望は、国会が始めて開かれると云ふ其年に於て早くも水の泡と消えて仕舞つた、予は短夜の眠の俄《にわか》に揺り醒まされたるが如く、真に茫然《ぼうぜん》として、夢か現《うつつ》か、我身と我世とを疑つた」（木下：290）

尚江には、「悪人」と呼ばれながら正義を貫いた悲壮感はあっても、支援者を裏切って新聞を潰してしまったことへの罪悪感はない。何より、これで代議士になる夢が潰《つい》えてしまったことに茫然としている。「新聞社は潰れて仕舞つた」と他人事《ひとごと》のように書いているが、尚江が離れた後の新聞社は、すぐ後で述べるように元太郎を中心に立て直しを図る。

なお、松本市史には休刊に至った理由はぼかして書かれている。

「人の新しさ、筆の新しさは非常に地方の好威を惹けり。然れども購読の地域は狭く人は少し、爾来降旗の投資も尠からず、特に新鋭木下尚江入りて紙面更新、一段の生気を放てるが復《また》経営難に陥りて遂に休刊の余儀なきに至れり。」（松本市編：720f）

## 2　矛盾や対立を引き受ける「器」

### 青木貞三亡き後の経営問題

民権派の牙城として地元に定着してきたこの新聞は、これまでもたびたび休刊や廃刊を余儀なくされたが、その多くは筆禍事件による発行停止処分によるところが大きかった。しかし今回の休刊は上からの言論統制のせいではない。出資者である地元有力者たちの支持を得られなくなったのだ。柳田泉は尚江からの聞き取りをもとに、当時の新聞経営の実態を次のように説明している。

「信陽日報は、このころは実は松本有志家連中の出し合いの金で経営されていたのである。持ち主の青木貞三は明治二十二年の二月に、病没したので、そのほうからの金は、それきりとまってしまった。降旗氏や吉田編集長は、やむなく改進党の有力者や土地の有志家の金持ち連中を口説いて資金のくり回しを工夫し、どうにか今日までつづけてきたわけである。しかるに、尚江の有志家攻撃、分県反対で、このほうの金の出口も殆んどぱったりとまった。降旗氏は旧家でもあり資産もあったので、多少の工面はついたろうが、何しろ小さくとも一新聞だ、それを独力で維持しきるのは、不可能であった。こうして信陽日報は、尚江の意気が揚るとともに落目になって、明治二十三年秋には完全に没落した。」（柳田：40）

もしも青木貞三が健在であったなら……と、またしても歴史のイフを考えたくなる。

少なくとも休刊になるような事態は避けられたのではないか。それどころか、青木貞三なら分県移庁運動の進め方に関する有益な助言や政府高官への有効な働き掛けができただろう。もちろん尚江のように潔癖な正論を振り回すことはしない。第五章でみたように、明治一〇年代半ばの市川量造らの請願運動に取次役として関わり、知識・経験・人脈を兼ね備えている。政治過程の勘所を確実におさえながら、分県運動を適切に指導したに違いない。

そして、その過程を通じて――結果如何にかかわらず――地元有力者の人心を掌握して、第一回総選挙に出馬したのではないか……。小里頼永や森本省一郎がいくら東京で「決死的」の陳情を頑張ったとしても、所詮役者が違うのである。けれども青木貞三はもういない。

一八八八（明治二一）年一二月の県会終了後に中南信選出議員のあいだで分県運動の方針が決まったとき、青木は病に臥せっていた。郷里の様子を聞いて何を思っただろうか……。

自分は青木貞三にはなれない。そのことを元太郎はよく理解していた。分県運動の評価をめぐって尚江とも議論を重ね、彼が主張する「正当な理論」もよく理解していた。地元組織の世話役や顔役として「郷人の衷情」もよく理解していた。そのうえで『信陽日報』経営者として、東筑摩選出の県会議員として、地元有力者たちから託された使命と自分が果たすべき役割が何かを考えたのであろう。

分県請願委員総代を引き受けて、分県運動を牽引したのは、元太郎が自身を「器」のようなものとして捉えたからではないだろうか。「器」とは己を虚しくして互いに矛盾するものも引き受けてつなぎとめる容器である。

それは虚心坦懐とか清濁併せ呑《の》むといった心情や性格に起因するというよりは、立場や状況からくる機能的な要請である。青木のような突出した出資者がおらず、かといって通常の購読料や広告料だけで事業を維持できるほど十分な規模の顧客もいない。それゆえ、資金や労力を提供する有力者や社員が、文字通り大同団結することによって、辛うじて維持することができる。元太郎は「社長」や「主筆」の肩書にかかわらず、実態としては、有力者や社員をつなぎとめる役割を担っていたと考えられる。その意味で、青木貞三の「穴」を埋めるのは元太郎の「器」でなければならなかったのである。

『信陽日報』は一八九〇（明治二三）年に休刊した後、元太郎を始めとする社員たちの総力を結集した体制変革によって経営を立て直し、翌九一（明治二四）年五月に『信府日報』と改題して復活する。

木下尚江研究は尚江が離れた後の新聞社がどうなったかには関知せず、降旗徳弥による伝記でも「『信陽日報』は、明治二十四年五月『信府日報』と改題」（正編：46）としか書いていない。松本市史だけが――休刊に至った理由は曖昧にしていたのに――立て直しの経緯を詳しく紹介しており、これを読むと元太郎がいかに「器」に徹しているのがよくわかる。

「然るに営業部員たりし山内實太郎を首とし川島明一・藤田道一等は如何にもして復活せしむべく腐心し、准社員の待遇を以て特別購読者百名を募り、以て経費の不足を補ふべく計画し七十余名を得。内四十余名は南北安曇の人々なしりかば、之を代表して二木亀一入社し、職工離散の後なりしを以て二木漸く信濃出版会社の山口馬吉を拉《らっ》し来り辛うで《ママ》て設備、宇治清三郎を以て仮編輯長と為し宮城鴻南及二木次で田中雄孝参加、二十四年五月改題信府日報を発行す。発行の辞は降旗自身の筆に成りしが尚之を以て国権派なる吉江久一郎・百瀬廣之助等に諮《はか》り、二号三号の社説副都論が吉江の筆になれる等全然政府の主義を異にせるものも亦地方に一新聞維持を必要とし准社員として斉《ひとし》く力を致せる関係に依る。六月主筆に栗山賚四《らいし》郎《ろう》を迎ふ、栗山人格文章を以て声望重く、社運漸く回復して八九月の交には又准社員の要なきに至れり。」（松本市編：721）

この記述から、幾つか興味深い事実を読み取るこができる。

第一に従業員による下からの体制変革だったこと。主筆や編集長、記者といった花形部門に対して新聞史では取り上げられることが珍しい裏方の「営業部員」が、ここでは実名を挙げてその奮闘ぶりを讃えられている。元太郎が登場するのは改題した『信府日報』の「発行の辞は降旗自身の筆に成りしが」の部分だけである。

第二に准社員待遇の特別購読者という制度を作ったこと。特別購読者とは、通常の購読料より多くの一定額を納めた者にも社員に准ずる資格を与える制度のようであるが、ここでいう「准社員」は従業員ではなく株式会社の株主や社団法人の社員に近いと考えられる。というのも、集まった特別購読者のうち「過半数」を占める南北安曇郡の人びとを「代表」して入社した二木亀一を中心に、編集印刷体制を立て直しているからである。後に松本で普通選挙期成同盟会を設立したとき、その看板は二木亀一の下宿に掲げられた。

第三に多様な主義思想の人びとが経営編集に関わるようになったこと。これは特別購読者の制度が必然的にもたらした結果である。とくに新聞の顔である社説についても、国権派の吉江久一郎らの意見を容れて『信府日報』二号三号は吉江に書かせている。主義思想が異なっても「地方に一新聞維持を必要」とする点では一致していたのである。

　復活翌月に主筆に招いた栗山賚四郎（63）は佐賀出身で東京専門学校邦語法律科卒、尚江の同期である。栗山招聘の経緯は不明であるが、元太郎が仲介を依頼したのは尚江ではなくて法律科の先輩にあたる黒川九馬だった可能性が高い。後で述べるように、一八九四（明治二七）年に石川安次郎（72）（号は半山）を主筆に招聘するときも黒川が仲介しているからである。

　その一方で、尚江は松本で「愛郷心なし」と批判を受けて『信陽日報』を離れた後もますます意気盛んで、一八九一（明治二四）年四月に、分県移庁問題の仇敵である北信・長野の『信濃毎日新聞』に三つの論文「県治問題に対する所信を述べ特に松本人士に訴ふ」「県治紛問の処理に就き松本人士に談す」「松本の将来を如何せん」を計九回にわたって掲載していた。そして、この頃からキリスト教への関心を深め、廃娼運動や禁酒運動にも熱心に関わり、後輩の相馬愛蔵が同年一二月に設立した東穂高禁酒会にも盛んに出入りするなどして、演説や執筆をおこなっていた。

　その後、いったん松本を離れた尚江は、長野の代言人・小木曾庄吉（57）のもとに身を寄せて、一八九二（明治二五）年一二月に代言人試験を受験して見事合格、翌九三（明治二六）年二月か三月に松本大名町に木下法律事務所を開設した（五月弁護士登録、同年の弁護士法以降、代言人の呼称は弁護士と改められた）。

　そして、驚くことに四月から『信府日報』に主筆として迎えられたのである。

　「尚江の松本にもどった前後、またも一時休刊の悲運をみていたが（その前、二十五年二月にも発行停止をくっている)、尚江の帰来とともに、復刊の話がもち上がり、尚江は無給主筆の地位をあてがわれたのである。(略)無給であっただけに、彼の筆はそれだけより多く活潑に無遠慮に動いたかとも推察される。」(柳田：71)

おそらく尚江に新聞社に戻ってきてまた力を貸してくれと頼んだのは元太郎である。この間の尚江との関係も元太郎の「器」をうかがい知るうえで大変興味深い。

尚江が分県運動の内幕の暴露記事を書いたのは、元太郎が上京して不在のときだった。これは「上司の目を盗んで裏切りを働いた」のではなく「記事の責任を自分ひとりで負う」ためではないかと私は考えたが、その理由はこの「ほとぼりが冷めてから戻る場所が用意されていた」からである。

尚江がそれを無給で受けたのも、新聞社の経済事情よりも「かつて迷惑をかけた新聞社への償いの証し」であった。「無給だから無遠慮に書けた」というのも尚江の照れであり、言論人としての尚江を高く評価する元太郎が「遠慮せず書いてくれ」と任せた。そのような両者の信頼関係を読み取りたい。

なお、一八九二(明治二五)年に入って尚江が復帰する直前に『信府日報』が「発行停止」「一時休刊」となった際のことについて、松本市史には次のように書かれている。

「翌二十五年二木〔亀一〕に官吏侮辱の筆禍あり、自由党に属せる弁護士江橋厚・翠川鉄三等の進みて他の弁護士全部と共に弁護の地に立てるは、当時に於ける日報の位置及政党人の襟度を偲ぶ可きのみならず、言論自由の確保は尚一般呼称の処なりしを知る可し。」(松本市編：721)

じつは、その前年の一一月に自由党系の機関誌として『信濃自由』が創刊されており、自由党員である江橋厚や翠川鉄三にとって『信府日報』は改進党系の競合紙だった。にもかかわらず、この筆禍事件では超党派の弁護団として協力している。言論自由の確保を優先する「政党人の襟度」はもちろん素晴らしいが、そんなキレイごとだけではないだろう。同時に「当時に於ける日報の位置」すなわち元太郎の位置を読み取るべきである。すなわち、党派の機関紙よりも地域に不可欠のメディアとして認知されていたということである。

こうして元太郎は「器」に徹して青木貞三亡き後の新聞経営の急場を凌《しの》いだ。やはり青木貞三亡き後、雲照律師を託された澤柳政太郎が、戒律学校（目白僧園）の運営資金を調達するために十善会を再興し、遠方の信者同士をつなぐ雑誌を作ったことが想起される。仕組みを作り、それを裏方として回した澤柳もまた「器」に徹していたといえる。

青木貞三は相当な資産家であったが、手掛けた事業には遺産を充《あ》てることなく、その経営を高弟たちに託した。あれだけ先の見通しをもち、万事遺漏のなかった青木のことである。そこに意図があったとすれば、「児孫《じそん》のために美田を買わず」（西郷隆盛の遺訓）であろうか。澤柳政太郎と降旗元太郎は金銭的裏付け抜きに事業を託されたが、結果として、その難局を乗り越えるなかで、二人とも大きく成長したといえるのではないだろうか。

## 塩尻を中心とする第三極

帰郷後の尚江が『信陽日報』を舞台にジャーナリストとして活躍していた頃、太八郎は塩尻の名望家・吉江久一郎らとともに在野政治家として頭角をあらわし始める。尚江は上京遊学中に太八郎の神田の下宿を訪ねたことがあるそうだから（平野編：235）、もともと面識はあった。しかし観念的でやや潔癖症の傾向が強い尚江は、塩尻方面を拠点に活発に立ち回る太八郎の姿に、自分とはまったく異質な才能を見出していた。

「尚江と深く知り合う以前は、〔太八郎は〕まだ思想が固まっていなかったらしく、政治的には国権党に属しており、地方では若手のやり手として知られていた。弁舌がよく、風采堂々、度胸があり、話のかけひきがうまく、事業の見通しがよくきいたので、そのほうのボスの一人であったという。そのころの地方の政党の地盤はといえば、松本中心と、塩尻中心とあり、松本中心は自由改進系、塩尻中心は国粋派、国権党で、政党は国民協会に近く、谷干城を崇拝し、大隈・板垣などに大反対であった。塩尻方面のこの派の頭目は吉江久一郎（略）で、百瀬某（略）が参謀であり、中村氏は客将の地位にあった。」（柳田：72f）

「国粋派、国権党」の頭目とされた吉江久一郎は、一八八九（明治二二）年、谷干城が国粋保存を唱えて各地を遊説していたとき、信州に谷を迎えるべく陸羯南に相談している（千原 1961.11：39）。そうした部分に注目すれば確かに国粋派なのだが、在野政治家としては地域の利益のための超党派の運動を推し進め、民権メディアの『信府日報』再建にも関わり、さらに太八郎や尚江らの普選運動にも支援を惜しまなかった。これは「客将」太八郎も同様で、いずれも国粋や国権という枠には収まらない存在なのである。

例えば『信府日報』の初期の社説に吉江が書いたという副都論とは、遷都論ないし離宮設置論とも呼ばれるもので、市川量造や窪田畔夫など旧い名望家たちを中心に請願運動にまで発展した（有賀1976：645、柳田：73、正編：53）。すなわち、朝鮮半島情勢をめぐる日清間の緊張の高まりを背景に、清国の北洋水師（艦隊）による東京湾攻撃から天皇をお守りするために、松本や塩尻など中信地域に「副都」ないし「離宮」を建設すべしというのがその主旨である。軍事的な観点からは国権派の主張にみえるが、中信地域の発展という観点からは分県移庁論のバリエーションであることがわかる。

明治二〇年代半ばに、太八郎が在野政治家として関わった具体的な活動としては、地価修正反対運動や中山道鉄道誘致運動、米穀取引所設置運動などを挙げることができる。

一八九〇（明治二三）年一一月に第一議会が開かれると、地価修正の影響をめぐって、地租の軽減（有利）となる西日本で「賛成」、増徴（不利）となる東日本で「反対」の運動がそれぞれ盛り上がった。翌九一（明治二四）年に全国各地の反対派同志により非特別地価修正同盟が結成され、東筑摩郡からは窪田畔夫と元太郎、太八郎らが一一月と一二月に上京して地価修正反対の請願運動をおこなった（瀬戸口：43）。同年七月には北信（埴科郡）の自由党有志らが結成した地価調査会に、窪田・元太郎・太八郎も加入して、全県的な反対運動に参加した。その結果、地価修正法案は廃案となった。まだ分県移庁問題は続いていたが、地価修正反対では東北信と中南信が大同団結しているのは興味深い。

このとき窪田と元太郎は東筑摩郡選出の県会議員であるが、若い太八郎は何の資格もない。おそらく請願署名や運動費を集める際に「弁舌がよく、風采堂々、度胸があり、話のかけひきがうまく、事業の見通しがよくきいた」太八郎が抜群の働きをしたのだと思われる。ともかく元太郎はこの運動を通じて太八郎の組織者としての力量――尚江の言論人としての力量とは異質なそれ――を目の当たりにした。

また元太郎にとっては新聞の再建中でもあった。塩尻の国粋派の頭目・吉江久一郎とは運動を通じてお互いに知り合い、話し合い、意気投合したことが、准社員待遇の特別購読者につながったのではないか。元太郎のほうから頭を下げて依頼した可能性もある。

一八九一（明治二四）年は地価修正反対運動と並行して中山道鉄道誘致運動もおこなわれた。後者の請願運動でも太八郎は重宝された。

一八八六（明治一九）年に中山道幹線計画が中止された後、市川量造を中心に私設の甲信鉄道敷設計画が構想され、青木貞三の四天王のうち黒川九馬と岡田庄四郎が実働部隊として動いたことは以前にも述べた（第四章）。青木亡き後の甲信鉄道計画が停滞するなか、事態を打開するために、一八九一（明治二四）年に地元選出の代議士・小里頼永と江橋厚を中心に中山道鉄道期成同盟会が結成された。窪田畔夫や吉江久一郎ら地元有力者とともに、太八郎も同盟会員となり、東筑摩郡民総代として一行と上京、地価修正反対運動と併せて、議会への請願運動に加わった（瀬戸口：45）。元太郎も何らかの関わりをもっていたと思われる。

この運動は、一八九二（明治二五）年に公布された鉄道敷設法で中央線が第一期線、篠ノ井線が第二期線に編入されると、すぐさま中央線の路線の三つの候補のうち木曾線（上諏訪―塩尻―福島―中津川―名古屋）を推す運動に転換した。ここで「運動費募集に主として従事したのが太八郎で、地方有力者を歴訪して寄付を募った」（同：46）。運動の結果、木曽線が採用された。

二つの運動を通して政治活動への自信を深めた太八郎は、一八九一（明治二四）年一〇月に信濃国民会という政党を結成、武居逸次郎とともに幹事に就任した。一八九三（明治二六）年一二月には新聞『信濃』を創刊してこれを機関紙とした。

太八郎はさらに米穀取引所設置運動もおこなう。尚江の証言によれば、それ以前から太八郎は米相場を含めて「金作り」「金もうけ」をやっていたが、それは個人の利益を越えて地域全体の経済発展を見据えた仕組みづくりにつながる。

「このころの中村氏は、自分では大した金持ちというのではなかったが、金作りの名人で、うまく利権すじをあさっては金もうけをする。米相場なども、始終やっていた。ところが、日清戦争に入ったころ、中村氏らは松本に米穀取引所をつくる運動を始めて、それに成功した。しかるに取引所の位置について、松本の有志が南北に分れていがみ合いを始めた。」（柳田：73）

これは一八九三（明治二六）年三月に公布された取引所法を背景としている。管轄は農商務省であり、あの後藤象二郎が大臣を務めていた。同年秋に太八郎は取引所設立準備のために上京して、後藤に面会している（瀬戸口：49）。一八九四（明治二七）年三月再度上京して認可申請、松本での米穀取引所設置が認可された。同年五月の株主総会で設置場所をめぐって候補地域同士が対立し、一方の地域を推す太八郎に対する暴行傷害事件に発展した。

この暴行事件の裁判で加害者側の弁護にあたったのが尚江である。

「それがきっかけで、尚江は中村氏と直接に知りあい、双方ながら面白い男だと思った。事件は、よくあるように、双方の口ききが出て、うやむやにすんだが、中村氏も尚江を語るに足るやつだと思ったか、このあと中村氏の方から改めて交際を申し入れてきたという。これが縁で、次第に交際が深まり、ついに生涯の盟友とまでなった。初めのころは中村氏の政治論はよく固まっておらず、好んで詭弁を弄して相手を煙にまくといった態度であったが、その底にはまじめな憂国愛民の熱情というものはあった。そこが次第に尚江と投合しあっていくもとになったのである。」（柳田：73f）

したがって、第五章でも引用した窪田空穂《うつぼ》（77）による次の文章は、尚江と太八郎が「生涯の盟友」になっていく過程を切り取ったものであるが、明らかに「普選運動の同志」という結果から逆算して書かれているので注意が必要である。その後の文章を補って再引用してみよう。

「木下尚江と中村太八郎とは、この吉江家へ頻繁に出入して、槻堂〔久一郎〕から当時仏学と呼ばれていたフランスの自由民権の説を注入され、鼓吹されていたのである。（略）槻堂の従兄弟に上条信次という人があり、この人がいわゆる仏学に堪能で、自由民権論に精通しており、その蘊蓄を傾けて槻堂に教えたのである。（略）上条信次の学び得た学説は従兄弟の吉江槻堂に伝えられ、明敏なる理解力はあったが実行力のなかった槻堂は、それを二十代の青年中村太八郎と木下尚江に伝えたのであった。中村太八郎はしばらく措き、木下尚江は、甚しく感激性に富み、感激すると共にただちにそれを実行に移さなくてはいられない人であった上に、当時松本地方に唯一の新聞の主筆であったところから、その新思想を背後の支柱として自由民権の筆陣を張って、朝憲紊乱《びんらん》、新聞発行停止の線まで進めたのであった。さらに尚江は、その新学説というよりはむしろ新信念を実行の上に現わして、資産家の嗣子《しし》中村太八郎と共に、全国に魁《さきが》けて普通選挙運動を行うに至ったのである。」（窪田：38f）

窪田空穂は、吉江久一郎の長男の吉江喬松《たかまつ》（80）とは、松本中学と東京専門学校の先輩後輩同士で親しかったから、尚江と太八郎と久一郎の交流を吉江家に伝わる逸話として喬松から聞いたのだろう。

木下尚江と石川半山が組織した「松本校友会」の集合写真（明治 27 年 11 月撮影）。前列左から 3 人目が降旗元太郎、後列左から 1 人目が木下尚江、4 人目が石川半山。（画像提供：松本市歴史の里）

ただし、二人が吉江家に頻繁に出入りしていたのは事実としても、久一郎が二人に自由民権説を注入したというのはかなりあやしい。尚江と太八郎は「二十代の青年」とはいえ、すでに実績のある弁護士兼ジャーナリストと在野政治家であったからである。

また、「朝憲紊乱、新聞発行停止」というのは、尚江が吉江家に出入りする以前に起こっている。すなわち、一八九四（明治二七）年一月に尚江による社説「革新論」がもとで『信府日報』が治安妨害を理由に発行停止、社内の関係者が起訴された。尚江は自ら弁護人として尽力して無罪となった。『信府日報』が発行を再開するのは二月下旬に石川半山（安次郎）（72）を主筆に迎えてからである。

では一八九四（明治二七）年の夏以降、尚江と太八郎が吉江家に出入りして久一郎と何を話していたのだろうか。ちょうどこの時期に中信地域の地方新聞に起こった出来事をふまえると、新聞合同についての相談だった可能性が高い。

一八九一（明治二四）年以降、『信府日報』のほかに信濃公党（自由党系）の『信濃自由』と信濃国民党（国粋系）の『信濃』が創刊され、三紙が並び立つ状況にあったが、競合による共倒れを懸念した『信府日報』主筆・石川半山の斡旋により、一八九四（明治二七）年九月に三紙が合同して『信濃日報』が誕生する。つまり新聞合同に向けた協議と、尚江と太八郎の関係深化は、同じ時期に進行しているのである。

元太郎は太八郎や吉江久一郎とはすでに請願運動や特別購読者の件でお互いよく知る間柄であったから、尚江が交渉したわけではないだろうが、地方新聞と地方政治をともに担う同志として、尚江も太八郎を通じて吉江家に出入りしたのであろう。そして、尚江と太八郎は、この新聞合同を斡旋した主筆の石川半山ともまた関係を深め、一緒に行動し活発に議論しあうその様子から、「三奇人」と呼ばれるようになる。

むしろ、尚江と太八郎という性格も意見も異なる才能同士が衝突しながら関係が深化したのは、二人より三～四歳年下の石川半山が「格好の緩衝地帯」となったからであった（柳田：74）。

「当時の若い新聞記者のつねとして（松本にくる前、半山は時事新報の記者であった）、気骨稜々《りょうりょう》の国士的気取りはあったが、多年苦学したというだけに、自然に養いえた人格の円味《まろみ》というものがあり、尚江と中村氏の間に立って、まとめ役、なだめ役の役割をつとめるには、時にとっての適当な人物であった。（略）この〔三紙合同の〕成功も、半山の人格の徳のいたすところで、他人ではなかなかむづかしかったろうという。半山自身は、一生進歩主義の味方として通したが、その論敵でさえが彼を憎むものが一人もなかった。これは全くその人柄の公明と人徳のいたすところであったのである。」（同：74f）

いくら元太郎の「器」が大きくても、二〇歳代半ばの血気盛んな青年たちの間を取りもつのは、やはり同世代の青年でなければならなかったということか。

## 3　メディア政治家の誕生

### 日清戦争下の新聞合同──石川半山の功績と降旗体制の始まり

一八九四（明治二七）年九月、石川半山の斡旋により、三紙が合同して『信濃日報』が誕生する。その舞台裏については、石川自身による回顧録「僕の記者時代　信濃日報記者時代」（『ナショナル』一巻六号、一九一三年一一月）にかなり赤裸々に書かれている。

当時、『信府日報』は社長・降旗元太郎のもと、伊藤久蔵（弁護士）と百瀬清治（県会議員）、林栄一郎

（中信銀行頭取）の三人の「維持員」によって経営が支えられていた。維持員とは要するに出資者ということである。石川は一八九四（明治二七）年二月末に赴任して、四月分までは約束の月給が支払われたが、五月分から停滞するようになった。三人の維持員に交渉すると、「ドウも毎月の御用金に弱つて居る所だから、君が何とか分別してアノ新聞を維持して呉れるなら、我れ〳〵はアノ新聞を君の物にして呉れても異議は無いが、此の上に金を出すことは真平御免だ」と言われたという。それで「踏み込んで社の全権を支配してやつて見る覚悟」をもって、経営立て直し策として中信地域に競合していた三紙の合同を画策した。松本市史によれば、合同前の三紙の発行部数は、かなり拮抗していたことがわかる。

「鼎立《ていりつ》せる三社の勢力は移して政党三派の勢力を見る可し。本県統計書に依り茲に二十七年の発行高九月合同迄に信濃自由二二八、三八〇部・信府日報二五七、六九一部・信濃二四一、七二〇部の数字を見る」（松本市編：722）

合同を進めるうえでは、同年七月から日清戦争が始まったことも有利に働いた。「偶々《たまたま》日清戦争と云ふ者が始まつて、挙国一致となり、内地の政争は全く中止の姿となつたので、地方でも暫らく政戦を中止し、従て別に金を出して機関新聞を発行して置く必要がなくなつた時が来た」。石川はこの機会を捉えたのである。改題の辞には「信濃日報は自由主義にして対外硬を主張す」と書いた。挙国一致を建前として、信濃公党（自由党系）と信濃国民党（国粋系）を受け入れる「器」になったのである。

「此の如く三社鼎立せり。而も日報は野々山の奔走に依り其新築を了せるが、唯一社にして尚且つ経営難に堪へざりしの地、三社の共に栄ふべくもあらず、共に困憊《こんぱい》極まるに及び、石川各社に合同

を説く、石川文章清新又能く人と交る、為めに合同早く成り、二十七年九月廿五日新に信濃日報を発行す。」（松本市編：722）

合同により競合紙がなくなった新生『信濃日報』は、石川が社長兼主筆として紙面改良の努力も重ねた結果、「毎月三十円乃至百円の預金が銀行に残る様になり、信飛新聞以来新聞社が預金をすると云ふは、未曾有《みぞう》の事だと言ふので僕の大成功として評判が良かッた」。

三紙合同をおこない新聞を見事に立て直し、成功に導いた石川半山は、しかし、一八九六（明治二九）年九月に『信濃日報』を辞めて松本を去ることになる。その経緯について、松本市史は、先の引用に次のように続けている。

「二十七年九月廿五日新に信濃日報を発行す。勿論合同とは名のみ、事実は併合せしものにして此時又全く伊藤等との関係を離れ純然たる降旗の所有に帰せり。同年石川退社帰京の後、」（松本市編：722f）

これによれば、三社合同（併合）のときに――それとほぼ同時に――伊藤・百瀬・林の三人の維持員の体制から元太郎単独の体制に移行し、石川半山が退社したと読める。降旗徳弥による伝記は、石川と三人の維持員の部分は省かれているものの、基本的に松本市史の記述を踏襲している。

「『信陽日報』は、明治二十四年五月『信府日報』と改題、二十七年九月には『信濃自由』（二十四年十一月創刊）、『信濃』（二十六年十二月創刊）と合併して『信濃日報』となり、信濃日報社の発足とともに父は社長に就任した。以来、父は亡くなるまで信濃日報社の社長を務めた。」（正編：46）

木下尚江研究も、石川半山の斡旋で三紙合同が成立したことや三奇人の交流には触れるが、信濃日報の経営体制については深く立ち入っていない。

しかし、石川半山の回顧録には、かなり立ち入った説明がある。松本の関係者がみな口を閉ざしているなかで大変貴重な証言であるので、長くなるが引用する。

「其の原因は信濃日報の財産に付て紛擾を生じたからである。信濃日報は、僕のやる迄は貧乏で之に関係した者は皆幾分の負担をしなくてはならぬ形成で有ツたから、誰れも進んで新聞に対して権利をクレームする者はなかつた、唯篤志の人で地方に一新聞の必要を思ふ人が金を出し、又政治上の関係で之を利用しようと思ふ人が之に加はる位の者で有ツた、然るに僕は日清戦争と云ふ好機会に乗じて、三社を合同して毎月多少の利益を蓄へ得たので、土地を購《あがな》ふて家屋を新築した、ソコで此の財産の所有者は当然僕の名義で届け出でる可き者と思ふて居た所がいよ〳〵新築が落成した時に、信府日報時代の維持員で有ツた伊藤、百瀬、林の三君から、此の際信濃日報を合資会社として僕を社長にしようと云ふ提議が有ツた、ソウなると此の三人の前に維持員となツて金を出して居た人から異議が起ツた、自分共も曾て少からぬ金を出して居た者だから、三人が其の過去の権利を主張するなら、自分共も其の権利を主張すると言ひ出した、又旧信濃社の連中からも『信濃日報に財産が出来たのは三社合同の結果であるから、旧信府日報の維持員が権利を主張するなら、我れ〳〵社員に於ても権利を主張する』と言ひ出して、さながら蜂の巣を突附いた様な騒ぎになつた、ソコで僕は面倒臭いから。「ソレなら僕は東京へ帰るから、信濃日報はドウでも諸君の勝手にせよ」と投げ出して仕舞ふたが僕が去て後は降旗元太郎君が之を引受け、今日迄も其の所有者として之を続けて居る。」（石川半山：106）

注意すべきは、元太郎が功労者・石川半山を追い出して自ら社長の座に就いたのではない、という点である。この長い引用文において、元太郎の名前は最後まで登場しない。ここでも元太郎は「器」に徹して、石川半山に経営を委ね、三人の維持員による合資会社の画策とそれに対する関係者からの反応を見守っていた。元太郎も相当額を出資していたから権利を主張してもよかったが、おそらく黙っていたのだろうと私は考える。だからこそ、石川が投げ出した後の事態を収拾できるのは、最後まで「権利」を主張しなかった元太郎以外にいなかったのである。ここに誕生した降旗元太郎社長体制は、「今日迄」どころか、元太郎が死去する一九三一（昭和六）年まで続くことになる。

合資会社化を画策した三人の維持員も石川とともに新聞から離れたと思われる。このとき維持員だった百瀬清治は豊科の武居塾で元太郎と同期だったが、一八九九（明治三二）年に政友会系の新聞『信濃民報』を創刊、『信濃日報』とのライバル関係が昭和まで続く。

## 太八郎の東京進出と元太郎の国政進出

少し時間を戻す。

一八九五（明治二八）年四月、日清講和条約（下関条約）の締結をもって、日清戦争は終結した。石川は『信濃日報』千号を記念する祝宴を「平和克服」の祝宴と兼ねて開催した。三国干渉を受けて遼東半島還付の詔書が出る前だったから大変に景気が良く「松本市開闢《かいびゃく》以来の盛宴」となった。このとき尚江が次のような巧妙な即席演説をやったという。

「本日の祝宴は、之を表から言ふと支那日本戦後の祝宴で、裏から言へば信濃日報千号の祝宴で有る、ドチラから言ても語呂が良く合ふて居る所は、如何にも目出度い」

ところが、条約締結後、すぐにロシア・フランス・ドイツが遼東半島を清国に返還するよう要求してきた（三国干渉）。五月、伊藤博文内閣は返還を受諾し、遼東半島還付の詔書を発した。これは知識人たちに、ある意味開戦以上の大きな衝撃を与えた。これを機に、徳富蘇峰は平民主義から国家主義に転向したほどである。後に尚江は次のように振り返っている。尚江の場合は、国家主義ではなく、かといって平民主義でもなかった。

「明治二十七、八年の日清戦争ノ終ツタ頃、アノ時中村君ハ二十八歳、石川半山君ハ二十五歳、日夕往来シテ談論致シ、或時拙宅ニ三人相会シテ、例ノ無遠慮ノ議論ニ世ヲモ人ヲモ忘レタリシニ、近所ノ人達ハ「木下サンノ二階デ喧嘩ガ始シマツタ」ト、皆ナ井戸バタニ集ツテ見上ゲ居タリシ由。遼東半島還附ノ報ガ出タ時、大反抗運動ヲ即時開始シ、大会カラ演説会カラ致シ大ニ民心ヲ煽動致シ候ヒシガ、此ノ空気ノ底カラ「普通選挙」ノ革命運動ガ誕生致シタル次第ニ御座候。」（平野編：19）

同月、遼東半島還付に対する反抗運動は、全国にさきがけて松本でおこなわれた（松尾：20）。この反応速度は、尚江・太八郎・半山の「日夕往来シテ談論致シ」という濃密な関係があって初めて可能になった。それまで平行線の議論を楽しく戦わせてきた尚江と太八郎が、ここにきて初めて一致し、さらにこれが「「普通選挙」ノ革命運動」へと発展したのはなぜか。

もちろんこの挿話自体は、普通選挙運動史では有名な話である。松尾尊兊は「なぜ一見国権主義的運動が普選運動の契機となったのであろうか」と問い、次のように述べている。

「おそらく彼らの運動の意図したところは、三国干渉を非難し、民衆に排外主義を鼓吹することではなくて、政府の弱腰が国民の総意を結集しえない専制的支配にもとづくものであることを明らかにし、国権確立にはまず民権の拡張の必要であるゆえんを説くことにあったのではあるまいか。（略）彼らは当時の進歩的知識人のほとんどと同様に、国権論者であるとともに民権論者であり、この反抗運動も国権主義的運動の側面とともに民権拡張運動の側面をもち、その故にこそ普選運動を発生せしめるような革新的空気を醸成しえたものと推測される。」（松尾：20f）

松尾の説明を本書の文脈で言い換えるならば、これまで太八郎と尚江の議論は、それぞれ国権派と民権派の立場に依拠する限り平行線をたどってきたが（石川半山が緩衝地帯となりつつ）、遼東半島還付事件を契機として両者はいわば止揚され、一致して社会運動に邁進するようになった、ということである。

三谷太一郎は「日本の歴史上の「デモクラシー」といわれるものは、例外なく大きな戦争の所産であり、その意味でいわば戦後デモクラシーである」（三谷：21）と述べている。松沢裕作はそれをふまえて、自由民権運動を「戊辰戦後デモクラシー」として捉えた（松沢：34）。それに倣《なら》っていえば、太八郎や尚江がこの後始めることになる普通選挙運動は「日清戦後デモクラシー」として捉えることができる。

一八九七（明治三〇）年四月、東京の上野精養軒にて社会問題研究会の発会式がおこなわれた。太八郎は、東洋社会党の創立者・樽井藤吉（50）、西村玄道（58）とともに幹事に就任した。社会問題研究会とは何かを、主義や思想で説明することはできない。なぜか。長くなるが、松尾による説明を引用するのが早い。

「「学理ト実際ニヨリ社会問題ヲ研究」することを「目的」（規約）として集まった約二〇〇人の会員は「種類より云へば極めて雑駁《ざっぱく》なるものにして」（略）、河野広中・愛沢寧堅《やすかた》・堀内賢郎《かしくろう》（以上自由党）、鈴木重遠《しげとお》・田中正造・波多野承五郎・鳩山秀夫〔和夫の間違いか〕（以上進歩党）、新井章吾・綾井武夫・江橋厚（以上議員倶楽部）の現職代議士をはじめ、片山潜・佐久間貞一《ていいち》のごとく労働問題に直接深い関心を抱いているものもあれば、田口卯吉・天野為之のような自由主義者もあり、陸羯南・三宅雪嶺というナショナリストも名をつらねる。これら会員の大半は、もとより「社会主義其ものに対しては殆んど正確なる智識なく」という有様であったが、藩閥政権の専制と、これと結ぶ大地主・特権大資本家の横暴を快しとせず、何らかの政治・社会の改革を望む点では共通の気分をもっていたとみられる。彼らの中には選挙法改革に心を寄せるものが多かった。（略）この日選ばれた三名の幹事と三〇名の評議員のうち、中村太八郎・樽井藤吉・井上経重・石川安次郎・稲垣示《しめす》・吉田義静・片山潜・中村弥六・松村介石・福本誠・佐治実然《じつねん》・鈴木重遠の一二名は、のちに普選同盟会に入会した確証があり、このほか初期の同盟会の有力役員である河野広中・黒沢正直・愛沢寧堅・綾部竹之助は、この研究会の会員であった。（略）これら選挙法改革に関心をもつ実践派

の間で普選運動が計画されたのである。」（松尾：16f）

まさに松尾が述べているような「共通の気分」のもとに結集して、なおかつ、そこから普選運動の計画がもち上がってくる。普通選挙期成同盟会が「社会問題研究会を母胎として生まれた」（同上）と言われる所以である。そして、こうした曖昧な「気分」の下に主義や思想を越えて幅広い人びとを集めてきたのが、太八郎にほかならない。その組織化の功績と短期間で成し遂げた力量ついては、同時代人や研究者がみな口を揃えて証言しているので、紹介しておく。

「それまでの組織は全く主として中村氏の奔走尽力によるもので、往復はがき百二十枚の発会式の案内状も氏が宛名署名人となつてゐる。氏の組織的手腕の大なることは、この会の結成に現れた」（平野編：21）

「しかしその組織にあたっての中村の役割の大きさは、彼がこの研究会の筆頭幹事の席を占めたところにも現われており、その組織能力もまた驚異的といわねばなるまい」（松尾：21f）

「その後驚くべき組織力と熱心さで各方面に会員を募り、一八九七年四月三日に上野の精養軒で発会式をあげる」「三カ月余の短期間にこれだけの人材を集め、発会式にまでこぎつけた太八郎の組織力は驚異的である」（瀬戸口：67,69）

そして、尚江もまた太八郎の組織力のなかで己の言論を展開していくことになる。

「思想的には相当批判の余地がある人であったようですけれども、実際運動を組織する名人だったのです。ところが尚江は組織者としてはあまり上手な方じゃない。あらゆる実際運動面の仕事を着々とやるのは中村さんでした。これはだれにやらせる、これはどうする、金はどこから持ってくるといったようなことは、中村さんが実にうまい。尚江はただ獅子吼《ししく》していれば、あとは中村さんがうまくやる。それで二人は離れられなくなった」（吉野編：170、柳田泉の発言）

太八郎がその組織者としての圧倒的な力量で東京の社会運動の中心に躍り出た翌年、元太郎も地方政治から国政へと飛躍を遂げる。

一八九八（明治三一）年三月、第三次伊藤博文内閣のもとで第五回総選挙がおこなわれ、元太郎は第四区（中信地域）から実業派協議会の推薦を受けて立候補し、一七三九票を獲得してトップ当選した。二位当選は自由党の上條謹一郎だった。元太郎の出馬にあたって、当初、父親の孝吉郎は反対していたが、鳩山和夫や中村弥六（前代議士）をはじめ、多くの関係者の説得によりようやく承諾したという（正編：66ff）。

ここでも元太郎は自身の意思以上に、周囲の意思によって代議士となった。「器」としてのメディア政治家がここに誕生する。

# 終章 理想の行方

1924（大正 13）年 1 月 18 日、三浦邸で三党首会談がおこなわれ護憲三派の提携が成立した。左から三浦梧楼、高橋是清、加藤高明、犬養毅（東京朝日新聞）

「白バラの暁将　長野県第七区　降旗元太郎（憲）
陣笠に降旗見えたり普選軍――曾つて政友会の大男陣笠富安保太郎君が、普選上程の日に駄句つた事があるが、彼れの経歴程に余りに引立たぬものはない、気の毒な事だ。彼れは憲政会にあつては、長老株を除くと最古参者である。其最古参者の中でも彼れはどうも思ふ様な地位につけなかつた。だから降旗と云へば、政党界でも不遇を意味する程で、敵味方共不遇過ると気の毒がつて居る。彼は見た所独逸のエーベルトの様な、深刻な顔の持ち主だが、真一文字に引締つた口から漏れる言論は、案外デリケートな響を発する。『天下の普選を要望しない者が、一人としてありましようか』斯んな調子で大雄弁を揮ふのである。そうして如何に反対党の陣笠共が弥次ろう共、其処は二十年来鍛えた器量人、怒らず騒がず淳々と説いて行く、彼れの偉大さは其処にある。不平も云はず、野望も起さず、彼れは終始憲政の為めに尽す真の政治家である。今回の護憲三派の提携は、彼れが裏面に於ける真摯にして強烈なる献身的努力に依つたものである」（護憲三派内閣成立直後の降旗評。加藤紫泉『新代議士名鑑』国民教育会出版部・一九二四年所収）

降旗元太郎の「理想」とはいったい何だったのか。書名に導かれて本書を読みすすめた読者は戸惑ったかもしれない。少なくとも、普選実現のような具体的でわかりやすい目標ではない。元太郎はあらかじめ己の理想を明確にして、周囲を巻き込んで実現していくというタイプではない。そうした意味では、木下尚江や中村太八郎のほうがよほど理想主義者である。元太郎は、どちらかといえば、さまざまな人の想いを引き受けながら己の役割を果たしていくタイプに近い。

けれども彼の周囲にいた政治青年や青年政治家たちの多くが次々と政治から離れていったのに対して、元太郎は衆議院議員（当選一一回）と信濃日報社長を死ぬまで続けた。理想主義者よりも遥かに重たいものを背負い続けたに違いない――私はそう考えた。何が彼をそうさせ、また耐えさせたのか。それは理想主義者とは別次元の「理想」があったからではなかったか。書名の「理想」はそれを探究するためにつけたといってもよい。

本書は、降旗元太郎の人生全体からすれば、いわば「第一部・立志編」であり、生涯かけて貫いた「理想」を探究するための基礎作業に相当する。

降旗徳弥『井戸塀二代―降旗徳弥回想録』（「井戸塀二代」刊行会・一九九一年）の「元太郎編」（二一～一九四頁）は一七四頁の分量があるが、そのうち本書が対象にした第五回総選挙での初当選までは五〇頁分、おおよそ三分の一に相当する。残りの三分の二については他日を期したいが、読者のためにその概要を以下に記しておく。

時期区分としては、代議士として活動を開始した三四歳から現役のまま六七歳で永眠するまでの三四年間を、浪人時代を境に二つに分けるのが適当であろう。

**地域経済と普選運動――「器」の政治家がつないだもの**

「第二部」は一八九八（明治三一）年から一九一五（大正四）年までを扱う。代議士となって以降は中央での議会活動と地元での選挙活動を軸に、東京で中村太八郎と木下尚江がおこなう社会運動（普選運動を含む）を支援した。

総選挙では第五回（一八九八年）から第九回（一九〇四年）まで連続当選五回を数え、衆議院議員として第一二議会から第二四議会まで活動した。しかし、第一〇回総選挙（一九〇八年）で南信（諏訪）の小川平吉（70）（猶興会＝非政友会）からの衷情に応えて地盤票を割譲したため落選。その後二回の出馬の機会を見送り、八年間の浪人生活を余儀なくされた。

元太郎は帝国議会を舞台にさまざまな社会課題に取り組んだ。本邦議会史上初めて普選法案を提出した一人として歴史に名を残したが、じつは、この時期はそれ以上に地域経済の発展のために代議士としてできる精一杯の仕事をしている。

その詳細を知るには、まず元太郎が支持者に配布するために作成した『第十二回帝国議会ニ対スル報告書』（私家版・一八九八年）、『自第十三回至第十六回帝国議会報告書』（私家版・一九〇二年）、『第十七回帝国議会報告書』（信濃日報号外・一九〇三年）がある。いずれも東京大学法学部附属近代日本法政史料センター原資料部のマイクロフィルム『降旗元太郎・徳弥関係文書』（近代立法過程研究会収集文書 No.89、一九九七）年に収録されており、うち「自第十三回至第十六回」については国立国会図書館デジタルコレクションから閲覧可能である。帝国議会の本会議・委員会での元太郎の発言や会議の詳細については、国立国会図書館の「帝国議会会議録検索システム」から速記録が閲覧可能である。

元太郎がこの時期に熱心に取り組んだ問題を二つ挙げておく。

第一に、鉄道敷設問題である。元太郎が代議士となった当時は、まだ松本から東京までは鉄道一本で行くことができず、保福寺峠を越えて上田で一泊してから汽車に乗るので丸二日かかった。一八九二（明治二五）年の鉄道敷設法で中央線（八王子〜名古屋）と篠ノ井線（篠ノ井〜塩尻）が計画に組み込まれたが、日清戦争後の経済不況で工事費が不足して、一八九九年まで工事が停滞していた。鉄道敷設は中信地域のみならず、信州経済全体を大きく左右する問題であった。

元太郎は初当選後の五月に開かれた第一二特別議会で早速、鉄道建設に関する質問をして、問題を共有する各地の代議士とともに「鉄道敷設工事を予定期限内に竣工せしむべき建議案」を提出、鉄道関連の各種審議委員会で理事や委員長として法案審議に尽力した（正編：158f）。篠ノ井線全通とともに松本駅が開業するのが一九〇二（明治三五）年、さらに八王子から甲府・岡谷を経由して塩尻までの中央東線が開通するのが一九〇六（明治三九）年。これでようやく松本と東京が鉄道でつながった。

第二に、蚕糸業の振興である。家業が蚕種製造業であり、養蚕や製糸を含む蚕糸業の振興には人一倍の関心を払ってきた。降旗徳弥による伝記『井戸塀二代』では、病床手記の該当箇所（手記：36-42）について補足説明しているので、ここに引用しておく。

「当時、南安曇郡細萱《ほそがや》から浅間温泉に移住して来た藤岡喜代造という人が、それまで年に春一度しか掃き立てのできなかった蚕種を全国で初めて春、夏、秋の三季、適期適時に掃き立てのできる二化性蚕種の製造に成功した。その蚕種は「羽ガ生ヘテ飛ブ様ニ売レタルモノナリ。而モ前金デ」（父の絶筆の手記）の状態で、わが家はじめ浅間温泉の旅館業者は冬は旅館を、夏は蚕種を製造、販売するものが多く、父はこの蚕種普及の第一線に立って努力した。手記によると、蚕種製造業者が集まって「本郷蚕種業組合」を設立したが、父は組合長に選ばれ見学者に説明したという。

明治二十年代に長野県は、養蚕普及のため各地に伝習所を設けて講習会を開いた。その一つであろうか、年代は明らかではないが浅間にも伝習所が設置されたようで、手記に「浅間ニソノ飼育伝習ヲ目的トセル信濃蚕業伝習所ガ設置セラレ、余選バレテ所長タリ」とある。所長時代に、松本で開かれた赤十字大会に臨席された小松宮殿下（彰仁親王・伏見宮邦家親王第八王子、分家して東伏見宮、後小松宮と改称）が伝習所にお立ち寄りになった。殿下は浅間「目ノ湯」に宿泊され、父は翌朝「目ノ湯」で殿下に拝謁、ご染筆（揮毫）をお願いした。ご染筆は後日、県知事を通じて下賜されたが、父はご染筆を大切にし、いつも枕元に飾っていた」（正編：25f）

本書では扱えなかったが、元太郎は国政進出前の明治二〇年代から同業組合の組合長、蚕業伝習所の所長に選ばれている。地域の世話役・顔役の仕事は、地場産業にまで及んでいたのである。その専門的な知識と経験をふまえて、代議士となってからは国全体の蚕糸業の振興のための仕組みづくりに取り組んだ。

第一三通常議会（一八九八年）に一〇議員連名で「蚕糸業調査会設立の建議案」を提出、元太郎は代表として提案理由の説明をおこなった。建議案は無事議会を通過して蚕糸業調査委員会の設置が決まり、その後具体化・予算化のために設けられた委員会の委員長や理事として法案審議に尽力、第一六通常議会（一九〇一年）で一万七千円の蚕業調査費が認められて実現に至った。

第一章「蚕種製造と自由民権」で述べた筑摩山地や蚕糸業は、元太郎が代議士として力を発揮しやすい短期的な課題でもあったのである。それに比べて普通選挙運動はどちらかといえば中長期的な課題として捉えていたのではないだろうか。普選運動がその拡大の過程で労働運動の影響を受けながら変容し、「創始者」の太八郎や尚江がその中心から離れていったのに対して、元太郎は党人派代議士として実績を積み重ね、議会政治の枠内で実現の機会をうかがっていく。

ちなみに、本書でも時折触れた臼井吉見の大河小説『安曇野』は相馬黒光・愛蔵夫妻を中心に、東穂高禁酒会に集う木下尚江、荻原守衛、井口喜源治といった青年たちの躍動を描く群像劇であるが（元太郎の登場機会はごくわずか）、その第一部は一八九八（明治三一）年一二月から始まっている。相馬愛蔵は『蚕種製造論』（一八九四年）、『秋蚕飼育法』（一九〇〇年）を出版するほど本格的な養蚕研究に取り組んでいたが、一九〇一（明治三四）年に夫婦で上京して本郷でパン屋「中村屋」を始める。後の新宿中村屋である。元太郎が代議士として奮闘する明治三〇年代は、『安曇野』の舞台も東京に移っていく。

## 策士たちの時代――大隈系党人派が通した筋

「第三部」は一九一五（大正四）年から一九三一（昭和六）年までを扱う。八年ぶりに政界に返り咲いてから憲政会＝民政党の重鎮として党内外の調整や交渉に尽力して、現職議員のまま永眠した。総選挙では第一二回（一九一五年）から第一七回（一九三〇年）まで連続当選六回、通算で一一回を数えた。衆議院議員としては第三六議会から第五九議会まで活動した。咽頭がんを患い、第五九議会会期中の一九三一（昭和六）年一月二二日が最後の登院となった。残された時間の短さを悟り、同月二五日から書き始めたのが「病床手記」である。八か月後の九月一五日、衆議院議員に在職のまま永眠した。

男子普通選挙の実現はこの時期のハイライトである。ただ、その前後の政党間の激しい対立や離合集散を思えば、それをやり遂げた護憲三派内閣の成立は奇跡のような瞬間といってよい。元太郎は憲政会の渉外担当として、政友会の小泉策太郎（号は三申）や革新倶楽部の古島一雄といった「策士」たちとともに三派共闘実現のために奮闘した（手記：6f）。

カリスマ指導者だった原敬亡き後の政友会は「宛《あた》かも秀吉薨《こう》じて後の大坂政局の情況と相似てゐる、諸侯頓《には》かに統率者を失つて適従する所がないのに、閣僚――太閤時代の五奉行、石田、増田等に対する、軍部――加藤、福島、浅野などの武勲派の不平がある、秀吉の盛時、已《すで》に関ケ原の危機が萌《きざ》してゐるから、到底無事には治まらない」（小泉策太郎『懐往時談』中央公論社・一九三五年）という状況のなか、「策士たちの時代」が始まったのである。

もちろん護憲三派の成立過程は複雑な政治力学と人間関係が作用しており、元太郎が関与したのはその一部分を構成するものにすぎない。

政党としての交渉過程については、岡崎久次郎「第二護憲運動秘史」（『憲政会史』下巻・一九二六年）などの党史、奈良岡聰智《そうち》『加藤高明と政党政治――二大政党制への道』（山川出版社・二〇〇六年）や筒井清忠『昭和戦前期の政党政治――二大政党制はなぜ挫折したのか』（ちくま新書・二〇一二年）などの政治史研究、そして憲政会で元太郎の同僚だった党人派代議士・関和知を取り上げた「近代日本メディア議員列伝」シリーズ第三巻の河崎吉紀『関和知の出世――政論記者からメディア議員へ』（創元社・二〇二四年刊行予定）をまずはおさえつつ、やはり個性的な策士たちが織りなすドラマが面白い。

古島一雄については、同シリーズ第四巻の戸松幸一『古島一雄の布石――明治の侠客、昭和の黒幕』（創元社・二〇二五年刊行予定）で詳しく取り上げられる。小泉三申については、先に引用した自伝のほか小島直記『小泉三申――政友会策士の生涯』（中公新書・一九七六年）、長谷川義記『評伝　小泉三申――知性と運命の相剋者』（仮面社・一九七七年）、木宮栄彦《きみやひでひこ》『小泉三申――評論・逸話・年譜』（常葉学園・一九七八年）などの評伝も出ている。政友会と憲政会ならともかく、加藤高明と犬養毅の仲の悪さから不可能と思われていた三派共闘を実現させる際には、「不平将軍」三浦梧楼も重要な役割を果たした（『観樹将軍回顧録』政教社・一九二五年＝中公文庫・一九八八年）。

策士たちの暗躍を可能にしたのは、原敬亡き後の強力な指導者不在の政治状況に加えて、官僚の政党参加による党人派との役割分担もある。元太郎が政界復帰を果たした第一二回総選挙はじつは「候補者の構成においても官僚出身者が増加していく転換点となった」「わが国憲政史において初めて大量の官僚出身代議士が登場することになった」（清水2007：196,198）選挙だった。元太郎より少し年下の学士官僚たちである。その結果、政友会も非政友系も政策立案や議会対応は高い専門性をもつ官僚出身者が、党運営は渉外・調整能力に長けた政党人がそれぞれ引き受けるといった党内の分業体制が確立されていく（同：2000f）。こうした党の組織構造のなかで、元太郎は自身の役割を見出していったはずである。官僚出身者の台頭を軸に政党の変容を描いた清水唯一朗『近代日本の官僚―維新官僚から学歴エリートへ』（中公新書・二〇一三年）がここでもまた有効な補助線となる。

角屋謹一『普選議会の重なる人々―政界人物評伝（野党の巻）』（文王社・一九二八年）に「政党政治に勲功抜群　降旗元太郎氏」という評伝が載っている。同時代のジャーナリストによる人物評として示唆に富むので全文引用する。

『名誉もいらず金もいらず、地位もいらないと云ふ男はしようのない奴だ。然もこのしようのない奴が居なければ国家は亡びるのだ』と西郷南洲は曰ふた。

嘗て隈板内閣が成立した時に、往年の大隈候から福島県知事になれと勧められて『拙者不肖ながら政党人として政界に尽したい覚悟がある。官僚の端くれなぞ御免蒙る』と、きつぱり云つてのけた彼れ降旗元太郎は、大西郷の抱懐したやうな気迫の持主ではないだらうか。

世間は滔々《とうとう》として営利これ事とし、人を排して自ら顕要の地位につかんことに日もこれ足らず喘《あえ》いでゐる中に、彼れの清節を聞くことは、まさしく末世に福音を聴き、旱天《かんてん》に雲霓《うんげい》を望むの思ひがある。

普選の殊勲者、政党内に於ける親和の楔《くさび》としての彼れは、地方に於て地盤開拓の恩人であり、親切で謹直で、郷関に淳風美俗の慣らひを敷いた先達である。政党界に彼れを有する信州は、一方彼れに対抗する小川平吉を有することによつて、政争の却々《なかなか》激烈なところである。一栄一落はそれを地方人も注意するし、本人にとつても気がかりではある。

特権内閣を倒すことに於て一致した政憲両派は、加藤高明伯の下に憲政擁護運動を開始した。多年の政敵と手を握る憲政会も定めし心苦しがつた事でもあらうが、政友会も余り好い気持ちがしなかつた、然し政派を超越した両派は、これもその行き掛りを放擲《ほうてき》してひたすらに特権内閣の打破に猛進し、遂に功成りて茲に護憲——政憲協調内閣を形成する事となつた、即ち彼れ降旗は実に、憲、政両派をして手を握らすべき導火線となつたもので、その間の苦心言外に絶し美事此の大役を勤めあげた彼の功績憲政史上特筆すべき価値があらう。

かくて加藤憲政会総裁を首班とする護憲内閣に於て彼降旗は、陸軍の関和知君の後を続けて政務次官となり、鉄道から海軍へと、移つて行つたが、小川は法相、横田千之助亡き後の、政友会を代表する司法大臣となつたものだ、然し此の横田法相の後任物色については、当時憲政会としてはより多くの発言権をもつてゐた事は事実である。この時小川を推挙して信州の名をなさしむべく努力したのは実に彼れ降旗であつたので、その任侠は久しく政界美談として伝へられもしてゐたのだ。

因縁といふものは争はれないもので、武田信玄の弟、武田左《さ》典厩《てんきゅう》信繁《のぶしげ》こそ、実は彼れの先祖であつて、甲斐から移つて信州に住むことゝはなつたが、上杉謙信が山国の甲斐へ、塩を送つて敵国にもなほ便宜を与へたといふ大雅量は、今にして彼れ降旗が心にくきまでに学びとつてゐるのである。

政党界の重鎮として早稲田の先輩としての彼れはその政治的経歴に於ても申分なし、若槻内閣成るの日は大臣としての一椅子を獲《え》る資格も十二分に具備する、しかも永き彼の政治生活中、財宝を、蕩尽して久しく不遇の生活苦を嘗《な》めて居るが、反《かえ》つて彼の壮志は少しも衰へず正義にして酬《むく》ゐらるゝ時が来るならば、彼の栄達は必然の数《すう》であるとして、ますく\その健在を祈らぬものとては、一人もないだけ彼は各方面に評判の好い男である。当選十回、目下総務の重位を占めて居る。」

かつての地盤票割譲の因縁の相手である小川平吉は、その後政友会の党人派代議士として活躍、護憲三派内閣で横田千之助亡き後の司法大臣として、普通選挙法と同時に治安維持法の成立に尽力した。小川を法相に推挙したのが元太郎だったとすれば、過去の経緯や治安維持法などをどのように飲み込んだのか……興味は尽きない。

さて、憲政会のほうも総裁・加藤高明が首相在任中の一九二六（大正一五）年一月に亡くなり——三派共闘の立役者のひとり三浦梧楼も同じ日に亡くなり——「策士たちの時代」はさらに加速する。病床手記では大隈信常を中心とする新党設立運動（手記：17f）や小泉三申の田中内閣倒閣運動（手記：26f）などが記されている。こうした策士たちが暗躍する流動的な政治状況のなかで、元太郎が通した筋とは何だったのか。それを考えるヒントは、おそらく本書でも述べた東京専門学校第一期生としての大隈系党人派の誇りにある（手記：29f）。

# あとがき

降旗元太郎の名前を知ったのは、私にとって初めて信州をフィールドにした論文「メディア政治家の諸類型――「東の新聞県」長野県選出議員の分析から」（佐藤卓己・河崎吉紀編『近代日本のメディア議員――〈政治のメディア化〉の歴史社会学』創元社・二〇一八年）を書いたときである。

信州といえば『信濃毎日新聞』の経営者一族で代議士を何人も輩出した長野（北信）の小坂家が有名であるが、東信・中信・南信にもそれぞれ個性的な地域メディアと政治家たちの群雄割拠の歴史があり、なかでも私の地元である松本（中信）には自由民権運動の歴史を継承する由緒ある地方新聞と、それを四〇年以上にわたって経営してきた歴戦のメディア政治家がいることを知った。それが降旗元太郎である。その論文のなかではほかにも大勢のメディア政治家が登場するが、ひとり選んで評伝を書くならば、降旗元太郎しかいないと思った。

言論的ないし政治的に顕著な業績がないと歴史研究（政治史・思想史・メディア史等）の対象にはなりにくい。しかし、政治家のなかにはそうした派手な業績がなくても、地方と中央を行き来しながら地道な活動を続け、同僚代議士たちや地元の有権者から重んじられるタイプがいる。元太郎は、どちらかと言えばそういうタイプではないか。

元太郎をメディア政治家として取り上げたいのは、『信濃日報』の経営者というだけでなく、異なる立場や利害を「つなぐ」、矛盾や対立を引き受ける「器」という意味での媒介者《メディア》だったからである。そう考えてみると、元太郎を政治家の一つの典型例として捉え直すことができるかもしれない。むしろ瞬発的な個性の発露や自己主張よりも「つなぐ」「器」に徹することこそが政治的な力を持続可能にするのではないか。

自分がもっと若かったら、言論や業績の突出した派手なタイプを取り上げただろう。しかし社会経験を積んだ四〇歳代になってからは、こうした「つなぐ」「器」を力にする地味なタイプへの興味関心も湧いてきた。またもし自分が歴史学プロパーであれば、本人の言論や行動を証明する資料が豊富に残っていなければ、手を出さなかっただろう。しかし私の専攻は教育社会学である。直接的な資料がなければ、移動や選抜、環境や人間関係などさまざまなレイヤーを重ね合わせながら間接的にアプローチすればよい。時代や関係性などあらゆる手掛かりをもとに人物に迫る姿勢を、私は恩師竹内洋から学んだ。

今回、元太郎が代議士となるまでの前半生を取り上げたのは、「つなぐ」「器」の政治家となる秘密がここに隠されているからである。そして「つなぐ」「器」という性質は、本質上それ単体では指し示すことができず、周囲との関係や活動の場面から浮かび上がらせるしかない。そのため、元太郎単独ではなく、彼に影響を与え、一緒に学び活動した仲間や先輩後輩が入れ替わり立ち替わり登場する群像劇とした。

こうした群像劇形式が可能になったのは、個性豊かな登場人物のおかげ、いや彼らの事績を詳しく調べて書き残してくれた先行研究のおかげである。とくに一九六〇年代から八〇年代にかけて蓄積された信州の自由民権運動研究や木下尚江研究には、活用可能性に開かれた原石がたくさん埋まっている。先達に感謝したい。

ご遺族の降旗克弥さま（元太郎の曾孫）には元太郎とその家族が眠る墓所や、降旗家の菩提寺である神宮寺をご案内いただき、降旗家に保管された貴重な写真や書類を見せていただいた。まだその一部しか使うことができていないが、今後研究を続けていくなかでご恩返しをしたい。

東京大学近代日本法政史料センター、東京大学明治新聞雑誌文庫、東京大学経済学部図書館、松本市中央図書館では貴重な資料を利用するうえでお世話になった。早稲田大学坪内博士記念演劇博物館、慶應義塾福澤研究センター、松本市歴史の里には貴重な写真を提供していただいた。

国立国会図書館デジタルコレクションには大変お世話になった。執筆開始後の二〇二二年一二月にリニューアルされたと聞いて利用者登録（「個人向けデジタル化資料送信」対応の本登録）をすると、自宅や研究室から膨大な資料群にアクセスできるようになった。また『早稲田大学百年史』はテキストが公開され全文検索が可能である。職場や家庭から長時間離れることが難しいとき、執筆中に確認したい資料が出てきたときに瞬時に召喚できるデジタル環境には本当に助けられた。デジタルアーカイブの構築と運営に携わる関係者に感謝したい。

伴走者である創元社編集部の山﨑孝泰さんは、氏の柏書房時代に私の初めての単著『日本主義と東京大学―昭和期学生思想運動の系譜』（二〇〇八年）を担当してくれた方でもある。あのとき、準備不足を言い訳に執筆を先送りしようとする私のために入稿スケジュールで外堀を埋めて二週間ごとに一章分を書いて送るという工程管理をとった。もう二度とそんな無茶なことはすまい、そう心に誓っていたのに、今回もまた繰り返してしまった。シリーズの配本順を死守するために節単位・週単位で原稿を送り、一章分が揃ったらゲラにして……という人気作家のようなスリリングな締切生活が半年間続いた。その間、山崎さんは都心から八王子の研究室まで毎週やって来ては、私の進捗と構想を聞いてコメントを述べ、叱咤激励してくれた。通読すればわかるように、本書の構成は、単線的な進行になっていない。当初は時系列順に書き進める予定だったが、結果として、時間軸を行き来しながら、登場人物の視点を入れ替えながら、少しずつ層を重ねて文脈を分厚くしていくというスタイルに落ち着いた。降旗元太郎へのアプローチとしてはこれが正解だった。今にして思えば、これは節単位で原稿を手放していく方式で初めて可能になった。原稿を手元に置いておくと際限なく構成をいじってしまい、先に進むことができないという私の性格や癖も見越して、山崎さんは巧みに手綱を捌いてくれた。心から感謝したい。

二〇二三年九月吉日

井上義和

※本書は、科学研究費基盤研究（B）「近代日本の政治エリート輩出における「メディア経験」の総合的研究」（代表者・佐藤卓己、研究課題 20H04482）の研究成果の一部である。

# 病床手記（再構成版）

・出典：東京大学法学部附属近代日本法政史料センター原資料部所蔵のマイクロフィルム「降旗元太郎・徳弥関係文書」
・再構成の方法については、本書序章3節を参照のこと。原本はカタカナで書かれているが、ひらがなで表記し、適宜改行し、句読点を補った。かなづかいが新旧混在しているのは原本のママである。丸括弧（　）は原本通りであるが、会話文の二重カギ括弧『　』と文中に挿入された亀甲括弧〔　〕は井上が補足したものである。
・病床手記は自由日記（昭和六年版）の帳面に八一頁にわたって直筆で書かれており、マイクロフィルムは見開き（二頁）で一枚として表紙と空白頁も含め全部で四三枚である。

## 【1】家族のこと

**＊二枚目左（抄編：20、正編：177）**

病気の予后は余にも察しがついたような気がする。心の動揺はさすがに激しい。

余を臆病ものなりと笑ふこと勿《なか》れ。

昭和六年一月二十五日、病床にこの稿を起す。

**＊二枚目左（抄編：121）**

数日前の一夜、安子〔娘〕が今子〔妻〕に代りて、余のとぎをしたることありき。

夜半、枕頭《ちんとう》のちり紙を採らんとして、紙上に不図《ふと》小形の腕時計を認む。安子のもの也。寂寞《じゃくまく》のうち万感湧く。余ですら県会議員時代、父上の許しを得て金時計を所持せし時の心持ちを思ひ出すものを女の身の安子おや。然るに余、之を見たる刹那《せつな》まで安子の腕時計を連想するだけの心のゆとりすら無かりし也。其くせ余の安子を懐《おも》ふ心は、与ふる物にすれば、此千倍万倍も足らず。善《よ》き夫を、人生の幸福をと懐ふ心のいかばかりなるかは神が知《しら》し召し給はんものを。

＊三枚目右（抄編：20、正編：193）

あゝ、あわただしかりし余の一生や。

＊三枚目右（抄編：122、正編：35）

日曜などに徳弥、金弥、英弥の三人が膝下《しっか》に集まりしときに余に甘へ呉るゝ習慣の現はれの無きが、どんなにさみしいことか知れぬ。心の底に山積せる或者《ママ》に触れてのなやみなり。

＊三枚目右（正編：35）

巴里《パリ》の三菱に在る卓弥にも葉書一枚も書送らぬは、書送りたきことが堤の切れたように迸《ほとばし》つて取捨することもどうすることも出来ないからである。

＊三枚目右〜四枚目右（抄編：20–22、正編：36、193–194一部）

大正十二年九月一日の関東地方大震災の時、かくとは知らず懸命に蒐集したる余の履歴に関する柳行李《やなぎごうり》三個の書類を焼失（あの時の小石川の火は余の僑居《きょうきょ》の裏つゞきの家から出火したるなり。従て余の家族、詳しく云へば男子は暑中休暇の旅行中で、婦人のみ残れる家族は着のみ着のまゝに避難せしめたるなりき）し、且つ当時の交遊の殆んど皆な他界の人となりしが故に、余は功成り名遂げて後、自ら筆を執らん心組なりしなり。而かもそんな暇は今までには無かりき。

要するに代議士に当選しただけでも十一回、その都度何程かの借金を残し、選挙後はいつも借金の償却に困《くる》しみ、活動費の調達に難《な》やみぬいて他を顧みるゆとりが無かつたのである。

そこに余の事業経営問題が起つたのである。何れその大綱は書いておくことにするが、回顧大観しても、余の着手したる事業が必ずしもつまらぬことであつたとは思はぬ。

併《しか》し時利あらずして、事業の成立せざりしまでのことも。

従つて活動費なきが為に、思ふがまゝに手足を政界にのばすことも能はなかつたのである。

六十八歳の今日に至るまで健康は人にすぐれておつたが、身心二つながら些《いささか》のゆとりなくして、読書の時間も無く、たゞあわたゞしき年月をのみ経過したる余の日常は、悲惨の極みなりしことを後日からでも想像し呉れるもの有りや無しや。

**＊四枚目左（抄編：109、正編 192 一部）**

一昨年〔一九二九年〕七月二日、濱口内閣の成立という絶好の機会を逸したる余にも時到りて今度こそは経済的の基礎（後記詳記）も固まりそうであるし、政治界の活動（後記詳記）も腹案に既に成れるものがあるし、休会明けの議会をきつかけに思ふがまゝの大活動をと予期したりしに、咄々《とつとつ》却《かえっ》て此の身を病院の一室に呻吟せしめんとは。

**＊四枚目左～五枚目右（抄編：121–122）**

余の不遇を嘆じくるゝ友に対し余は、毎々《まいまい》豪語して曰《いわ》く「死際に枕頭に侍る児孫に対し、権威ある遺言の出来ること余の如きもの天下に幾人かある」（以上、政治家として清浄無垢《むく》のほこり）とは云へ困窮、今日のまゝで大病にても臥《ふ》したらんに子供等でも全く懸け離れたる心持にて余を見ることゝもならん。戦慄禁ぜず。

**＊五枚目右左（抄編：123–124、正編：35–36）**

亡舎弟四郎は資性明敏果決、前項末段のようなゆきさつにて余に心の離れたること数年、曾《かつ》ては兄弟仲の善いものゝ手本たりし金田屋の長兄たる余の心の悲しみや如何。

然るにあれの死したる総選挙〔一九二〇年〕の前には、すつかり余を理解し、余を助けて大成せしめようとの決心鋼鉄よりも堅く、余の選挙事務は百瀬渡を相棒として余の分までも背負つて立ち、人間業にあらざる努力の結果、余及び森山儀文治を安全に当選せしめたり。加之《しかのみならず》、森山氏の県会議員補欠選挙には独り進んで山内喜和次を推選し、当選せしめくれた。最善の弟を再び得るに至つた余の心の喜びは譬ふるにものも無かりしなり。而も彼は忙中帰宅して蚕の掃立《はきたて》を了し事務所に飛帰り、各村の報告を手にして必勝当選と各村別の得点数とまでを予言したる刹那に脳溢血にかかり、遂に幽明境を異にするに至りたり。万感胸をふさぐ。

**＊六枚目右**（**抄編：123、正編：36**）

何十年来、事、志のごとくならざりし余も今年こそは経済的にも政治的にも志緒に就いて、家庭的には妻にも子供にも一族にもほんとうの余を理解せしむることを得て、而して余の理想とする家庭形成の端を開き得べきものをなあ。

**＊六枚目右**（**抄編：121**）

二月四日、春子が来た。二、三語の交換ではあつたが、肩の荷が軽くなつたように感じた。今子〔妻〕と対話するのを見つゝ余は別のことを考へて居た。

**＊六枚目左**（**抄編：109**）

此の議会を中心にして、畢生《ひっせい》の力をこめての活動を期待しておつたのに、この現状だ。昨年〔一九三〇年〕八月二十五日以来一日も欠かさぬ帝大病院通ひで、十二月二十八日夜からは分院への入院生活だ。

## 【2】護憲三派成立の裏面史

**＊六枚目左～一四枚目左**（**抄編：96–102、105–107、正編：107–112、191**）

懐ひ起せば余は、不思議にも大事な場合に必ず大患ひか、大怪我をして居る。

最近の一二を引例しても、第一次加藤高明内閣を生みたる護憲三派協調運動の時でも〔一九二四年〕一月十一日、小泉三申が『事茲《ここ》に至ては最早や一身一家の利害や一党一派の得失を顧みる暇は無い。政友会の二分を賭してやろうと思ふ。君も決心しようでは無いか』。

余曰く『好しやろう』。

三申曰く『僕の方でも、横田千之助と高橋是清（総裁）とは徹頭徹尾同体だから君も複数になつてくれ。而して誰々に指を届するかを示して呉れ』。

余曰く『明日明示しよう』。

別れて常雇人力車にて本部に帰り、本部の電話にて志す人々に電話し会談せんとして本部に入るや夕闇の総務室（今の幹事長室）に電灯も点せずに濱口〔雄幸〕、安達〔謙蔵〕、下岡〔忠治〕の三人が鳩首《きゅうしゅ》擬議中なりき。余は単刀直入に余の決心を告げ、三人の同体とならんことを求めしに、三人は直ちに同意したが差当り余一人にて一切を担当し呉れ、とのことなりしかば其翌日、三申に対し之を明示しおきたり。

三申更に曰く『別室に古島（一雄）が来ておるが彼れは犬養〔毅〕の晩年を飾るために護憲運動に革新〔倶楽部〕を加へて三派として呉れと云ふんだが、俺は古島とは君よりも古い友人でもあるしなあ云々』。

余は、一考の上一存にて決然之を承諾し、所謂《いわゆる》護憲三派協調なるもの茲に成立したるなりき（一月十二日）。

翌十三日夕刻、例に由て濱口、安達、下岡三人と余と本部に会同したるとき濱口の発言にて『犬養を加ゆるとなれば、加藤さんの同意を予め得ておく必要がある。降旗君往つて話をして呉れ給へ』とのことなりしが、

余曰く『僕は最早、凧《たこ》の糸の切れたような立場に在るのだ。加藤さんから犬養はいけないと云はれたつて仕様がない。此役目は御免蒙《こうむ》る』。

下岡曰く『それは尤もだ、明朝僕が往こう』。

斯くしてその通りに運んだ。

而るにその夕刻の四人の会合の席上下岡曰く『今朝加藤さんに逢つて話したが、散々の御機嫌だ。僕ではだめだ。明朝は安達君往つて呉れ給へ』。

そこで爾後は毎朝安達が加藤さんを訪問することになつたのだ。

越へて一月十七日三派領袖会を紅葉館に開くことゝな

り、濱口等三人から同意を得たる我党の領袖七、八人を憲政会内の会議室の一隅に会同したるとき若槻（礼次郎）にはまだ話が届いて居らぬとのことにて余より話せと促され、箕浦（勝人）も亦傍より慫慂《しょうよう》するから一応の説明をしたところが若槻は『理屈からも主義からも無論賛成だが』と言ひ懸かるのを余は単刀直入に、『そんなことでは無い。貴下にもこれから一同と共に紅葉館へ出席されたいとの一事あるのみだ』とて遂に一同車を連ねて紅葉館に赴いたのであつた。

是より先き三申の南部坂の邸に三派のものゝ屡々《しばしば》会同せる際三申が古島（一雄）の熱望を取次いで、『三浦（梧楼）も今病んで熱海に在り、余命幾何もなし。三党首会同の際は三浦に花を持たせて取持役にさせようでは無いか』とて、すら〳〵と一同の同意を得たりき。

十八日午後三時は三浦邸に於ける三党首会同の日時なり。三派領袖会も昨夜済んだことなれば、余は此朝加藤総裁を訪問する気になつて往つて見ると、余三浦の使と会談中なりとのことにて別室に待ち居ると、そこへ安達が毎朝の例に由て来て余と相携へて加藤さんに逢つた。

事既にこゝまで運んだ以上は余は心窃《ひそ》かに加藤さんから『御苦労だつた』の一言位は受くる積りなりしが、予期に反して加藤さんは例の通りの「にこり」ともせぬ、むつつり屋であるのを意外に感じて居ると安達も亦はき〳〵した報告もせず、とぎれ〳〵に言ふことも意味不徹底であるのを意外に感じて居ると、そこへ取次が武内作平の名刺を持参し（此年の総務の一人たらしむべく我々前任七人が内定してあつた）、加藤さんから差支あるまいと言はれるから余も安達も無論差支なしと答へ武内入来。

『唯今帰京いたしました。汽車中で新聞を見ると、今日は三浦方で三党首の会同があるそうですが犬養の狼野郎、三浦の狸爺云々』と云つた調子で話し、『能々《よくよく》御用心なされなければ云々』と言ひかけると、加藤さんは始めて破顔一笑、余を指にてさし示して、『こゝらが寄集まつて猿芝居を目論んで云々』。

余は憤然（併し言葉は慎んで）、『猿芝居でも何でもいいじやありませんか、舞台面にはあなたの袴のすその《ママ》よごすようなほこりは一つもありませんぞ』と言つて後の言ひたいことをかみ殺しておいたのであつた。

併し此時に大にさとるところが有つたから爾来余は所信の断行に随分無遠慮過ぎるようになつて来た。今考へてもそれは当然でもあり又善いことでもあると思ふのである。

書き落して

十八日の三浦邸の三党首会同の申合は左の一句であつた。

憲政ノ本義ニ則リ政党内閣制ノ確立ヲ期ス

これは三申の南部坂邸にて余が筆を執りしものにて最初は「政党内閣制ノ確立ヲ期ス」と書いて、『何だかこれではさむしい。何とか善い文句を書き加へたいものだ』と云ふと二、三人が『どんなことを書き加へようと云ふのか』と云ふから、余は『譬へば「憲政ノ本義ニ則リ」とでも云ふような』と云ふと、『そんならそう書き加へれば善いでは無いか』と云つたような調子で、遂にあの申合書が出来あがつたのである。

後日余が大谷聴濤《ちょうとう》と会談した時、聴濤は筆者の無学を笑ふから、余は余の筆者なることを云ふと、聴濤曰く『なるほど貴公でも書いたのであろうよ。元来政党内閣は憲政運用の一方式であるのに制度の制定を用ゆるとは何事だ』。

余曰く『馬鹿を云へ。あの申合書は誰れでも一見すぐ意味を直覚するではないか、文章の上乗《じょうじょう》なるものぞ』など云ふ挿話もあるのだ。

**＊一四枚目左（正編：111）**

つい叙事が長くなつてしまつた。一足飛びに六月上旬に飛ばう。

**＊一四枚目左〜一七枚目左（抄編：105–107、正編：111–112）**

六月三、四日頃、小泉三申が政友会を代表して加藤さんに会談を申込んだことがある。

ところが加藤さんは、三申のことを『小《こ》さんの出来そこない』などと云つて馬鹿にして、三申からの電話の会見申込に対して「明日も先約がある」「明後日も先約がある」と云つた調子で会見前既に険悪の徴候あり。而るに三申は高橋総裁邸の最高幹部の申合にて「和戦両様の全権」を委任されおる也。

余は事の容易ならざるを思ひ本部に於て濱口に加藤さん説伏の必要を談じ（加藤さんを説伏するは濱口の余に優ること固より也）直ちに往訪せしめたが、その帰来の情報意に満たざるものあり。更に懇談して加藤さんを再訪せしめたるなり。

斯くて六月五日午後三時と覚ゆ、三申は高橋総裁邸を出でゝ加藤総裁邸に入り交渉を了《お》へたり。余は此夜大隈信常に招かれて紅葉館に至り、点灯後三申からの電話にて、『今帰宅した。僕の車を迎にやるからすぐ来てくれぬか』とて、電話室を出づれば車は既に玄関にあり。赴き見る。三申曰く

『和と決して来た。気に入らぬこともあるが、君があれまで心配して居るし、御互これまで運んで来たことでもあるから、これだけ君に報告しておいて、僕はこれから高橋邸に待ち居るみんなに逢ひにゆくのだ』。それから僕を紅葉館に送つた車で彼は高橋邸に赴きしなり。

此夜同席の小山松寿が、川崎卓吉を新橋に招いてあるから、早速《はやみ》（整爾《せいじ》）と余とに『往つて呉れぬか、左《さ》すればその車にて君の往きたいところまで君を送らせる』と云ひしのをも断はり、大隈〔信常〕さんから『俺の車で送らせよう』と云ふのも断はつて常雇人力車での帰途、三宅坂にて電車と衝突して、大怪我をして衛戍《えいじゅ》病院へかつぎ込まれ、近藤次繁博士の来診をも受け、その夜直ちに帝大近藤外科へ入院したり（濱口首相の今度入院したあの室）。

加藤高明が大命を拝して第一次加藤内閣の成立したるはその十一日のことだつたと思ふ。その日、大礼服をぬぎかへるとすぐ賀客をすておいて車を飛ばして見舞に来て感謝と慰問の辞を述べたるものは司法大臣横田千之助

一人なりしなり。

＊一七枚目左（抄編：108、正編：191）

第二は、普通選挙の議会通過の時も両院協議会などの難関あつた折柄、余は近藤次繁博士の手術を受けて約一ケ月駿河台病院に在りき。

＊一七枚目左

第三は余の現状なり。

## 【3】大隈信常侯のこと

＊一七枚目左（抄編：34）

而かも余の心血を注ぎたる苦衷の知られざるもの甚だ多し。其著しきものに、

＊一七枚目左〜二五枚目左（抄編：38–44、正編：185–186 一部）

第一は、大隈信常侯に関連せること是也。

あの年〔一九二八年〕八月二十六日と覚ゆ。信常侯の懇篤なる申入（特使は二十五日朝来訪されたり）に由り午後七時、青山の邸に赴く。

余と侯との対話と思ひきや先づ来りしものは小寺謙吉、而して五分たつた後に入来りしものは田中善立、森田茂、樋口秀雄なり。

余はあつけにとられたるの感あり。

信常侯とは時候の挨拶をなせしのみにて、六人の席定まるや田中が突如口を開いて述ぶるところのものは即時脱党論なり。

余と一問一答すること七時二十分頃より十一時二十分頃まで。

余の言ふところは、『今の政友会は故板垣伯の流を汲むもの。而して憲政会は故大隈伯の流を汲むもの也。

桂公の同志会の合流が甚だ太きため、あの時を我党の開祖の如く云ひなすものあれ共、余よりすれば我党の由来は、全国的に最も古し。而して余等は細しと雖ども、その大隈伯の正流の末端の一滴也。換言すれば我党は我

家也、我魂が即ち我党の魂也と信じ切つてる。君等だつてそうではないか。御互で民政党を拵《こしら》へたのではないか。即ち君等の拵へた民政党ではないか。気に入らぬことがあり、気に入らぬものが居るからと云つて、我家を飛び出す馬鹿があるものか。我家のことだもの、気に入らぬ点は我腕で改革すればよいでは無いか』と云ふに帰着す。

長時間の問答ゆへ意は既に尽きたり。

然るに森田が卒然、『もー既に十一時二十分になった。大隈家でも御迷惑だと思ふから、明日再会しようではないか』とて翌二十七日午前十一時、柳橋亀清《かめせい》に再会することゝなれり。

帰りがけに森田が余の自動車に載せてくれとて、東信濃町駅へ来るまでの間に、『はたで聴いてると、どうしても老兄の言ふことが道理正しいと思ふが』。

余曰く『それなら僕に賛成し給へ』。

森田曰く『兎も角もあすの亀清の会の前に帝国ホテルで是非会話したたし』。

余曰く『それなら遅いがこれから赤坂の花家へ往かぬか』。

森田曰く『今夜は池袋（？）へゆく用事があるから、明朝電話で打会わせたし』。

斯くて翌日、余と森田の帝国ホテルに会談したるは十時半頃なりき。

森田は依然「どうしても老兄の言ふところに道理がある云々」。併し話にけりがつかぬまゝにて両人余の車に同乗して亀清に赴きたり。

而して亀清に於ても余と一問一答するものは矢張り田中善のみなり。言ふ処も亦た昨夜と異ならず。

余、茲に於てか言つて曰く『もーこうなつては仕方が無い。諸君は諸君の為さんと欲するところを為し給へ。余は余の所信に邁進すべきのみ』。

斯くて彼等が果して連袂《れんべい》脱党ともならば党の大事也。余は濱口総裁に対し党人に対し黙過すべきにあらず。

乍併《しかしながら》前夜大隈邸に於て最初「議合はずとも互に忘れることにしよう」との約束あり。加之《しかのみならず》大隈侯に対する余の私情は、本件を闇から闇へ葬り去りたいとの欲求あり。

恰も好し。森田との昨夜及今朝の本件に関する交談より推せば翻意せしむること難事にあらず。殊に樋口秀雄に至つては此月二十二日、築地□□□信州出身我党代議士会に於て進退一致の約束あり。而も余をリーダーとしたる間柄なるも拘らず、怪しからぬ挙動也。談じつけること難《かた》からず。

昨夜来の様子では大隈侯も一言もしてはおらぬし、小寺と田中、森田、樋口とは別物らしいし、而して森田、樋口を余の手にて説伏すれば、本件を闇から闇へ葬さること容易なり。然し独力事に当らんと。

斯くて森田に談じ、樋口に談じて、余は凱歌を奏したり。

而して進んで大隈侯に会見を求め、(二十九日頃)夜七時を期して訪問したるに、意外にも田中善立が陪席して、前言を繰返し十時に至る。余は憤然退去。

其翌日更に同時刻を約して赴き見れば、大隈侯の側に岩佐善太郎在り。余に再考を求む。

余曰く『侯爵が余との会談を欲せざるならば直ちに辞去せん。此邸に於て岩佐君と交渉の要無し』と。

侯の答に先つ《ママ》て岩佐君謝して去りたれば、余は改めて侯に言つて曰く

『私の唯今申上げることは私の心血を注いでのことですから、その御心積にて御聴取を請《こ》ひたし。それはあなたであろうとあるまいと、苟くも大隈家の当主であらるゝ方には御服膺が願ひたいのです。

あなたは貴族院議員ですから今更ら政治に進出するのしないのと云つたような野暮なことは私は申ませぬ。問題は政治団体の首領になるかならぬかに在るのです。

ところで御尊父のことを能く御考を願ひます。御一代のことを永たらしく述ぶるまでもなく御最期の場合に、国家からは国葬を以て報《むくい》られなかつたけれども、その代り国民葬と云ふ偉大なる事蹟を我国の歴史に御残しになつたではありませんか。

故に、大隈家の当主をかつごうとする相当の政治団体があるなら(余は此場合代議士五十名も集つてとの語を

用いたり）その御神輿に乗りなさるが宜しい。

乍併《しかしながら》若しくらやみで黒頭巾の輩にかつがれるようなことをなさいましたら、是全く国民の前に大隈家を汚すものです』との意味なりき。

信常侯やゝうつむいて秒時を経たりしが、

『決して御心配下さいますな。断じて左様なことは致しませんから云々』

余曰く
『いろいろ御話置たいこともありますが、それをしますと唯今申上げたことが軽くなる恐《おそれ》がありますから、今夜はこれで御暇をします』

とて辞去したり。

於是《ここにおいて》余の我党の為に大に憂ひたりしものは霧散したりしが、この余が大隈家へむだあしを運びおりし際、相談役有志会なるものが田中善立等へ口を利くこととなり、田中等も脱党だか改革運動だか訳のわからぬいざこざが有つて、遂に除名処分となつたのである。（此時のことを詳記したいが、馬鹿〻〻しい小事に長くなるからやめだ）

（両国亀清で物別れとなりしあと、余は別々に森田茂を説き、樋口秀雄に談じ、両人共決して脱党せずと余に誓ふに到りたり。此の結果だけを略記しおく）

## 【4】小泉三申と田中内閣倒閣運動

**＊二六枚目右～二七枚目左（抄編：125–127、正編：186–187）**

第二は、余と小泉三申との関係是也。
小泉三申が田中義一内閣に対して倒閣の意を決するや熱烈に余に慫慂して曰く
『余は既に政友会と離れおれり。君もこゝで民政党を脱し、二人一致旗を岳にかゝげなば、政民両党中必ず之に響応するものあるべく、田中内閣に次で大命を拝する内閣をして、二人の理想を実現せしむべきは必然のこと也。決意して実行せよ』と。
余曰く『経済政策に関することの外は君も民政党政策の大綱を是認しておるではないか。僕は他の政治家と違つて脱党と云ふことの出来ない性格と閲歴とを有す。たゞ濱口〔雄幸〕でも安達〔謙蔵〕でも江木〔翼〕でもきつと僕がひきづつて御互の理想に協歩せしめて見せるから現状のまゝで協力しようではないか。若し、しいて僕が脱党すれば、それは僕の精神的死滅なり。気うゑたるものさへ活動の出来ぬのに、況《いわ》んや精神的死滅せるものに於ておやだ』

こんな問答を二人の間にて繰り返したること、どれほど数多かつたか知れぬ。

一昨年〔一九二九年〕七月二日濱口内閣成立後、一日三申余に戯れて曰く『君に対してはざまを看ろと云ふところだなー』

余曰く『全くそーだ。のみならず君に対しては誠に申訳のこと《ママ》であつた』

**＊二七枚目左〜二九枚目右（抄編：128–130、正編：187一部）**

第三、田中内閣に対する倒閣運動。

前項のような次第で、始めは三申の求《もとめ》に因《よ》り安達〔謙蔵〕と余と三人にて屢々永楽の本店、又は南部坂小泉邸、又は安達邸に会談し、更に三申の求を容《い》れて安達、江木〔翼〕二人と無私庵（上野）又は南洲庵（芝）に会食せし（その第一回は英弥の結婚式を挙げたる夜の式後、余が南洲庵に設けたる席に於て也）当時、安達邸に於て江木、小橋〔雄介〕、及び余と一夕、三申に関する会談をなし、尚議会問題にて□□毎日、院内にて会談しようと約束したることがありしが、前段の無私庵、南洲庵へ小橋を招きたることは無かりき。

而して党外へ広く亘《わた》りて手痛き傷を田中内閣に与へたることに阿部義也の田中総理、久原逓信＝対支陰謀問題なるものあり。或行懸《いきがか》りにて余は之を小森雄介、阿部義也に聴き、別に之を聞知したる中野邦一（現石川県知事）が更に江木翼に詳話し、且つ江木以外には誰れにも話さぬことにしてある旨を同人より聴きたることあり。故に此問題に就ては余も江木とは意見を交換したりしが、党内の誰れにも話さず、唯濱口総裁には屢々経過及意見を陳述したることあり。

小森邸を中心として本件は枢密院の倉富〔勇三郎〕、平沼〔騏一郎〕外数人にも牧野〔伸顕〕内府にも、西園寺〔公望〕公にも其他党外の有力なる各方面にかなり衝動を与へたりしことを信ず。又田中内閣倒壊の動力中の大なるもの丶一なりしことも信ず。

本件の詳細なる記録及び証拠は阿部義也の手に在り。

## 【5】貴族院議員勅選のこと

**＊二九枚目左〜三〇枚目左（抄編：131–132、正編：190、193–194 省略あり）**

第四、此機会に於て余の言つておきたいことは、余の貴族院議員勅選問題也。これは三、四年前から屢々耳にせる問題也。余は之に対する所見を本部の数人会同の席にて、二、三度公言したることあり。曰く

『総裁が若し僕を勅選に奏請するなど丶言ひ出したら、僕は党員の面前にて総裁をぶんなぐつて、僕の断じて勅選などにならぬわけを言つて聞かせてやる』。

（余は閣僚となつた時をきつかけに隠退して後進に譲り、自分はゆとりある生活にて晩年を送りたいと覚悟して居つた。仕事は官民の後援を得て、孝子節婦と云つたような種類の人達の為めに何か仕事を与へてやつたらば、素晴らしい効果を得られるであろうと思つて居る）

（入閣の時は東京に於て余の政治的閲歴中の先輩友人のために、又松本平に於ても旧友の為めに心からなる追悼祭を行ひたいとも思つて居た）

（隠退後の余の仕事は、社会事業あるのみ也）

余は、郷党の信任に由り代議士に当選すること十二回〔十一回〕、郷党の選挙と没交渉になるときは、即ち政治に没交渉となるときであらねばならぬ也。

## 【6】大隈家と早稲田大学のこと

**＊三〇枚目左〜三二枚目右（抄編：35–36、正編：188 省略あり）**

第五、早大の維持員としての余の天職。

余は故大隈伯が学問の独立を高唱して早大の萌芽たる

東専〔東京専門学校〕を創立したる時、藩閥内閣が全力を注いで、且つ教授（講師）を辛辣に圧迫し、且つ周到非道にその水の手を切り、これでもかくとたゝきつぶしをやつた事情を詳知するもの。而して之に対する故大隈伯の抵抗力の強烈さ「かげん」を目撃せるもの。

大隈家と早大とは、切つても切れぬ間柄也。乍併《しかしながら》総長は、総長の資格ある人でなければならぬ。現在は信常侯が名誉総長たり。此制度頗る佳し。外観にすき間のないようにさせねばならぬ。なに少し位の感情の齟齬くらいはあつたつてかまわぬ。

我々のくさびで大早稲田の総長及び名誉総長間、即ち学園と大隈家との間に、なつかしいくさびで、輝かしいしめくくりをつけておかねばならぬ。

母校の母とも見るべき小野梓先生の薫陶を受け、且つ小野先生に由て帝大在学中毎日曜に向島の小野先生別荘へ通はれたる高田（早苗）、天野（為之）、坪内（逍遙）、山田（一郎）、山田（喜之助）、小川（為次郎）諸君の鷗渡会の古を聞知しておる余の天職だと信ずるものなり。

而かも昨年〔一九三〇年〕八月二十五日以来、病に臥して既に半歳を過ぎたり。床上今昔を俯仰し、感傷禁ぜず。

## 【7】普選運動と新聞事業のこと

＊三二枚目左（抄編：51、正編：134）

又別に、松本は「普選の発祥地」なりとの誇を松本地方人は有して居る。

其事実は左の如し。

明治二十九年頃と覚ゆ。今の信濃日報の前身で、其頃も或は信濃日報と云つておつたかとも思ふ。

＊三二枚目左〜三四枚目右（抄編：48–49、正編：44）

余の此新聞に関係し始めたのは、明治十九年、余と黒川九馬、岡田庄四郎が東京専門学校を卒業し同校幹事室勤務の吉田復平治と共に青木貞三——（青年二十六にして岩倉具視卿に見出されて、西本願寺財政整理を担当し、後、官報局長となり、高橋健三を次長とし、大志を天下に行はんとして俊髦〔俊髦〕を召集しつゝある時に、同郷出身の故を以て余等四人も共に左右に抜擢したるなり。高橋の弟分に陸實〔羯南〕あり。陸實の弟分に三宅雄次郎〔雪嶺〕あり。余等は年少の生意気な盛りにて、青木邸に於ては陸實氏を凌駕したものだつた。青木氏は後、局長を辞し、欧米を漫遊し帰朝して米商会所頭取となる。当時の米商会所は今の兜町蛎殻《かきがら》町を一つにしたようなものであつた）

――の計画に参加し、先づ東京に商業電報（これは陸實が管理した）、名古屋に扶桑新報、大阪に内外新報、長崎に鎮西日報を興し、而して松本には松本日々新聞社の伊藤久蔵、江橋厚、波多腰八九郎、三人と協議成つて、其発行所、発行権を継承し、余と吉田復平治とで信陽日報を発行することゝなれり。

爾来、幾変遷があつたが、いつも余は、其義務を引受けて権利者となり今日に至れり。

**＊三四枚目左～三六枚目左**（**抄編：52–53、正編：135**）

その主筆たる木下尚江と中村太八郎とが、始めて普通選挙期成同盟会を興さんとし、余を発起者に加へんとしたが、余は其論旨のうちに、気に食はぬ点があつたので首肯しなかつた。後遂ひに所謂、普選の趣意は『上御一人と下万民は一体の脳髄と四肢なり、上下の間に何ものゝ介在することもゆるさぬ、即ち万民は悉く平等なり』の意味ならば好しとて三人一致、普通選挙期成同盟会を組織したるなり。

其翌年（中村太八郎が上京遊説したること、与《あずか》つて力ありしよし）東京に普選期成同盟会が起つた。（此事は片山潜の書いた日本普選史とか云ふ小冊子にも明記してある。此小冊子は松本の鳥羽杢弥が生前珍らしいものを宅で見付出したとて、余に贈り来りしが、大震火災の時、何もかも焼失した）

而して帝国議会に於ける最初の普選案提出は、余の落選失脚中に少壮の代議士のやつたのが最初のようになつて居るが、事実は之に先だつこと約十年、即ち明治三十四年、議会に対し、重もに〔主に〕中村太八郎が東京の普通選挙期成同盟会員と共に奔走したのではあつたが、余と中村弥六、河野廣中とが提出者となりしだけにて、島田三郎の如きも尚早論者で、賛成議員は一人もなく、更に満一年の努力に由り翌三十五年一月、前記三名の外に花井卓蔵も提出者に加はり賛成議員二十五人も出来て議事日程に上り、代表演説は中村弥六がして、速記は当時の官報号外に在り。

## 【8】蚕種製造業のこと

＊三六枚目左〜三七枚目右（抄編：135）

ああ書きたいことは山のようにあるが、筆がおつつかぬ。あの大震火災であれだけの折角集めた書類を焼かなかつたらなあ。

一たび内閣に列したら、それを最後に政界を引退する積りだつたから、引退後の余の社会事業計画と共に口述速記のことも毎夜一時間づゝで十分だつたろうになあ。

計画に就いては人を選んで研究せしめたら、遺漏なきを得たろうになあ。

＊三七枚目左〜四二枚目左（抄編：137–140、正編：26 一部引用）

枕頭の彰仁《あきひと》親王殿下の書に就いて問うものあり。

これは、秋蚕種製造の唯一の本場たりし浅間に、その飼育伝習を目的とせる信濃蚕業伝習所が設置せられ、余選ばれて所長たり。

時に小松宮殿下、赤十字大会へ御臨席、浅間目之湯に御仮泊遊ばさる御途次、余の願を容れ給ふて信濃蚕業伝習所に御立寄遊ばる。

其翌朝、余は目之湯に伺候し、随員高崎正風氏の御取次にて親しく殿下に拝謁し御染筆《ごせんぴつ》を請ひ、文句の望みを云へとの仰《おおせ》により窪田畔夫と相談して高崎正風氏までに句を捧げたり。

御染筆あらせられたるは、其一也。長野県知事より東筑摩郡長を経て余之を拝受せり。

（之を写して石版にし（山内実太郎の手にて）伝習所関係者に頒《わか》ちし処、大変八釜《やかま》しくなつて一時之を回収し焼却したりしが、その手の届かざりしものが所々転々現存

す）

秋蚕種を事業化せるは、南安細萱《ほそがや》の人にして浅間に移住し相当の生活をなせる藤岡喜代造なり。

刻苦励精〔精励か〕実験を重ねて、三才山の風穴を利用し浅間御殿山の麓に究理室と号する人造風穴様のものを作り（始めは水車屋の車の下の冷気の個所を利用したりなどした）、遂に之を発明したるなり。

それまでは極めてぜい弱に秋親蚕を飼育すれば、二化性そのまゝで夏蚕と一ヶ月遅れの秋蚕となるが、そんな種ではビシヨ繭のみで役立たず。

親蚕を強壮に飼育すれば、二化の蚕種が一化にかえりて翌年ならでは発生せぬので、藤岡の苦心は容易ならざるものが有つた。

今の進歩せる秋蚕種業者にこんな話をすれば笑ふであろうが、其当時に在ては全国の耳目を集□し、平付種一枚弐円五十銭で、余の製造したるものなど羽が生へて飛ぶように売れたものなり。而も前金で。

そこで秋蚕種製造人のみが集まつて、法規に由れる組合を組織したのが本郷蚕種組合で、余がその組長となり、見学者に説明する口上を藤岡から習ひ覚へたうちに、つい父の許しを得て自分でも秋蚕種製造人となつたのである。

然るに一面、農商務省は、我国の春蚕糸を以て織物とする紐育《ニューヨーク》のはた屋がようやく我国の春蚕糸に信用を置くようになつた矢先とて、デニールの細い秋蚕糸などを輸出品中に混入されたら、又々信用失墜の因《いん》となるべしとて狼狽《ろうばい》し、その結果、本郷蚕種組合に対する弾圧となり。

組合の抗議となり、本省技師の実地調査となり、数回調査の技師悉く弾圧なりしが、余は組長として鳩山和夫、岡山兼吉に依頼し、憲法上の営業の自由の蹂躙《じゅうりん》に対抗したりしが、技師が悉く秋蚕を粗製乱造品扱にするのに対して反駁《はんばく》する材料を有せざりしが、確か岡山の世話にて駒場大学〔＝帝国大学農科大学〕へ申込み、佐々木忠次郎博士の派遣となり。

佐々木は、藤岡と余との案にて、先づ三才山の第一期究理室（天然の風穴に加工せるもの）、次に御殿山下の第二究理室にて催青《さいせい》〔＝蚕種の孵化〕順序を視察して帰来。

『藤岡さんは何処で修業されたか』

余曰く『率直に申せば藤岡君は殆んど目に一丁字《いっちょうじ》なしです』と笑ひ、
佐々木は真面目に、『こんなわかり切つたことでも、之を実地応用の心の働き無き我々に比して藤岡さんはよき先生なり』とまで云はれ且つ曰く、

『仏国の蚕業界にては、ヴエールなどに織るために春蚕の糸のデニールを細くする専売特許が幾つもある。そこへ此の秋蚕糸を実業化したることは、我国産業上の殊勲なり』

と云つた調子で我々も大に力づき、農商務省にも全く弾圧の手を退《ひ》くに至れり。

此事と
〔ここで絶筆〕

# 引用・参照文献

＊本書で直接引用した文献を中心に、特定の事柄やテーマの概要を把握するために参照した文献も加えた。


・天野郁夫『学歴の社会史―教育と日本の近代』平凡社・二〇〇五年
・天野郁夫『大学の誕生（上）―帝国大学の時代』中公新書・二〇〇九年
・天野郁夫『帝国大学―近代日本のエリート育成装置』中公新書・二〇一七年
・有山輝雄『陸羯南』吉川弘文館・二〇〇七年
・有賀義人『信州の国会開設請願者　上条螘司の自由民権運動とその背景』信州大学教養部奨匡社研究会・一九六七年
・有賀義人『信州の啓蒙家　市川量造とその周辺』同書刊行会・一九七六年
・有賀義人・千原勝美編『奨匡社資料集―長野県自由民権運動』信州大学教育学部松本分校奨匡社研究会・一九六三年
・石川半山「僕の記者時代―信濃日報記者時代」『ナショナル』一巻六号・一九一三年
・石川一三夫『近代日本の名望家と自治―名誉職制度の法社会史的研究』木鐸社・一九八七年
・石田朗『東京の米穀取引所―戦前の理事長』東京穀物商品取引所・一九九二年
・井田仁康・上野健一「浅間温泉の形成過程と集落構造」『地域調査報告』七号・一九八五年
・伊藤之雄『大隈重信（上）―「巨人」が夢見たもの』中公新書・二〇一九年
・井上義和「メディア政治家の諸類型―「東の新聞県」長野県選出議員の分析から」佐藤卓己・河崎吉紀編『近代日本のメディア議員―〈政治のメディア化〉の歴史社会学』創元社、二〇一八年所収
・井上義和「〈研究ノート〉普選実現に尽力した名望家・降旗元太郎」『京都メディア史研究年報』八巻・二〇二二年
・上田市誌編さん委員会編『明日をひらいた上田の人びと　上田市誌人物編』上田市誌刊行会・二〇〇三年
・臼井吉見『安曇野』全五巻・筑摩書房・一九六五～七四年（＝ちくま文庫・一九八七年）
・薄田斬雲『天下之記者―一名山田一郎君言行録』実業之日本社・一九〇六年

・江川逸民『信州政党史』盛文堂書店・一九二二年

・大久保利謙「明治憲法の制定過程と国体論—岩倉具視の『大政紀要』による側面観」『歴史地理』八巻一号・一九五四年、一九七四年補訂（＝宇野俊一編『論集日本歴史一一』有精堂・一九七五年）

・太田陽啓・小松芳郎『図説・松本の歴史』下巻、郷土出版社・一九八六年

・大塚桂『近代日本の政治学者群像—政治概念論争をめぐって』勁草書房・二〇〇一年

・大宅壮一「長野県・あまりにドイツ的な」『大宅壮一全集』一一巻・蒼洋社・一九八二年

・尾崎士郎『早稲田大学』岩波現代文庫・二〇一五年

・学校法人五島育英会編『五島慶太の生い立ち』新日本教育協会・一九五八年

・加藤隆「幕末・維新期の神田界隈—武家地区から文教地区への変貌」『紫紺の歴程　大学史紀要』三号・明治大学・一九九九年

・上條宏之「松本における普選運動と中村太八郎—1902（明治35）年衆議院議員選挙を中心に」『長野県短期大学紀要』二七号・一九七三年

・上條宏之『地域民衆史ノート—信州の民権・普選運動』銀河書房・一九七七年

・上條宏之『民衆的近代の軌跡—地域民衆史ノート・2』銀河書房・一九八一年

・上條宏之『〝クロムウェルの木下尚江〟の誕生—祖先・家族・開智学校・松本中学校』龍鳳書房・二〇二二年

・唐澤富太郎『学生の歴史—学生生活の社会史的考察』創文社・一九五五年

・唐澤富太郎『貢進生—幕末維新期のエリート』ぎょうせい・一九七四年

・烏田直哉「長野県長野中学校卒業生の〈進学—就職〉—『創立二十五年記念帖』より」『産業教育学研究』四五巻一号・二〇一五年

・川那辺貞太郎編『自恃言行録』川那辺貞太郎・一八九九年

・神辺靖光『明治前期中学校形成史　府県別編Ⅰ』梓出版・二〇〇六年

・菊池紘一「草創期東京専門学校と信州の政治青年—青木家資料から・青木濱之助を中心に」『早稲田大学史紀要』三二巻・

二〇〇〇年
・木下尚江『木下尚江集　明治文学全集四五』筑摩書房・一九六五年
・金港堂『新選代議士列伝』金港堂書籍・一九〇二年
・陸羯南「自恃庵の書東」川那辺貞太郎編『自恃言行録』川那辺貞太郎・一八九九年
・窪田空穂『思い出す人びと』（窪田空穂文学選集・第一巻）春秋社・一九五八年
・黒川九馬「早稲田の二十年」『早稲田大学史紀要』六巻一〇号・一九七三年
・慶應義塾塾監局『慶應義塾塾員名簿』慶應義塾塾監局・一九一四年
・河野昭昌「東京専門学校「第一期生」のある肖像―「学問の独立」とその体現のあり様」『早稲田大学史紀要』一八巻・一九八六年
・古島一雄『一老政治家の回想』中公文庫・二〇一五年改版
・小島直記『小泉三申―政友会策士の生涯』中公新書・一九七六年
・五島慶太翁生誕一三〇年記念誌編纂委員会編『五島慶太伝―東京都市大学グループの祖・五島慶太の立志伝』学校法人五島育英会・二〇一四年
・五島慶太伝記並びに追想録編集委員会『五島慶太の追想』一九六〇年
・小林計一郎編『郷土史事典長野県』昌平社・一九七九年
・小松芳郎『市史編纂から文書館へ』岩田書院・二〇〇〇年
・小松芳郎「日本最初の普選運動は、松本から」深志同窓会ホームページのコラム、二〇一九年六月三〇日
・斎藤和太郎「大学予備門から早稲田へ」『早稲田学報』三九八号・一九二八年
・佐藤勇夫「大和田建樹と『欧米名家詩集』」『英学史研究』一九九一巻二三号・一九九〇年
・佐藤能丸『近代日本と早稲田大学』早稲田大学出版部・一九九一年
・澤柳礼次郎『吾父澤柳政太郎』冨山房・一九三七年（＝大空社・一九八七年）
・塩原佳典『名望家と〈開化〉の時代―地域秩序の再編と学校教育』京都大学学術出版会・二〇一四年

・信濃毎日新聞社編『百年のあゆみ』信濃毎日新聞社・一九七三年
・信濃毎日新聞社編『信州の人脈』信濃毎日新聞社・上巻一九六六年／下巻一九六七年
・島善高『早稲田大学小史［第三版］』早稲田大学出版部・二〇〇八年
・島崎藤村『をさなものがたり』研究社・一九二四年
・島崎藤村『桜の実の熟する時』岩波文庫・二〇一八年改版
・清水昇『碓氷峠を越えたアプト式鉄道―66・7パーミルへの挑戦』交通新聞社新書・二〇一五年
・清水唯一朗『政党と官僚の近代―日本における立憲統治構造の相克』藤原書店・二〇〇七年
・清水唯一朗『近代日本の官僚―維新官僚から学歴エリートへ』中公新書・二〇一三年
・清水唯一朗『原敬―「平民宰相」の虚像と実像』中公新書・二〇二一年
・志村俊郎・都倉武之「長谷川泰と慶応義塾―福沢諭吉との接点を中心に」『日本医史学雑誌』五九巻四号・二〇一三年
・季武嘉也『大正期の政治構造』吉川弘文館・一九九八年
・季武嘉也「降旗元太郎・徳弥親子」『近現代日本人物史料情報辞典2』吉川弘文館・二〇〇五年
・角屋謹一『普選議会の重なる人々―政界人物評伝（野党の巻）』文王社・一九二八年
・成城学園澤柳政太郎全集刊行会編『澤柳政太郎全集』一〇巻・国土社・一九八〇年
・瀬戸口勝義『「我が職業は普通選挙なり」―中村太八郎とその周辺』不二出版・二〇〇一年
・相馬愛蔵『一商人として』岩波書店・一九三八年
・相馬黒光『広瀬川の畔』女性時代社・一九三九年
・相馬黒光『穂高高原』女性時代社・一九四四年（＝郷土出版社・一九九六年）
・高久嶺之介『近代日本の地域社会と名望家』柏書房・一九九七年
・高島俊男『天下之記者―「奇人」山田一郎とその時代』文春新書・二〇〇八年
・高田早苗述・薄田貞敬編『半峰昔ばなし』早稲田大学出版部・一九二七年
・高濱三郎『早稲田物語』敬文堂書店・一九二九年

・瀧井一博「帝国大学体制と御雇い教師カール・ラートゲン―ドイツ国家学の伝道」『人文学報』八四号・二〇〇一年
・竹内洋『立身出世主義―近代日本のロマンと欲望』増補版・世界思想社・二〇〇五年
・多羅尾浩三郎「自由な空気」『早稲田学報』三九一号・一九二七年
・千原勝美「明治二〇年代の木下尚江研究」『信州大学教育学部研究論集　人文・社会・自然科学』一二号・一九六一年
・千原勝美「明治二十五年前後の尚江の思想の一面」『木下尚江研究』二号・一九六一年七月
・千原勝美「上条信次・吉江槻堂伝考―木下尚江研究および松本平における民権運動の系譜への一面」『木下尚江研究』三号・一九六一年一一月
・千原勝美「木下尚江と初期松本親睦会」『木下尚江研究』四号・一九六二年三月
・千原勝美「用拙武居彪伝考」『信州大学教育学部研究論集　人文・社会・自然科学』一三号・一九六二年
・千原勝美「窪田畔夫とその周辺（一）―松本平旧天領明治群像　特に萩原次郎太郎上条迂太郎のことなど」『木下尚江研究』六号・一九六三年三月
・趙頔「近代日本の請願制度の研究（一）―立憲政治と民意との関係及び衆議院の政府監督・批判、一八九〇～一九三二年」『名古屋大学法政論集』二七六号・二〇一八年
・筒井清忠『昭和戦前期の政党政治―二大政党制はなぜ挫折したのか』ちくま新書・二〇一二年
・東京大学法学部附属近代日本法政史料センター原資料部『降旗元太郎・徳弥関係文書目録』近代立法過程研究会収集文書No.89・一九九七年
・東京大学法理文三学部編『東京大学法理文三学部一覧』丸家善七・各年度版（明治一三・一四年／明治一四・一五年／明治一五・一六年／明治一六・一七年）
・東京帝国大学編『東京帝国大学五十年史』上冊・東京帝国大学・一九三二年
・綱島聖「明治後期地方都市における商工名鑑的「繁昌記」の出版―山内實太郎編『松本繁昌記』を事例に」『史林』九三巻六号・二〇一〇年
・長尾宏也編『日本山岳風土記1　北アルプス』宝文館・一九五九年

・中島博昭『鋤鍬の民権―松沢求策の生涯』銀河書房・一九七四年初版（＝一九七九年改版）
・長野県教育史刊行会編『長野県教育史』第一巻総説編一・一九七八年／第九巻史料編三・一九七四年／第一一巻史料編五・一九七六年
・中野孝次『若き木下尚江』筑摩書房・一九七九年
・中村勝美『信州南北戦争―県庁争奪、百年の戦い』櫟・一九九一年
・中村太八郎談「大同団結の時代」『新旧時代』第二年八冊・一九二六年
・新津新生『青年たちの六〇年安保―長野県からみる闘争の足跡』川辺書林・二〇一〇年
・新津新生『蚕糸王国　長野県―日本の近代化を支えた養蚕・蚕種・製糸』川辺書林・二〇一七年
・西田長寿・植手通有編『陸羯南全集』一巻・みすず書房・一九六八年
・西村眞次『民族と生活』人文書院・一九三九年
・新田義之『澤柳政太郎―随時随所楽シマザルナシ』ミネルヴァ書房・二〇〇六年
・日本大学広報部大学史編纂課編『大学史編纂課だより』六号・二〇一四年
・野﨑敏郎「カール・ラートゲンとその同時代人たち―明治日本の知的交流」『社会学部論集』三三号・二〇〇〇年
・鳩山春子編『鳩山の一生』私家版・一九二九年
・東筑摩郡松本市・塩尻市郷土資料編纂会編『東筑摩郡松本市・塩尻市誌　別篇人名』同会・一九八二年
・平野義太郎編『普選・土地国有論の父　中村太八郎伝』私家版・一九三八年
・福井淳「自由民権運動と東京専門学校の開校と校風」『プロジェクト研究』三号・二〇〇八年
・福田慈海編『十善宝窟』十善会・一八九三年
・「普選実現運動発祥の地」記念像建立委員会編『松本は普選実現運動発祥の地なり』「普選実現運動発祥の地」記念像建立委員会・一九九五年
・降旗徳弥『井戸塀二代―降旗徳弥回想録』「井戸塀二代」刊行会・一九九一年（＝正編）
・降旗徳弥『井戸塀二代　抄』私家版・一九九一年（＝抄編）

・本郷村誌編纂会編『本郷村誌』本郷村誌編纂会・一九八三年
・松尾尊兊『普通選挙制度成立史の研究』岩波書店・一九八九年
・松川智一・土本俊和「松本城下町における寺院の転用計画―廃仏毀釈の都市計画的位置」『日本建築学会計画系論文集』六二巻・四九五号・一九九七年
・松沢裕作『自由民権運動―〈デモクラシー〉の夢と挫折』岩波新書・二〇一六年
・松下孝昭『鉄道建設と地方政治』日本経済評論社・二〇〇五年
・松田宏一郎『陸羯南―自由に公論を代表す』ミネルヴァ書房・二〇〇八年
・松本市編『松本市史　下巻』松本市・一九三三年
・松本尋常高等小学校編『松本郷土訓話集』交文社・一九一二年
・松本深志高等学校同窓会『長野県松本中学校・長野県松本深志高等学校九十年史』一九六九年
・松本深志高等学校同窓会『深志人物誌』一九八七年
・真辺将之『東京専門学校の研究―「学問の独立」の具体相と「早稲田憲法草案」』早稲田大学出版部・二〇一〇年
・丸山福松『長野県政党史』上下巻・信濃毎日新聞社・一九二八年
・三浦梧楼『観樹将軍回顧録』中公文庫・一九八八年
・三谷太一郎『近代日本の戦争と政治』岩波書店・一九九七年
・南安曇教育会編『藤森桂谷の生涯』南安曇教育会・一九八二年
・箕輪義門編『廣井一傳』北越新報社・一九四〇年
・宮坂亮編『藤森桂谷遺墨遺稿集』藤森桂谷遺墨遺稿集刊行会・一九二九年
・宗像和重〔解説〕「小説」の誕生、「敗者」へのまなざし」坪内逍遥作『当世書生気質』岩波文庫・二〇〇六年改版
・村澤武夫編『信濃人物誌』信濃人物誌刊行会・一九六二年
・村松忠雄『早稲田学風』東京専門学校出版部・一八九九年
・本山幸彦編『明治前期学校成立史』未来社・一九六五年

・柳田泉『日本革命の予言者木下尚江』春秋社・一九六一年
・山内實太郎編『松本繁昌記』郁文堂・一八九八年
・山極圭司『評伝木下尚江』三省堂・一九七七年
・山口修監修『全国郵便局沿革録　明治篇』日本郵趣出版・一九八〇年
・山下重一「フェノロサとスペンサー――「世態開進論」(1880) の検討」『英学史研究』一九九二巻二四号・一九九二年
・山田一郎『政治原論』私家版・一八八四年
・山田英太郎「よき性格の持ち主」『早稲田学報』四四〇号・一九三一年
・山田貞光『木下尚江と自由民権運動』三一書房・一九八七年
・山本博文監修『あなたの知らない長野県の歴史』洋泉社歴史新書・二〇一四年
・山本利喜雄編『早稲田大学開校東京専門学校創立二十年紀念録』早稲田学会・一九〇三年
・横山真一『新潟の青年自由民権運動』梓出版社・二〇〇五年
・吉野源三郎編『日本における自由のための戦い』評論社・一九六九年
・吉村正『政治科学の先駆者たち――早稲田政治学派の源流』サイマル出版会・一九八二年
・米原謙『徳富蘇峰――日本ナショナリズムの軌跡』中公新書・二〇〇三年
・早稲田大学校友会『早稲田大学校友会会員名簿　大正四年一一月調』早稲田大学校友会・一九一五年
・早稲田大学出版部『半世紀の早稲田』早稲田大学出版部・一九三二年
・早稲田大学出版部『早稲田大学百年史』各巻・早稲田大学出版部・一九七八～九七年
・早稲田大学出版部『早稲田大学百年史』総索引年表・早稲田大学出版部・一九九七年

# 降旗元太郎　略年譜

＊選挙結果の○数字は当選回数。

**一八六四（元治元）年（0歳）**
五月七日、信濃国筑摩郡本郷村浅間（現・松本市）の降旗家に父・孝吉郎と母・たきの長男として生まれる。

**一八七一（明治四）年（7歳）**
廃藩置県。第一次府県統合により信濃国は旧長野県（東北信）と筑摩県（中南信と飛騨国）に分割再編。松本に筑摩県庁が置かれた。

**一八七二（明治五）年（8歳）**
一〇月、松本で信州初の新聞『信飛新聞』創刊。

**一八七三（明治六）年（9歳）　浅間学校一年目**
廃寺後の神宮寺本堂に浅間学校が開設。元太郎はここで初等教育を受ける。

**一八七四（明治七）年（10歳）　浅間学校二年目**
一月、板垣退助らが民撰議院設立建白書を政府に提出。国会開設運動始まる。

**一八七五（明治八）年（11歳）　浅間学校三年目**
八月末～一一月上旬、三上忠貞が四等訓導として浅間学校に在勤。三上は、関口友愛が設立した民権派教員の結社・蟻封社の中心メンバー。

**一八七六（明治九）年（12歳）　浅間学校四年目**
第二次府県統合により筑摩県廃止、飛騨地方は岐阜県に、中南信は長野県にそれぞれ統合された。松本は県庁を取り上げられた。『信飛新聞』は『松本新聞』と改題。

**一八七七（明治一〇）年（13歳）　浅間学校五年目**
九月、西郷隆盛が切腹して西南戦争終結。一〇月以降、松本で毎週末に演説会開催。

**一八七八（明治一一）年（14歳）　武居塾一年目**
一月、豊科学校変則科（武居塾）に入学。四年間寄宿生活をしながら漢学者・武居用拙に学ぶ。舎監として塾生の指導にあたっていた松沢求策と出会う。一月二〇日、豊科学校でこの地域で初めての演説会が開催。『松本新聞』編集長・坂崎斌も登壇。六月、坂崎は浅間温泉の下宿にて松沢とともに猶興義塾を開くも、挫折。

**一八八〇（明治一三）年（16歳） 武居塾三年目**
松本に民権結社・奨匡社が設立。四月五日、集会条例公布（教員生徒の参加禁止）。四月一一日、奨匡社の結成大会。松沢求策らを中心に国会開設請願運動。四月一六日、降旗家の敷地に五等郵便局が開局。

**一八八一（明治一四）年（17歳） 武居塾四年目**
一〇月、参議・大隈重信が下野（明治一四年政変）。

**一八八二（明治一五）年（18歳） 東京専門学校一年生**
上京して慶應義塾で学ぶも、東京専門学校政治経済学科に転入学。一〇月二一日、東京専門学校開校式（元太郎がこれに間に合ったかは不明）。

**一八八四（明治一七）年（20歳） 東京専門学校三年生**
山田一郎『政治原論』刊行。豊科学校変則科（武居塾）廃止、武居用拙は松沢求策の勧めで上京。一〇月、神田玉川亭にて松本親睦会第一回会合。

**一八八五（明治一八）年（21歳）**
五月、『松本親睦会々誌』創刊（翌年三月『松本親睦会雑誌』と改題）。六月、青木貞三、太政官文書局長に就任。六月、政治学担当講師の山田一郎、東京専門学校を退職。七月、東京専門学校邦語政治科を卒業。一二月末、松本親睦会の在郷会員募集のために黒川九馬とともに帰郷。

**一八八六（明治一九）年（22歳）**
一月一一日、小野梓没（三三歳）。一月二四日、地元有志による商業演説会に招聘され、経済学の要旨と府県債の弊害について講演。二月、松本親睦会の在郷会員のための組織「郷友会」設立、掌事（幹事）に選出。五月、松本商業協会発起人総会で世話役に選出。六月、青木・吉田・岡田・黒川の帰省にあわせて松本大懇親会を開催。六月、青木貞三が内閣官報局長を辞任、東京米商会所頭取に就任。七月、政府は中山道幹線を断念して東海道幹線へと計画変更。八月、『松本日日新聞』を引き継いで『信陽日報』創刊。九月、青木貞三が『商業電報』創刊。大同団結運動と企業勃興の時代が始まる。元太郎は地元で浅間青年会を結成、会長となる。

**一八八七（明治二〇）年（23歳）**
六月、松沢求策没（三二歳）。一一月、長野の信濃全国大懇親会にて元太郎は「熱弁を振つて満場を感動させた」。一二月、保安条例公布。祖父・権衛没（七八歳）。

**一八八八（明治二一）年（24歳）**
四月、『商業電報』は陸羯南を迎えて改題、『東京電報』創刊。

五月、第二回信濃全国大懇親大会（松本開催）の委員。七月、木下尚江が東京専門学校邦語法律科を卒業、一〇月に帰郷して『信陽日報』記者となる。元太郎と尚江は松本で結成された信陽青年会に参加。県会に県庁移転建議書が提出、一二月に否決されると分県請願運動へ転換。

**一八八九（明治二二）年（25歳）**

二月六日、青木貞三没（三一歳）。二月九日『東京電報』終刊。二月一一日、大日本帝国憲法発布、『日本』創刊。四月、松本倶楽部が政治結社として許可、元太郎は幹事に選出、尚江も会員に名を連ねる。信陽青年会会長。祖母・利壽子没（七一歳）。

**一八九〇（明治二三）年（26歳）**

二月、県会議員選挙（半数改選）に東筑摩郡から選出（在任期間は九三年七月までの三年五か月）。分県請願委員総代となる。三月、七道開鑿第二路線（松本～上田間）開通。七月、集会及政社法公布。七月、元太郎が上京して不在中に尚江が分県運動批判記事を書いたため地元の猛反発を受けて『信陽日報』休刊となる。一二月、県会に提出された中南信選出議員一三名による移庁建議書に名を連ねる。

**一八九一（明治二四）年（27歳）**

五月、移庁問題演説会をきっかけに松本騒擾事件起こる。五月、『信府日報』創刊（准社員待遇の特別購読者制度を導入）。七月、府県制導入にともなう県会議員の改正選挙で元太郎は東筑摩郡から最高点で選出。互選により名誉職参事会員にも選出。一一月、自由党系の新聞『信濃自由』創刊。一月と一二月に東筑摩郡代表として上京して地価修正反対の請願運動、ここで中村太八郎と出会う。

**一八九二（明治二五）年（28歳）**

六月、鉄道敷設法公布（第一期に中央線、第二期に篠ノ井線を含む）。七月、臨時県会にて元太郎は正副議長選出の仮議長を務める。

**一八九三（明治二六）年（29歳）**

松本に弁護士事務所を開設した尚江を『信府日報』に無給主筆として迎える。元太郎、東筑摩郡連合青年会の会長を翌年まで二期務める。横川～軽井沢間が開通（東京上野から上田まで鉄道でつながる）。一二月、中村太八郎ら国粋系が新聞『信濃』創刊。

**一八九四（明治二七）年（30歳）**

二月末、『信府日報』主筆に石川半山を迎える。八月、日清開戦。九月、石川の斡旋により三紙合同して『信濃日報』となる。以後石川が社長兼主筆として経営立て直しに成功。

**一八九五（明治二八）年（31歳）**

四月、日清講和条約（下関条約）締結。露仏独の三国干渉により五月、遼東半島還付。

**一八九六（明治二九）年（32歳）**

九月、石川半山が『信濃日報』を辞めた後、元太郎が社長就任（以後この体制が続く）。一二月、太八郎と尚江が「平等会」結成。

**一八九七（明治三〇）年（33歳）**

四月、太八郎、東京で「社会問題研究会」結成、会員には尚江や元太郎はじめ松本関係者が多かった。七月、太八郎と尚江、松本で「普通選挙期成同盟会」結成（後に普通選挙同盟会と改称）、「普通選挙ヲ請願スルノ趣意」を配布。八月、太八郎と尚江は前月の県議選に絡む事件で恐喝取財賄賂行使と恐喝取財の容疑で逮捕。この頃「いま」と結婚か。「いま」は松本の呉服屋・山﨑直五郎と万亀の二女として生まれ、祖父の一代目庄三は松本銀行初代頭取、二代目庄三は松本電灯株式会社創業者。

**一八九八（明治三一）年（34歳）**

三月、第三次伊藤内閣のもとでの第五回総選挙にて無所属・実業派協議会推薦で初めて立候補、初当選①（第四区一位・一七三九票）。五～六月、第一二議会。六月、衆議院解散、自由・進歩党が合同して憲政党を結成。同月、『第十二回帝国議会ニ対スル報告書』（一二頁）を支持者に配布。八月、本邦初の政党内閣である第一次大隈内閣（いわゆる隈板内閣）のもとでの第六回総選挙にて憲政党から立候補、当選②（第四区一位・二三〇九票）。九月一八日、長男・徳弥誕生。一〇月、憲政党分裂し、進歩党系は憲政本党を結成。元太郎は憲政本党に所属、同党幹事となる。官職に就く可能性もあったが「父はひとり任官を辞して党幹事に留まった」。一二～翌年三月、第一三議会。その後、院内幹事、政務調査委員などを務める。

**一八九九（明治三二）年（35歳）**

一〇月、東京でも「普通選挙期成同盟会」（後に普通選挙同盟会と改称）結成。元太郎は東京同盟会に加入。一一～翌年二月、第一四議会。浅井洌（長野県師範学校教諭）が『信濃の国』を作詞。

**一九〇〇（明治三三）年（36歳）**

衆議院議員選挙法改正（小選挙区制から大選挙区制へ・選挙権の直接国税を一五円から一〇円に引き下げるなど）。六月、東京普選同盟会の役員改選で、元太郎は評議員に名を連ねる。九

月、立憲政友会結成。一二〜翌年三月、第一五議会。父・孝吉郎没（五八歳）。

**一九〇一（明治三四）年（37歳）**

二月一日、降旗家敷地の五等郵便局が三等郵便局となり初代局長に弟・四郎が就任（〇三年一一月まで）。元太郎不在の降旗家は四郎が守っていた。一二〜翌年三月、第一六議会。

**一九〇二（明治三五）年（38歳）**

二月、元太郎は中村弥六、河野広中、花井卓蔵とともに衆議院議員選挙法中改正法律案を衆議院に提出（本邦初の普選法案）。六月、『自第十三回至第十六回帝国議会報告書』（八九頁）一万部を支持者に配布。八月、第一次桂内閣のもとでの第七回総選挙にて憲政本党から立候補、全県一区で当選③（郡部三位・二五一三票）。一二月、第一七議会。次男・金弥誕生。

**一九〇三（明治三六）年（39歳）**

二月、『第十七回帝国議会報告書』（八頁）を信濃日報号外として配布。三月、第一次桂内閣のもとでの第八回総選挙にて憲政本党から立候補、当選④（郡部九位・二一六二票）。五〜六月、第一八議会。一二月、第一九議会。三男・英弥誕生。

**一九〇四（明治三七）年（40歳）**

二月、日露開戦。三月、第一次桂内閣のもとでの第九回総選挙にて憲政本党から立候補、当選⑤（郡部二位・二四五九票）。ここまで連続五回当選。三月、第二〇議会。一一〜翌年二月、第二一議会。

**一九〇五（明治三八）年（41歳）**

九月、日露講和条約（ポーツマス条約）締結。一二〜翌年三月、第二二議会。

**一九〇六（明治三九）年（42歳）**

一二〜翌年三月、第二三議会。慶應義塾の「特選塾員」となる。

**一九〇七（明治四〇）年（43歳）**

一二〜翌年三月、第二四議会。

**一九〇八（明治四一）年（44歳）**

五月、第一次西園寺内閣のもとでの第一〇回総選挙にて憲政本党から立候補するも、諏訪の小川平吉（猶興会＝非政友会）に地盤票を割譲したため、初めての落選（郡部次点・三三六五票）。八月、『移庁論』。一二月、降旗家敷地から郵便局舎が移転。

**一九〇九（明治四二）年（45歳）**
九月、郡部補欠選挙では、老母を悲しませぬよう立候補を断念。

**一九一一（明治四四）年（47歳）**
長女・安子誕生。

**一九一二（明治四五＝大正元）年（48歳）**
五月、第二次西園寺内閣のもとでの第一一回総選挙も、資金調達困難のため立候補を断念。

**一九一四（大正三）年（50歳）**
四月、大隈重信が組閣すると、早稲田大学関係者を糾合して大隈伯後援会を結成。

**一九一五（大正四）年（51歳）**
三月、第二次大隈内閣のもとでの第一二回総選挙にて政府与党の立憲同志会（党首加藤高明）から立候補、当選⑥（郡部一位・五一六五票）。八年ぶりに政界に返り咲く。五～六月、第三六議会。一二～翌年二月、第三七議会。

**一九一六（大正五）年（52歳）**
一〇月、同志会・中正会・公友倶楽部の三派が、憲政会を結成（加藤高明総裁）。元太郎も憲政会所属となる。一二～翌年一月、第三八議会。

**一九一七（大正六）年（53歳）**
三月、憲政会南信支部結成、元太郎は支部長となる。四月、寺内内閣のもとでの第一三回総選挙にて憲政会から立候補、当選⑦（郡部五位・三八一五票）。六～七月、第三九議会。一二～翌年三月、第四〇議会。

**一九一八（大正七）年（54歳）**
九月、原敬の政友会内閣成立。一二～翌年三月、第四一議会。

**一九一九（大正八）年（55歳）**
五月、衆議院議員選挙法改正（大選挙区制から小選挙区制へ・選挙権は直接国税一〇円から三円へ引き下げ）。有権者数は二倍以上に増えた。一二～翌年二月、第四二議会。憲政党と国民党が普選案提出（明治四四年以来）。

**一九二〇（大正九）年（56歳）**
前年から普選運動が高揚するなか、二月、本会議で普選案を審議中に衆議院解散。五月、原内閣のもとでの第一四回総選挙にて憲政会から立候補、当選⑧（第七区一位・四四三一票）。全国的には政友会が大勝。五月二七日、家業や選挙で苦労をかけた弟・四郎没（四五歳）。七月、第四三議会。一二～翌年三月、第四四議会。

**一九二一（大正一〇）年（57歳）**
一一月、原首相暗殺。蔵相の高橋是清が後を継ぎ、高橋内閣成立、また政友会四代総裁となる。一二～翌年三月、第四五議会。

**一九二二（大正一一）年（58歳）**
政友会内の不統一で内閣改造失敗、六月に高橋内閣は総辞職。海軍大将・加藤友三郎内閣成立。一二～翌年三月、第四六議会。

**一九二三（大正一二）年（59歳）**
二月、憲政会・革新倶楽部・庚申倶楽部の野党三党は衆議院議員選挙法中改正法律案を提出、元太郎は憲政会を代表して提案理由説明に立った。八月、加藤首相病死により、第二次山本権兵衛内閣成立。九月、関東大震災。一二月、第四七議会。虎の門事件起こり、第二次山本内閣は引責辞任。一二～翌年一月、第四八議会。

**一九二四（大正一三）年（60歳）**
一月、枢密院議長・清浦奎吾内閣成立。高橋内閣以後の三内閣が政党に基盤を置かなかったことから、憲政会・政友会・革新倶楽部の野党三党（護憲三派）が手を結び、第二次憲政擁護運動が起こる。「三党首、領袖会談をお膳立てしたのが父・元太郎や安達謙蔵（憲政会）、小泉策太郎（三申・政友会）、横田千之助（政友会）たちであった」。五月、清浦内閣のもとでの第一五回総選挙にて憲政会から立候補、当選⑨（第七区一位・四六一二票）。護憲三派が大勝、憲政会を第一党として絶対数を占める。六月、三派連立の加藤高明内閣成立。元太郎は加藤内閣で鉄道政務次官と陸軍政務次官を務めた。六～七月、第四九議会。一二～翌年三月、第五〇議会。

**一九二五（大正一四）年（61歳）**
三月、衆議院議員選挙法案（小選挙区制から中選挙区制へ・選挙権の納税資格撤廃＝普通選挙法）が衆議院通過、五月に公布。最初の普選法案提出から二三年後に実現した。五月、革新倶楽部が政友会と合同、憲政会と政友会の対立激化。閣内不統一により、七月、加藤内閣総辞職。再び加藤高明に大命降下して、憲政会単独の第二次加藤内閣成立。一二～翌年三月、第五一議会。

**一九二六（大正一五＝昭和元）年（62歳）**
一月、加藤高明死去。憲政会の若槻礼次郎が後を継ぎ、全閣僚留任で若槻内閣成立。元太郎は若槻内閣で海軍政務次官を務めた。一二〜翌年三月、第五二議会。

**一九二七（昭和二）年（63歳）**
三月、片岡蔵相の失言を機に金融恐慌、銀行救済勅令案が枢密院に拒否され、若槻内閣総辞職。「憲政の常道」に従い政友会の田中義一内閣成立（高橋是清蔵相）。六月、憲政会（若槻礼次郎総裁）と政友本党（床次竹二郎総裁）が合同して、立憲民政党を結成（濱口雄幸総裁）。元太郎は新党の相談役に。政友会と民政党の二大政党対立の時代へ。五月、第五三議会。一二〜翌年一月、第五四議会。

**一九二八（昭和三）年（64歳）**
二月、田中内閣のもとでの第一六回総選挙にて民政党から立候補、当選⑩（第四区二位・一五〇一五票）。普選法のもとでの初の選挙。「この選挙のころから命取りになった病魔（咽喉がん）に冒されていた」。四〜五月、第五五議会。六月、張作霖爆殺事件。一二〜翌年三月、第五六議会。

**一九二九（昭和四）年（65歳）**
六月、早稲田大学維持員となる（三一年九月死去まで）。一二〜翌年一月、第五七議会。七月、田中内閣総辞職。「憲政の常道」に従い民政党の濱口雄幸内閣成立。

**一九三〇（昭和五）年（66歳）**
二月、濱口内閣のもとでの第一七回総選挙にて民政党から立候補、当選⑪（第四区二位・一八一一〇票）。「高音を出すのが困難になり、支援者から贈られた拡声機で訴えて歩いた。ときには馬に乗り、丈余の雪を掻き分け、氷点下の寒さの中を北は北安曇郡中土から南は木曾郡神坂まで南北五十里（約二百キロメートル）、病体を押して走り回った」。四〜五月、第五八議会。病状が悪化し、八月二五日から帝大病院耳鼻咽喉科に通院、一二月二八日から入院。一二〜翌年三月、第五九議会。

**一九三一（昭和六）年（67歳）**
一月二二日、最後の登院。同月二五日から手記を書き始める（「病床手記」）。四月一二日咽喉部の血管が破裂して大量吐血、同月末向ヶ丘弥生町天徳泉に移り、さらに目黒町三田に転居。九月一五日、衆議院議員と信濃日報社社長の現職のまま永眠。一六日通夜、一八日東京の青山斎場で告別式。一〇月一一日、本郷小学校校庭にて立憲民政党南信支部・北信支部合同葬（本葬）。権衛以降の降旗家（分家）の墓所は本郷飯治洞にある。

**井上義和**　INOUE Yoshikazu

1973年、長野県松本市生まれ。京都大学大学院教育学研究科博士後期課程退学。京都大学助手、関西国際大学を経て、現在、帝京大学共通教育センター教授。専門は教育社会学、歴史社会学。著書に『日本主義と東京大学』(柏書房)、『未来の戦死に向き合うためのノート』(創元社)、『特攻文学論』(創元社)、共編著に『ファシリテーションとは何か』(ナカニシヤ出版)、『深志の自治―地方公立伝統校の危機と挑戦』(信濃毎日新聞社)など。

---

近代日本《きんだいにほん》メディア議員列伝《ぎいんれつでん》　2巻

**降旗元太郎《ふるはたもとたろう》の理想《りそう》**――名望家政治《めいぼうかせいじ》から大衆政治《たいしゅうせいじ》へ

---

2023年11月20日　第1版第1刷発行

著　者　井上義和
発行者　矢部敬一
発行所　株式会社創元社
https://www.sogensha.co.jp/
〔本　　社〕〒541-0047 大阪市中央区淡路町4-3-6
Tel. 06-6231-9010　Fax. 06-6233-3111
〔東京支店〕〒101-0051 東京都千代田区神田神保町1-2 田辺ビル
Tel. 03-6811-0662

装　丁　森裕昌
印刷所　モリモト印刷株式会社


ISBN978-4-422-30102-0　C0336

# 近代日本メディア議員列伝
## 全巻構成

四六判・上製　各巻平均 350 頁
各巻予価：2,970 円（本体 2,700 円）

1 巻◆片山慶隆『大石正巳の奮闘――自由民権から政党政治へ』
【第 13 回配本・2025 年 7 月刊行予定】

2 巻◆井上義和『降旗元太郎の理想――名望家政治から大衆政治へ』
【第 2 回配本・既刊】

3 巻◆河崎吉紀『関和知の出世――政論記者からメディア議員へ』
【第 5 回配本・2024 年 3 月刊行予定】

4 巻◆戸松幸一『古島一雄の布石――明治の侠客、昭和の黒幕』
【第 14 回配本・2025 年 9 月刊行予定】

5 巻◆白戸健一郎『中野正剛の民権――狂狷政治家の矜持』
【第 3 回配本・2023 年 12 月刊行予定】

6 巻◆佐藤卓己『池崎忠孝の明暗――教養主義者の大衆政治』
【第 1 回配本・既刊】

7 巻◆赤上裕幸『三木武吉の裏表――輿論指導か世論喚起か』
【第 4 回配本・2024 年 1 月刊行予定】

8 巻◆佐藤彰宣『石山賢吉の決算――ダイヤモンドの政治はあるか』
【第 9 回配本・2024 年 11 月刊行予定】

9 巻◆福間良明『西岡竹次郎の雄弁――苦学経験と「平等」の逆説』
【第 7 回配本・2024 年 7 月刊行予定】

10 巻◆石田あゆう『神近市子の猛進――婦人運動家の隘路』
【第 11 回配本・2025 年 3 月刊行予定】

11 巻◆松尾理也『橋本登美三郎の協同――保守が夢見た情報社会』
【第 6 回配本・2024 年 5 月刊行予定】

12 巻◆松永智子『米原昶の革命――不実な政治か貞淑なメディアか』
【第 10 回配本・2025 年 1 月刊行予定】

13 巻◆山口仁『田川誠一の挑戦――保守リベラル再生の道』
【第 8 回配本・2024 年 9 月刊行予定】

14 巻◆長﨑励朗『上田哲の歌声――Why not protest?』
【第 12 回配本・2025 年 5 月刊行予定】

15 巻◆河崎吉紀『近代日本メディア議員人名辞典・付総索引』
【第 15 回配本・2026 年 1 月刊行予定】